Hella Einemann-Gräbert
Krummer Weg 6
27801 Dötlingen

Gegen Mobbing und Gewalt!

W0094098

Wolfgang Kindler

Gegen Mobbing und Gewalt!

**Ein Arbeitsbuch für Lehrer,
Schüler und Peergruppen**

Kallmeyer

Kallmeyersche Verlagsbuchhandlung

Deutsche Bibliothek - CIP Einheitsaufnahme

Ein Titeldatensatz ist bei der
Deutschen Bibliothek erhältlich

Wolfgang Kindler:
Gegen Mobbing und Gewalt!
Ein Arbeitsbuch für Lehrer,
Schüler und Peergruppen

1. Auflage 2002
© Kallmeyersche Verlagsbuchhandlung
D- 30926 Seelze-Velber
Alle Rechte vorbehalten

Titel / Layout: Lars Pätsch
Realisation: Friedrich Mediengestaltung GmbH
Druck: Jütte Druck, Leipzig. Printed in Germany
ISBN: 3-7800-4928-5

Danksagung

Ohne die Hilfe der folgenden Personen wäre dieses Buch gar nicht oder nicht in dieser Form erschienen: Ursula Clauditz von der Friedrich-Ebert-Stiftung, Frank Herrath, der mich als begleitender Redakteur immer wieder mit großer Sachkenntnis gefordert hat, Ludger Linneborn, der auch die AG ins Leben rief, Botho Priebe, meine geduldige Familie, Kollegen des Gymnasium Petrinum zu Recklinghausen und die engagierten Schülerinnen und Schüler aus der Moderatoren-AG.

Mobbing und Antimobbing in der Schule: Eine Beschreibung

Einleitung
Alltägliche, systematische und oft verdeckte Schikane: 11
Mobbing in der Schule

Wie ist Mobbing in der Schule?
Zwei Erfahrungsberichte von SchülerInnen   14
Mobbing: Eine Definition   19
Was ist Mobbing nicht? – Eine Einschränkung   20
Mobbingbeispiele aus dem Schulalltag   21
Wie LehrerInnen SchülerInnen mobben   26
Mobbing: Ein altes und ein neues Phänomen   30

Wie SchülerInnen und LehrerInnen
gegen Mobbing arbeiten
Worin wir uns von Schlichtergruppen unterscheiden   32
Wie wirkt Antimobbingarbeit auf den Schulalltag?   34
– Zwei Erfahrungsberichte

Was LehrerInnen gegen Mobbing tun können
Prävention   38
Wahrnehmung   39
Analyse   42
Reaktion   42

„Geht nicht, muss nicht, soll nicht..."
10 Einwände und 10 Antworten zum Einsatz gegen   45
schulische Gewalt
Weitere Literatur zum Thema   49

Wie man SchülerInnen qualifiziert. Ein Konzept für LehrerInnen

LehrerInnen sind gefordert   53

Voraussetzungen für den Aufbau einer Gruppe von KonfliktmoderatorInnen

Die eigenen Kräfte einschätzen, machbare Ziele entwickeln   54
Wie finde ich geeignete SchülerInnen?   56
Geeignete Gruppenstrukturen   59
Wie ist eine ModeratorInnengruppe zu betreuen?   61
Ausbildung!   62
Die ModeratorInnengruppe in der Schule verankern   64
Nicht jeden Fehler muss man selber machen: Fallenwarnungen   66
Leben und Dogma   68

Ausbildungsinhalte   69
Inhaltsbereich „Konflikte"   71
Inhaltsbereich „Mobbing konkret"   87
Inhaltsbereich „Kommunikation"   96
Inhaltsbereich „Empathie und Selbstverantwortung"   111

Techniken zur Konfliktlösung: „Fallberatung"   117
Techniken zur Konfliktlösung: „Moderation"   123
Techniken zur Konfliktlösung: „Schlichtung"   125

Zur Bedeutung der Körpersprache   138
Zur alltäglichen ModeratorInnenarbeit mit Klassen   149

SchülerInnen arbeiten in und mit den Klassen: Stundenvorschläge

Einleitung   157
Vorbereitung eines Klassenbesuchs   158
Die erste Stunde   159
Allgemeine Darstellung der Anti-Mobbing- oder ModeratorInnen-AG   161
Klassenrucksack oder: Was ist los in der Klasse?   163

Stundenvorschläge zum Thema „Konflikt und Streit"   166
Stundenvorschläge zum Thema „Mobbing und Außenseiter"   168
Stundenvorschläge zum Thema „Kommunikation"   192
Stundenvorschläge zum Thema „Gestaltung des Klassenlebens"   200

1. Mobbing und Antimobbingarbeit in der Schule: Eine Beschreibung

Alltägliche, systematische und oft verdeckte Schikane:
Mobbing in der Schule

Mobbing ist ein mindestens ebenso gravierendes Problem wie andere Formen von Gewalt, die aber in der internen schulischen Diskussion und in der öffentlichen Diskussion über Schule deutlich mehr Aufmerksamkeit finden. Das hat seine Ursachen in den Besonderheiten dieser Gewaltform, denn Mobbingprozesse treten nur selten offen auf und werden z. B. im Unterricht kaum eindeutig greifbar. Mobbing findet eher im Verborgenen, in den Nischen des Systems „Schule" statt. Zum anderen wird Mobbing, selbst wenn es beobachtet werden kann, oft nicht wirklich erkannt. Es verbirgt sich unter scheinbar harmlosen Ärgereien, die zum Alltag in der Schule gehören. Weil sich MobberInnen im Unterricht zudem selbst häufig angepasst und unauffällig verhalten, können sich LehrerInnen nicht vorstellen, dass brave, unauffällige Kinder, wenn sie sich unkontrolliert wähnen, gezielt und systematisch MitschülerInnen angreifen.

Dass Mobbing zum Schulalltag gehört, obwohl es von LehrerInnen oft nicht bewusst wahrgenommen wird, belegen viele Untersuchungen. So fasst Mechthild Schäfer, Wissenschaftlerin am Max-Planck-Institut für psychologische Forschung in München, zusammen: „An deutschen Schulen wird mindestens eines von zehn Kindern ernsthaft schikaniert, und mehr als eines von zehn Kindern schikaniert andere." Schlägereien fallen in der Schule auf; die Folgen von physischer Gewalt lassen sich nur selten verheimlichen: LehrerInnen wissen hier, worauf sie zu achten haben. Mobbing stellt sich dagegen in sehr unterschiedlichen Handlungen dar. Es kann bei gezielter Geringschätzung beginnen, es kann sich im Auslachen, Ignorieren, in Desinformation äußern oder im aktiven Ausschluss von Gruppenaktivitäten, in unterschiedlichen Formen der Demütigung, schließlich im gezielten Zerstören von Eigentum, in Bedrohungen oder auch in direkter körperlicher Gewalt.

Die besondere Qualität von Mobbing und der Unterschied zu anderen, sicher auch nicht zu verharmlosenden Attacken, besteht darin, dass Mobbing System hat. Es umfasst typische, immer wiederkehrende Handlungen, die sich über einen längeren Zeitraum erstrecken: Das Opfer wird nicht einmal gedemütigt, sondern jeden Morgen neu. Wenn es seinen Fuß in die Klasse setzt, fürchtet es sich schon, dass das ängstlich Erwartete wieder eintritt. Jeder Tag bringt womöglich einen neuen Angriff, eine neue Gemeinheit.

Schulklassen werden auf eigentümliche Weise zu Komplizen von Mobbingprozessen. Nur selten greifen SchülerInnen ein, wenn Übergriffe in ihrer Umgebung stattfinden. Oft haben sie Angst, selbst Opfer zu werden. Die Klassen werden zu Publikum. Manchmal genießt das Publikum die Abwechslung zynisch, manchmal schämt es sich, weil es Scheußlichkeiten duldet. Meist aber fühlen sich die Zuschauenden bedrückt von dem, was sich vor ihren Augen abspielt. In vielen von Mobbing betroffenen Klassen jedoch entsteht eine ungute Kameraderie, die das Kuschen vor den TäterInnen über die Solidarität mit den Opfern stellt. Deshalb werden Übergriffe bei LehrerInnen oder Eltern dann nicht aufgedeckt, sondern verschwiegen.

Auch Opfer trauen sich oft nicht, sich in ihrer Not zu offenbaren, denn es fällt schwer, sich selbst Stigmatisierungen einzugestehen. Wer in unserer Konkurrenzgesellschaft ausgegrenzt oder angegriffen wird, sucht die Schuld bei sich selbst, nicht bei den Angreifenden: Etwas muss ich doch falsch machen, etwas muss ich doch an mir haben, weshalb sich alle auf mich stürzen ...

Mobbing erzeugt bei den Betroffenen Leiden. Oft treten psychomotorische Störungen auf. Viele Opfer leiden unter Schulangst. Wer ständig auf der Hut vor Angriffen sein muss, wer immer wieder Ablehnung erfährt, wer täglich verlacht wird, kann nicht erfolgreich arbeiten. So ruft Mobbing auch Leistungsversagen hervor. Es gibt sogar Opfer, die bewusst sitzen bleiben, um ihren PeinigerInnen zu entkommen.

Aber nicht nur die Leistungen der Opfer verschlechtern sich, sondern auch ihre Persönlichkeiten selbst verändern sich. Einige ziehen sich zurück und zeigen eine allgemeine Ängstlichkeit, andere biedern sich ihren PeinigerInnen an und imitieren sie sogar.

Diese Verhaltensveränderungen wirken sich auch auf die Beziehungen zu den Eltern aus. Falls diese nicht eingeweiht werden, stehen sie dem veränderten Verhalten ihrer Kinder in aller Regel hilflos und ratlos gegenüber. Denn viele Opfer schweigen gegenüber ihren Eltern zu den erlittenen Demütigungen, benutzen sie lediglich als Ventil für ungezielte Aggressionen.

Ratlos zeigen sich Eltern und LehrerInnen auch, wenn es darum geht, Mobbing zu beenden. Diese Hilflosigkeit führt bei LehrerInnen manchmal dazu, Mobbing zu ignorieren und die Opfer mit dem Trost abzuspeisen, das werde schon von selbst besser werden. Sicherlich hört schulisches Mobbing spätestens beim Verlassen der Schule auf, doch selbst wenn es vorher beendet wird – sei es, weil die TäterInnen die Lust verloren haben, sei es, weil sich ein neues, interessanteres Opfer gefunden hat –, hat es bei dem angegriffenen Kind oder Jugendlichen sehr oft nachhaltige Schädigungen hinterlassen.

Mobbing ist also eine Gewaltform, unter der die Opfer besonders leiden. Sie ist alltäglich. Sie ist vielen unbekannt. Viele stehen ihr hilflos gegenüber. Mobbing darf nicht hingenommen werden. Deshalb soll im Folgenden aufgezeigt werden, welche Gestalten Mobbing annehmen kann und was zu tun ist, um ihm entgegenzutreten.

Auch wenn Mobbing eine Form von Gewalt ist, die in vielen Fällen versteckt ausgeübt wird, ist es möglich, sie wahrzunehmen. Man kann diese Prozesse unterbrechen, man kann auch die Leiden der Opfer beenden. Zwar ist es eine Illusion anzunehmen, Mobbing ließe sich in der Schule ein für allemal gründlich und endgültig verhindern. Möglich ist es aber, die Häufigkeit von Mobbingprozessen zu reduzieren – durch Prävention, Intervention und auch durch Sanktionen.

Weil sich Mobbing in der Schule aber nicht nur auf zwei oder wenige KontrahentInnen beschränkt, sondern die gesamte Lerngruppe erfasst und ihre Umgangsformen und Werthaltungen beeinflusst, sollte man sich Klarheit über die Verlaufsformen von Mobbingprozessen verschaffen, um angemessen intervenieren zu können. Ist man auf die Mechanismen von Mobbingprozessen aufmerksam geworden, gelingt es, sie besser wahrzunehmen. Dann verlaufen sie eben gar nicht mehr so heimlich. Und ist man sich sicher, dass eine bestimmte Schülerin, ein bestimmter Schüler Opfer von Mobbing ist, kann in den meisten Fällen durch gezielte Intervention das Leiden beendet werden. Neben angemessenen Sanktionen gegen AggressorInnen hilft Aufklärung.

Aufklärung gelingt nie als trockenes Dozieren. Nötig sind Erarbeiten, Spielen, Erfahren und Erleben. Auch Werte, die im Klassenleben bestimmend sein sollen, lassen sich nicht predigen, sondern müssen erlebt werden.

Eine weitere Möglichkeit, Mobbing zu bekämpfen, bietet ein Peersystem, wie es inzwischen allgemein durch Mediations- oder Schlichtungsgruppen bekannt geworden ist. Allerdings muss es andere Strukturen aufweisen und anders arbeiten als die bisherigen Schlichtungssysteme. Da Mobbing in der Regel ein vielgestaltiger, sich entwickelnder Prozess ist, der innerhalb des Klassenlebens stattfindet, basiert unser Konzept auf der systematischen, fall-unabhängigen Arbeit in und mit den Klassen und reagiert nicht wie herkömmliche Schlichtungsmodelle begrenzt auf einzelne Konfliktfälle.

Ziel dieses Buches ist, Handlungskompetenz gegenüber Mobbing zu vermitteln.
Sein erster Teil beschreibt das Phänomen des Mobbing im Schulalltag, berichtet an Hand eines konkreten Schulbeispiels, dass Antimobbingarbeit in Zusammenarbeit von SchülerInnen und LehrerInnen gut gelingt, fordert LehrerInnen auf, Mobbing nicht tatenlos zuzusehen, hilft ihnen, Mobbing zu erkennen und kompetent Mobbingprozessen vorzubeugen oder sie zu stoppen.

Der zweite Teil des Buches gibt LehrerInnen ein detailliertes Konzept an die Hand, um an der eigenen Schule eine Gruppe von jugendlichen KonfliktmoderatorInnen zusammenzubringen, sie für ihre Tätigkeit auszubilden und ihre Arbeit alltäglich stützend zu begleiten. Die Ausbildungskonzepte, die seit einiger Zeit auch in LehrerInnenfortbildungen eingesetzt wurden, vermitteln gleichzeitig das nötige Grundwissen, um eine Peergruppe zu trainieren und um erfolgreich Klassenprozesse zu gestalten.

Im dritten Teil gibt es Stundenvorschläge für die Arbeit der KonfliktmoderatorInnen, die aber auch von LehrerInnen in ihrer schulischen Tätigkeit ohne größere Modifikationen genutzt werden können, wenn keine Peergruppe zur Antimobbingarbeit an der Schule arbeitet.

Die Vorschläge geben nicht nur Hinweise, wie in Klassen Mobbing bekämpft werden kann, sondern wollen auch helfen, die kommunikative Kompetenz von SchülerInnen zu verbessern und das Klassenleben angstfreier und aggressionsärmer zu gestalten.

Wie ist Mobbing in der Schule?

Zwei Erfahrungsberichte von SchülerInnen

Was Mobbing im Leben der Betroffenen anrichtet, zeigen die folgenden beiden Beispiele plastisch und eindrücklich. Der erste Fall zeigt aus Sicht eines Opfers, wie sich Mobbing vollzieht und welche Wirkungen es beim Opfer hervorgerufen hat. Der ausgewählte Bericht hat bewusst nichts besonders Spektakuläres an sich und steht somit für ungezählte ähnliche Fälle.

Im zweiten Fall berichtet eine nicht direkt Beteiligte, die hilflos zusehen musste, wie ihr Kindergartenfreund gemobbt wurde und sich mehr und mehr veränderte. Hier werden besonders die Folgen von Mobbingprozessen deutlich. Zugleich lässt sich nachvollziehen, weshalb MitschülerInnen sich so oft ratlos und passiv verhalten, wenn in ihrer Umgebung gequält wird, und wie oft LehrerInnen, ohne es zu wollen, Mobbing dulden. Beide Beschreibungen sind von SchülerInnen verfasst.

Michael Gerbracht: Mobbing von Anfang an

„Meine ersten Erfahrungen mit Mobbing musste ich schon sehr bald nach dem Wechsel zum Gymnasium in Klasse 5 machen. Außer mir waren noch vier andere aus meiner Grundschule in meiner Klasse. Einer davon war Dirk, der mich noch nie besonders mochte. Da wir Gruppentische hatten, und ich mit ihm an einem Tisch saß, dauerte es nicht lange, bis ich einen schlechten Ruf hatte.

Meinen Sinn für Humor hielten viele für albern und Dirk war sehr bemüht, dies auch allen klar zu machen. Außerdem bot meine damalige Vergesslichkeit, die auch von der Klasse wahrgenommen wurde, reichliche Angriffsflächen.

Da ich auch sportlich nicht begabt war, stellten sich bald erste Reaktionen der Klasse ein. Im Sportunterricht wurde ich von Mitschülern grundsätzlich als Letzter in die Mannschaft gewählt. Im Spiel selbst wurde ich dann auch fast nie angespielt, hatte also gar keine Chance zu zeigen, dass ich gar nicht so schlecht war.

In der 6. Klasse gab es ein Basketball-Turnier, wo alle 5er- und 6er-Klassen gegeneinander spielten. Ich wurde als Auswechselspieler gewählt und war an diesem Tag auch pünktlich und mit Sportzeug in der Halle. Als schon ein paar Auswechselspieler eingewechselt worden waren, wollte ich auch mitspielen. Ich konnte einen Spieler überreden, für mich aus dem Spiel zu gehen. Aber als ich gerade erst ein paar Sekunden auf dem Spielfeld war, wurde ich sofort wieder von anderen heruntergeholt und an meiner Stelle ein Mitschüler eingesetzt, der gar kein Auswechselspieler war. Ich kam an dem Tag nicht wieder ins Spiel, und dabei wollte ich doch allen beweisen, dass ich zumindest ein bisschen spielen konnte.

Ein weiterer Vorfall ereignete sich, als mir ein Mädchen von hinten einen nassen Schwamm ins Gesicht drückte. Auf die Frage unseres Klassenlehrers, warum sie dies gemacht hätte, meinte sie nur: ‚Weil der doof ist.‘ Damit gab das Mädchen nur die allgemeine Stimmung gegen mich wieder. Ich galt damals eben als doof, egal, was ich machte.

In den Sommerferien nahm ich mir vor, im nächsten Schuljahr endlich meine Situation in der Klasse zu verbessern. Doch schon am Anfang der 7. Klasse stellte sich heraus, dass es nicht einfach werden würde – im Gegenteil. Wir bekamen zwei Schüler, die ein Jahr wiederholen mussten. Einer von ihnen, Klaus, war sehr geschickt im gezielten Mobben. Es dauerte nicht lange, bis er herausgefunden hatte, dass ich in der Klasse zu den Außenseitern gehörte und nur geringen Rückhalt hatte. Von nun an gab es mehr Aktionen gegen mich als je zuvor.

Die beliebtesten Sprüche von Klaus waren: ‚Willst du nicht aus dem Fenster springen?‘ und ‚Dreh dich um, guck mich nicht an!‘ Ich war diesen Aktionen hilflos ausgeliefert, besonders weil diese Sprüche in der Klasse heftig belacht wurden.

In der 8. Klasse verschlimmerte sich meine Lage noch mehr. Eine Aktion, an die ich mich noch sehr gut erinnern kann, war, dass Klaus und seine Freunde meine Jacke mit einem Bindfaden an den Stuhl fesselten. Der Faden war so reißfest, dass ich die Jacke nicht mit den Händen freibekam. Meine vergeblichen Versuche wurden belacht und hämisch kommentiert.

Danach wusste ich nicht mehr weiter, also wandte ich mich an meinen Klassenlehrer. Da Anfang der 8 der Klassenlehrer gewechselt wurde, wusste er nur wenig von der Situation in der Klasse. Seine einzige Maßnahme war, dass er mich probehalber umsetzte. Wir hatten zu der Zeit noch eine Jungen- und eine Mädchenseite. Ich landete also bei den Mädchen. Ich hielt deren Bedingungen ein, die Briefe, die sie während der Stunden verschickten, nicht zu lesen und ungeöffnet weiterzugeben. Dafür wurde ich mehr und mehr akzeptiert.

Das Mobbing verschob sich dadurch auf die Pausen und den Heimweg. Nach der Schule nervte mich Rolf, ein Mitschüler, der den gleichen Heimweg hatte wie ich, mit seinem Regenschirm. Ich hätte angeblich bei Klaus Telefonterror gemacht und er habe meine Stimme erkannt. Er nervte mich solange, bis ich ihn wegschubste. Das war aber ein Fehler, den kurz darauf lag ich am Boden. Glücklicherweise hatte Rolf schnell genug davon und ließ mich in Ruhe.

Am nächsten Tag machte Klaus deutlich, dass sie mir nach der Schule wieder auflauern wollten. Deswegen verließ ich die Schule durch den Hinterausgang. Schlimm war für mich nicht in erster Linie die Angst, doch noch erwischt zu werden, sondern das demütigende heimliche Wegschleichen selbst. Die Angst vor dem Schulweg blieb. Die Angriffe wechselten. Kurze Zeit später sei angeblich ein Liebesbrief von mir an einen Jungen(!) der 9. Klasse, den ich nicht einmal kannte, aufgetaucht. Ob dieser Brief von irgendjemand in meinem Namen jemals geschrieben worden ist, habe ich nie erfahren, aber seine Wirkung hat er nicht verfehlt. Zumindest sorgte er für einige lustige Pausen, jedenfalls aus der Sicht von Klaus und seinen Mitläufern.

Weiter erhielt ich dann einige ‚gute Ratschläge‘, wie ich mein Äußeres verbessern könnte. So wurde also jeder Pullover, der zu sehr nach ‚von Mutter ausgesucht‘ aussah, Stein des Anstoßes, auch meine Frisur usw. Zu der Zeit waren diese Art ‚Poesiealben‘, wo jeder persönliche Dinge wie Lieblingsessen, Hobbys usw. eintragen konnte, sehr beliebt. Dort tauchte dann mein Name unter der Rubrik ‚Ich hasse‘ zwischen Krieg, Nazis und Umweltverschmutzung auf.

Für unsere Skifahrt, die im 2. Halbjahr der 8. Klasse durchgeführt wird, hatte ich mir vorgenommen, mich irgendwie selbst aus dieser Situation zu befreien. Das war jedoch nicht so einfach, weil ich den Ursachen der Angriffe auf mich meistens ratlos gegenüberstand. Ich begann also, mein Verhalten zu kontrollieren. Immer überlegte ich, ob das, was ich tun oder sagen wollte, nicht Anlass für Spott oder Anfeindungen sein könnte.

Auch beschloss ich, mich nachhaltiger gegen Attacken zu wehren und ich hatte schnell Erfolg damit. Dennoch war ich ziemlich hilflos, weil ich bei allem, was geschah, misstrauisch auf einen Angriff gegen mich wartete. Ständig kontrollierte ich mein Verhalten.

Deshalb hatte ich mir eine Liste aufgestellt, in der ich alle Verhaltensweisen aufführte, die für mich Folgen brachten, die negativ waren. Ein weiterer, sehr wichtiger Schritt war es, mein Verhalten ‚dem Gegenüber' anzupassen. Durch mein bewusstes Verhalten kam ich mit der Klasse bald besser klar."

Michaels Erfahrungen sind für einen Teil der Mobbingopfer typisch. Allerdings haben sich die Auswirkungen des Mobbens bei Michael als nicht nachhaltig folgenschwer erwiesen. Jedoch sah Michael sich gezwungen, ständige Selbstkontrolle zu üben. So konnte er sich mit der Hilfe seiner Eltern von dem Druck befreien. Oft hört die Verfolgung auf, wenn die Opfer selbst Strategien entwickeln, die den Reiz des aggressiven Verhaltens schmälern. Michael hat Glück gehabt, dass er durch ein verständnisvolles Elternhaus unterstützt wurde. Auch hat sich Michael – im Gegensatz zu manch anderen Opfern – erfolgreich um Freundschaften bemüht. Nicht für alle passen die Strategien, die Michael entwickelt hat, denn sie setzen sprachliche Fähigkeiten, ein großes Selbstbewusstsein, Beharrlichkeit und Unterstützung durch Dritte voraus. Deutlich macht sein Bericht aber auch, wie stark erlittenes Mobbing nachwirkt.

Das „Happy End", das Michael für sich selbst feststellte, fehlt in dem folgenden Bericht von Lioba Pott. Sie schildert anschaulich, wie sich ein guter Freund aufgrund eines langen Leidensweges zu seinem Nachteil verändert hat.

Lioba Pott: Sebastian oder was Mobbing bewirkt ...

„In meiner Schulzeit bin ich oft mit Mobbing und Ausgrenzungen konfrontiert worden, ohne dass ich das damals durchschaut hatte. Also ist für mich das, was ich jetzt von Sebastian erzählen möchte, kein Einzelfall.

Ich kenne Sebastian schon seit der Grundschule und hatte schon in der 1. Klasse in ihm einen sehr guten Freund und Spielkameraden gefunden, vielleicht gerade, weil er seine Eigenarten hatte. Er war witzig, hatte nie Langeweile und es war nie langweilig mit ihm, denn ihm fielen dauernd Sachen ein, die man gemeinsam unternehmen konnte. Sebastian war ein guter und vor allem ein sorgfältiger, gewissenhafter, fast übereifriger Schüler, nur sportlich war er nicht begabt. Er entwickelte hier keinen Ehrgeiz und träumte oft mitten im Spiel. So schaute er meistens zu, wenn während der Pausen die anderen Jungen seiner Klasse Fußball spielten. Insgesamt entsprach er nicht dem, was man sich allgemein unter einem ‚typischen' Jungen vorstellt. Das ging sogar so weit, dass er vor ‚starken Jungen' Angst hatte und deshalb oft abweisend und komisch auf sie reagierte.

Anfangs akzeptierten die anderen Kinder Sebastians Sonderrolle in der Klasse, doch das änderte sich schnell. Besonders zwei Jungen dachten jedoch gar nicht daran, Sebastian in Ruhe zu lassen. Schon nach kurzer Zeit fingen sie noch in der 1. Klasse an, ihn zu hänseln, auszulachen, ihn als ‚Weichei' und besonders als ‚Streber' abzustempeln. Anfangs reagierte Sebastian ungläubig und verlegen auf die Demütigungen. Sich aggressiv zu wehren war nicht seine Sache und die Jungen waren geschickt genug, sich nicht zu oft von unserer Lehrerin erwischen zu lassen. Aber es blieb nicht nur bei Worten. Immer wieder wurden Sebastians Sachen kaputtgemacht und manchmal kam er auch mit blauen Flecken nach Hause. Bald schaltete sich auch Sebastians Vater ein und er forderte die Eltern der beiden Übeltäter auf, ihre Kinder doch mal zur Rede zu stellen. Diese aber nahmen ihre Kinder nur in Schutz, verwiesen auf Sebastians ‚Merkwürdigkeiten' und seine ungeschickten Verteidigungsversuche, die diese Eltern als Aggressionen darstellten. Für Sebastian wurde alles noch schlimmer, denn nun war er auch noch eine ‚Petze', und dazu noch eine Petze ohne wirklichen Rückhalt.

Durch den Übergang zum Gymnasium verschlechterte sich die Situation für Sebastian noch mehr. Seine Peiniger kamen nämlich mit ihm und mir in dieselbe Klasse und konnten Sebastian so von vornherein ein bestimmtes Image zuteilen, gegen das er sich nicht erfolgreich wehren konnte.

Sebastian hatte auch Schuld an seiner Situation in der neuen Klasse. Manchmal verhielt er sich auch unangenehm. So lachte er zum Beispiel auffällig laut, sobald ein Lehrer einen Witz machte, oder war immer einer der Ersten, der sich meldete, wenn es darum ging, die Tafel zu putzen. Aus einer zeitlichen Distanz würde ich diese Verhaltensweisen eher als ‚verborgene Hilferufe' deuten und weniger als Strebertum. Wahrscheinlich suchte er in den Lehrern Verbündete, die er eben unter uns Gleichaltrigen nicht finden konnte. Aber damals empfand auch ich sein Verhalten als Versuch sich anzubiedern.

Sebastian hatte in der Klasse kaum eine ruhige Minute, denn selbst, wenn er gerade in Ruhe gelassen wurde, musste er immer Angst haben, dass im nächsten Moment wieder jemand einen Witz über ihn machte. In der 7./8. Klasse war Sebastian dann soweit, dass er fast regelmäßig, während der Pausen, in denen er besonders drangsaliert wurde, sich allein in eine Ecke zurückzog und weinte oder dies sogar offen vor allen tat. Unsere Lehrer bekamen davon nichts mit oder sie wollten dies auch gar nicht bemerken.

Mitte der 8. Klasse fing Sebastian an, den die Mitschüler ja unter anderem als ‚Streber' beschimpften, nicht mehr für Klassenarbeiten zu lernen, oder zumindest am Anfang so zu tun, als ob er nichts könnte. Durch schlechte Zensuren in Klassenarbeiten versuchte er seinen Ruf als Streber los zu werden und so von sich als Zielscheibe abzulenken. Jedoch hatte er keine Chance. Egal, welches Verhalten er zeigte: Es war immer das Falsche. Schrieb er gute Noten und meldete sich oft im Unterricht, so war er ein Streber. Schrieb er eine 4 oder 5 und versuchte im Unterricht zu stören, so nannten ihn die anderen ‚dumm' und ‚blöd' und verlachten ihn wegen seiner schlechten Leistungen.

Aber die Versuche von Sebastian, sich an die anderen anzupassen, gingen nicht spurlos an ihm vorüber. In seiner Unsicherheit kopierte er das Verhalten anderer, akzeptierter Mitschüler und entfernte sich dabei immer mehr von sich selbst. Er wurde unausgeglichen, verbal aggressiv und setzte die ‚Maske des Coolen' auf. Zusätzlich rutschte er mit seinen Leistungen immer mehr ab. Aus einem Einserschüler war ein mittelmäßiger bis schlechter Schüler geworden.

Erschreckend war für mich besonders, wie wenig Möglichkeiten ich als indirekt Beteiligte hatte, einzugreifen und Sebastian zu helfen. Mehrere Male bin ich mit Sebastian zu unserem Klassenlehrer gegangen und wir haben ihn um Unterstützung gebeten. Doch unser Klassenlehrer interessierte sich nicht für Sebastians Nöte.

Er tat das Geschehen als Kindereien ab und wollte nicht eingreifen. Erst durch unseren neuen Klassenlehrer wurden Sebastians Probleme aufgegriffen und ernst genommen. Es wurde aber bald deutlich, wie schwierig es trotzdem war, eine Verbesserung seiner Situation in der Klasse zu erreichen. Zumindest sorgte das Eingreifen des Lehrers dafür, dass die ‚Mobber' aus Angst vor Sanktionen zurückhaltender wurden und Sebastian während des Unterrichts verschont blieb.
Heute (wir sind jetzt beide in der Stufe 13) habe ich kaum noch Kontakt zu Sebastian. Ab und zu treffen wir uns auf Feten oder in Pausen in der Schule. Jedoch ist Sebastian ein ganz anderer geworden. Damit meine ich nicht den normalen Reifeund Entwicklungsprozess, sondern ich würde sagen, so hart das auch klingen mag, seine Persönlichkeit ist gebrochen worden. Er glaubt, sich ständig ‚locker' und ‚cool' geben zu müssen, und er merkt dabei gar nicht, dass er mit dieser Maske künstlich und unecht wirkt. So nehmen die meisten Mitschüler Sebastian wahr. Gerade deshalb hat Sebastian immer noch, auch wenn er nicht mehr direkt fertig gemacht wird, einen schweren Stand in der Stufe."

In ihrer Unmittelbarkeit zeigen beide Darstellungen nahezu alle für Mobbing typischen Momente: Ein Opfer wird über einen langen Zeitraum hinweg von meist mehreren TäterInnen systematisch drangsaliert. Oft bleibt es in seiner Not allein, hält deshalb auch dem Druck nicht stand und verändert sich. Die Beispiele haben nur zwei der Möglichkeiten gezeigt, wie Mobbingopfer reagieren: ständige Selbstkontrolle und die Anpassung an die Peinigenden. Andere Opfer werden körperlich krank oder entwickeln gründliche Ängste, ziehen sich zurück, resignieren oder versagen in der Schule. In beiden Fällen bilden die Klassen das Publikum für die Mobbenden. Michael wurde Opfer einer allgemeinen Feindseligkeit; die Angriffe auf ihn bildeten den Kitt, der die Klasse zusammenhielt. Er war lange Zeit der gemeinsame Feind.
Auch in Liobas Klasse kam keiner wirklich Sebastian zu Hilfe. Ihre eigenen Versuche setzten erst sehr spät ein und stießen auf das Unverständnis des Lehrers. Auch Zurückhaltung der verantwortlichen PädagogInnen ist typisch.

Mobbing: Eine Definition

- Mobben ist eine dauerhafte und grundlegende Form aggressiven Verhaltens, das von einem oder mehreren TäterInnen ausgeht und sich meist gegen eine angegriffene Person wendet.

- Mobbingprozesse wirken sich auf die gesamte Klasse aus, in der sie stattfinden, also auch auf scheinbar Unbeteiligte. Wenn in einer Klasse über Monate MitschülerInnen übel beschimpft werden, hält man Beschimpfungen für normal. Wer immer wieder sieht, wie jemand geschlagen wird, empört sich irgendwann nicht mehr darüber, sondern findet es normal. Mobbing ruft in Klassen aggressive Verhaltensweisen hervor und behindert dort die Lernmöglichkeiten. Mobbing schafft auch deshalb Angst, weil es jeden treffen kann: gute und schlechte SchülerInnen, Beliebte und Zurückhaltende, Dicke und Dünne, Kleine und Große, Schöne und Hässliche.

- Die angegriffene Person wird beeinträchtigt in ihren Möglichkeiten, sich zu entwickeln, zu lernen, zu spielen, zu arbeiten und Leistung zu erbringen, zu kommunizieren und sich zu informieren.

- Langfristige Mobbingprozesse beeinflussen die körperliche und die geistige Gesundheit der Angegriffenen. Menschen verändern sich dadurch, dass sie immer wieder Demütigungen und Angriffen ausgesetzt werden. Wenn sie über einen längeren Zeitraum dauernde Anfeindungen erleben, entwickeln sie oft Verhaltensweisen, die von ängstlicher Selbstbeobachtung, von Selbstzweifel, Anpassung oder Abwehr und Misstrauen bestimmt sind.

- Es gibt MobberInnen, die selbst Opfer ihres eigenen Verhaltens werden. Sie fürchten, dass andere genauso handeln könnten wie sie. Sie stehen unter dem Druck, sich immer Neues einfallen lassen zu müssen und sie ahnen, dass sie nicht geachtet, sondern nur gefürchtet werden. Sie verlieren Maßstäbe für den Umgang mit anderen.

- Mobbing kann verdeckter ausgeübt werden als andere Gewaltformen und wird deshalb von LehrerInnen und Eltern nicht so gut wie andere Gewaltformen wahrgenommen, zumal die Angegriffenen häufig Schwierigkeiten haben, sich in ihrer Not selbst als Opfer erkennen oder sich gar anderen zu offenbaren. Unbeteiligte haben oft Angst, selbst Opfer zu werden. An LehrerInnen oder Eltern wenden sie sich nicht, weil sie Angst haben, deshalb aus der Klassengemeinschaft ausgestoßen zu werden.

Was ist Mobbing nicht? – Eine Einschränkung

Der Vorwurf des „Mobbing" kann leicht als moralische Keule benutzt werden, um irgendein problematisches Verhalten gründlich zu diskreditieren. Klassen haben ein sehr feines Gespür dafür, ob von einer hohen moralischen Warte aus Missliebige angegriffen werden. Dann ist es sehr schwer, die Klasse zu erreichen. Oft tritt sogar der Effekt ein, dass sie sich mit den ÜbeltäterInnen solidarisiert. Wenn Gewalttätigkeiten aller Art und Mobben gleichgesetzt werden, werden die Besonderheiten des Mobbings gegenüber anderen Gewaltformen nicht deutlich. Allerdings ist die Verwendung des sehr verallgemeinernden Begriffs „negative Handlung" für die Charakterisierung von Mobbing dennoch sinnvoll, um die große Bandbreite von Verhaltensweisen zu erfassen, die beim Mobbing auftreten können.

„Negative Handlungen" können Schlagen, Beschimpfen, Ignorieren, Ausschließen, Auslachen, Bestehlen usw. sein. Allerdings sollte klar zwischen singulären negativen Handlungen und dem Mobbing allgemein unterschieden werden, denn sonst wird nicht mehr differenziert zwischen Ärgereien, misslungenen Scherzen, Unhöflichkeiten, Beschimpfungen und dergleichen mehr – und dem Mobben selbst. Auch größere Abscheulichkeiten, die nur einmal vorkommen, sind kein Mobbing. Denn die negativen Folgen des Mobbens entstehen besonders deshalb, weil es systematisch über einen längeren Zeitraum ausgeübt wird.

Neben der Dauerhaftigkeit des Prozesses sind noch andere Faktoren von Bedeutung. Eine Festlegung auf einen bestimmten Zeitraum, den die Aggressionen andauern sollen, bevor man von Mobbing spricht (z. B. 3 Monate), ist für schulisches Mobbing deshalb schwierig, weil die Intensität ebenfalls eine große Rolle spielt und Mobbing bei Kindern und Heranwachsenden schneller psychische Folgen hervorruft.

Bei der Definition des Prozesses ist auch darauf zu schauen, dass es sich hier um ein Muster handelt, das die Beziehungen zwischen TäterIn und Opfer bestimmt. Wenn zum Beispiel eine Schülerin, die sonst in der Klasse wohlgelitten und akzeptiert ist, immer wieder wegen ihrer Frisur gehänselt wird, sie aber sonst keine Ausgrenzung erfährt, handelt es sich nicht um Mobbing. Trifft man diese strenge Einschränkung im Alltag und im Umgang mit schulischen Konflikten nicht, wird man sehr schnell als humorlos, übertreibend und moralisierend etikettiert, und gerade diejenigen, die aggressiv andere ausgrenzen, können leicht mit wirkungsvollem Spott kontern. Zudem werden so auch schnell SchülerInnen zu Opfern gemacht, die eigentlich keine sind. Dadurch können Stigmatisierungen hervorgerufen werden, die für die Betroffenen schädlich sind. Eine Ausweitung des Begriffes auf unterschiedliche Formen unsozialen Handelns, durch die jedes Brechen von Verhaltensregeln dramatisiert wird, verharmlost zudem wirkliches Mobbing.

Mobbingbeispiele aus dem Schulalltag

Die folgenden ausgewählten Beispiele veranschaulichen, wie unterschiedlich Mobbing sich darstellen kann. Sie könnten nach Belieben fortgesetzt werden. Allen Beispielen ist gleich: Die Opfer stehen den Angriffen hilflos gegenüber, sie entwickeln tiefe Selbstzweifel und werden von LehrerInnen über weite Strecken allein gelassen.

Einsame Spitze: Gitte

Die zehnte Klasse einer Privatschule. Die meisten SchülerInnen stammen aus gut situierten Familien. Den Ehrgeiz haben sie von ihren Eltern übernommen. Nur vier Mädchen stehen achtzehn Jungen gegenüber. Klassenbeste war bis vor kurzem Gitte. Allerdings hatte wohl der Klassenlehrer bei der Ausgabe des letzten Versetzungszeugnisses den Fehler gemacht, Gitte als Vorbild herauszustellen, an dem sich gerade die Jungen ein Beispiel nehmen sollten. Besonders machte er noch den Leistungsabstand zwischen Gitte und dem besten Jungen deutlich.

Der erste Schultag im neuen Schuljahr brachte für Gitte Unbegreifliches: War sie vorher in der Klasse wohlgelitten, schnitten die Jungen sie nun von einem Tag auf den anderen. Sie wurde übersehen; Grüße, Anreden und Fragen blieben unbeachtet. Die drei Mädchen schlossen sich nach kurzer Zeit dem Boykott an. Keiner klärte Gitte darüber auf, was sie falsch gemacht hatte. Sie wurde unsicher, litt sichtlich unter der Situation. Sie hoffte, dass bald alles besser würde, doch die Nichtbeachtung dauerte an. Sogar ihre Mitschülerinnen gingen nicht auf ihre Bitten ein, doch einmal mit ihr zu sprechen und ihr zu erklären, was eigentlich vorgefallen sei und weshalb man sie schneide. In ihrer Not wandte sich Maria an den Klassen- und den SV-Lehrer. Es gab ein „klärendes Gespräch", zu dem noch zwei Jungen – der Klassensprecher und sein Vertreter – hinzugezogen wurden. Die Jungen gaben zu, dass Gitte in der Klasse schon etwas isoliert sei, was nicht verwunderlich sei, da sie immer mit ihren Noten prahle. Sie stellten Gittes Angaben aber insgesamt als stark übertrieben hin. Vor Verzweiflung begann Gitte zu weinen. Darauf gab ihr der Klassenlehrer den guten Rat, sich weniger anzustellen und sich in Zukunft kollegialer zu verhalten.

Nach dem Gespräch verschlimmerte sich die Situation noch weiter: Wurde Gitte zunächst einfach nicht wahrgenommen, mobbten sie nun ihre Mitschüler und Mitschülerinnen auch aktiv. Trat Gitte in die Klasse, drehten sie sich demonstrativ zur Seite. Einige gaben Brechlaute von sich, wenn sie Gitte sahen – allerdings nur, wenn keine LehrerInnen in der Nähe waren.

In letzter Zeit fehlt Gitte oft in der Schule. Zu Hause sitzt sie herum. Ihre Leistungen haben stark nachgelassen. Gittes Eltern, die schon mit den LehrerInnen gesprochen hatten, ohne dass ihnen Glauben geschenkt wurde, ziehen einen Schulwechsel in Betracht.

Vom Schwulen zur Heulsuse: Markus

In den ersten fünf Jahren seiner Schullaufbahn war Markus ein unauffälliges, jedoch sehr verspieltes Kind. Er besucht gegenwärtig die Realschule. Zu Beginn der 6. Klasse wurde er neben den Wiederholer Oliver gesetzt. Die beiden Jungen konnten wenig miteinander anfangen, stritten sich aber nicht, bis zu einer – für Markus auch heute noch unvergessenen – Religionsstunde. Die Klasse wurde damals von einem Referendar unterrichtet und der Fachlehrer blieb dem Unterricht fern. Die Schülerinnen und Schüler funktionierten die Religionsstunden zu einem lauten, vergnüglichen Chaos um und in den Trubel brüllte Oliver plötzlich: „Der Markus Klaare ist schwul, packt der mich doch voll an!"

Die Klasse reagierte mit lautem Kreischen, der überforderte Referendar gar nicht. Von dem Tag an hieß Markus nur noch „der Klaare" und wurde von seinen Mitschülern gemieden, denn wer länger mit dem Klaare sprach, war selbst sexuell verdächtig. Und Oliver sorgte dafür, dass in der Klasse Angst entstand, wie Markus – „der Klaare" – behandelt zu werden. Mehrere Lehrer übernahmen die Diktion der Schüler und redeten Markus mit dem Nachnamen an.

Das Etikett, Homosexueller zu sein, geriet wieder in Vergessenheit, die Außenseiterrolle von Markus blieb, zumal auch viele LehrerInnen merkten, dass sie bei Witzen auf dessen Kosten die Zustimmung der ganzen Klasse erhielten. Und nachdem Markus einmal wirkliche Zuwendung genossen hatte, als er sich im Sportunterricht schmerzhaft verletzt hatte, entwickelte er die Strategie, Heulsuse zu werden. Den kleinsten Anlass nahm er als Vorwand, laut zu klagen und mit schmerzverzerrtem Gesicht durch die Klasse zu humpeln, und da dieses Konzept immer weniger erfolgreich wirkte, forcierte Markus seine Auftritte. Mehrfach sahen ihn erstaunte LehrerInnen, wie er sich von offenbar rasendem Schmerz gepeinigt auf dem Boden wand, um dann jedoch abrupt aufzustehen und am Unterricht teilzunehmen.

Weil Markus diese Verhaltensweisen fortführte, verlor er auch außerhalb der Schule seine Freunde. Die Eltern trösteten den unglücklichen Jungen, indem sie ihn auf jede Art und Weise verwöhnten. Im nächsten Jahr wird Markus die Schule verlassen, aller Wahrscheinlichkeit nach erfolgreich. Feiern wird er dann mit seinen Eltern.

Kritisiere nie den Boss: Maria

Jens, Schüler der 9. Klasse des einzigen Gymnasiums seines Städtchens, fällt sofort auf. Er überragt die Mitschüler um einen Kopf, wirkt älter und reifer, zudem sonnt er sich im Ruhm seiner Mutter – einer über die Stadtgrenzen bekannten Persönlichkeit. Er ist der ungekrönte Herrscher, hat um sich eine dienernde und ergebene Clique, die ihm gehorcht. Selbstverständlich ist Jens Klassensprecher.

Dann passierte das Unwahrscheinliche. Gerade machte sich Jens in der Pause unter großem Beifall über die dicke Christina lustig, die mit den Tränen rang, als ihn Maria unterbrach: „Hör doch endlich auf, so gemein zu sein. Dauernd musst du stänkern und meckern. Das ist doch nicht mehr auszuhalten." Jens erstarrte, zumal mehrere MitschülerInnen Maria zustimmten. Seine Autorität schien gefährdet.

Zwei Tage lang geschah gar nichts. Dann hatte Jens seine Strategie entwickelt. Er ließ in der Klasse verbreiten, dass seine Mutter von einem befreundeten Arzt gehört habe, Maria sei schwanger. Laut wurde gerätselt, wer denn der Blinde sei, den Maria ins Bett gezerrt habe. Die Klasse amüsierte sich köstlich. Vielleicht war es ja auch gefährlich, nicht mit Jens und seinen Freunden mitzulachen. Wenn Maria geglaubt hatte, dass es sich um eine einmalige Schnapsidee handeln würde, hatte sie sich getäuscht. Strengte sich Maria, die eine aktive Leichtathletin war, im Sport an, wurde ihr zugeraunt, sie solle sich in ihrem Zustand zurückhalten. Im Treppenhaus nahmen ihr fürsorgliche Mitschüler die Tasche ab. Maria habe ja schon schwer genug zu tragen. Im Unterricht wurde getuschelt, sie solle jetzt bloß nicht aufregen und lieber an das Ungeborene denken. In den Pausen wurde belustigt über Ort und Umstände der Zeugung gemutmaßt. Anfangs fand Maria diese Verleumdungen nur blöd, dann schämte sie sich deswegen und es brauchte eine ganze Zeit, bis sie sich ihrer Mutter offenbarte. Die riet ihr abzuwarten und das Gerede nicht zu ernst zu nehmen.

Die MitschülerInnen steigerten noch ihre Kampagne. „Die Zuchtstute" nannte man Maria nun. Während sich Maria bemühte, nach außen ruhig zu bleiben, ging es ihr gesundheitlich immer schlechter. Plötzlich brach sie während des Trainings zusammen. Der Arzt diagnostizierte Herz-Rhythmus-Störungen und eine Magenerkrankung.

Maria suchte daraufhin den Klassenlehrer auf. Der holte Jens zu dem Gespräch hinzu. Jens gab sofort zu, sie einmal schwanger genannt zu haben, weil sie ihm damals so dick erschienen sei. Aber, so fügte er hinzu, alle hätten doch gemerkt, dass es sich um einen Scherz gehandelt habe. Der Lehrer solle sich ruhig bei der Klasse erkundigen. Außerdem tue es ihm Leid, dass dies Maria soviel ausmache, und er entschuldige sich bei Maria. Diese blieb vor Wut zunächst sprachlos, begann dann, Jens heftig zu beschimpfen. Für den Lehrer war der Fall klar: Maria war hysterisch. So fasste er auch das Ergebnis des Gespräches für die Beteiligten, die Klasse und auch Marias Eltern zusammen. Danach begann eine noch härtere Zeit für Maria, die als Petze verschrien wurde. Wieder erkrankte sie. Nach zwei Wochen sollte sie wieder zur Schule gehen. Maria weigerte sich.

Nach einem weiteren ergebnislosen Gespräch mit dem Klassenlehrer meldeten Marias Eltern ihre Tochter ab. Inzwischen besucht sie ein Gymnasium in der Nachbarstadt. Dort gilt sie als angenehme, problemlose Schülerin.

Freundinnen müsste man sein: Sarah

Zu Beginn der 8. Klasse eines Gymnasiums waren Sarah, Marianne und Birgit gute Freundinnen. Die drei waren die bestimmenden Mädchen in der Klasse, zeigten überdurchschnittliche bis gute Leistungen ohne übermäßigen Ehrgeiz und waren auch bei den Jungen sehr beliebt. Ursprünglich waren nur Sarah und Marianne Freundinnen gewesen, doch dann erweiterte Birgit das Duo, was zu gewissen Eifersüchteleien untereinander führte. Doch insgesamt blieben die Beziehungen stabil, bis sich Sarahs Eltern trennten und Sarah sich problembelastet etwas zurückzog. Sarah, die eines von drei Kindern war, konnte in einigen Bereichen nicht mit den Einzelkindern Marianne und Birgit konkurrieren. Vorgeworfen wurde ihr das erst jetzt: „Du bist angezogen wie eine Oma", klärte sie Marianne auf und Birgit ergänzte: „Wenn man schon so komisch aussieht, sollte man sich wenigstens pflegen." Sarah verstand die Welt nicht mehr. Noch am selben Tag ging sie mit ihrer Mutter, die sich sehr um sie kümmerte, einkaufen. Stolz präsentierte sie am nächsten Morgen ihre neue Kleidung. Die erhoffte Wirkung trat nicht ein. Die ganze Klasse hörte, wie Marianne und Birgit skandierten: „Nachgekauft, nachgekauft, Sarah hat nachgekauft."

Der Vorwurf, schlechte, billige oder falsche Kleidung zu tragen, wird übrigens häufig beim Mobbing in der Schule verwendet, ohne dass es dabei wirklich um ein bestimmtes Outfit geht wie bei einigen Jugendcliquen. Eine Mutter aus Essen erzählte uns, dass ihre Tochter auf dem Heimweg von drei Mitschülerinnen mit dem Hinweis angehalten worden sei, dass sie wie die letzte Schlampe herumlaufe und die ganze Klasse blamiere. Wenn sie am nächsten Tag nicht in vernünftigen Sachen erschiene, würde man sie verprügeln. Die Mutter stattete das verängstigte Mädchen neu aus. Es wurde trotzdem geschlagen, weil es die „falschen Sachen" gekauft hatte.

Die Einschätzung der Mitschülerinnen und Mitschüler gegenüber Sarah veränderte sich. Vermutlich wollte es niemand mit den wortgewandten Mädchen Marianne und Birgit verderben. Die weiteren Attacken gegen Sarah folgten keinem einheitlichen Muster. Mal stand sie ratlos stotternd vor dem Lehrer, weil ihr die Hausaufgaben fehlten – irgendjemand hatte ihr fein säuberlich die Seiten aus dem Heft getrennt. Mal fand sie ihre Jacke durchnässt vor, mal verschwanden ihre Turnsachen und tauchten erst nach der Stunde und dem entsprechenden Rüffel für Sarah im Papierkorb wieder auf. Mal wurde sie für einen Fehler heftig ausgelacht. Auch Sarah veränderte sich. Sie wurde überempfindlich, reagiert auch auf alltägliche Verhaltensweisen gekränkt. Sie isolierte sich zusehends auch noch selbst. Einen Höhepunkt brachte eine Klassenfahrt: Weinend stand Sarah mit ihrem Gepäck im Flur, denn keine Gruppe wollte sie in die zuvor verteilten Zimmer lassen. Marianne hielt sogar die Tür zu. Ein vorbeieilender Lehrer herrschte Sarah an, sich doch nicht so dumm anzustellen. Was oft als sinnvoller pädagogischer Prozess angesehen wird, um die Klassengemeinschaft zu verstärken, wurde für Sarah eine Tortur. Sie blieb ausgestoßen. Keiner spielte mit ihr, keiner duldete sie auf Wanderungen neben sich, kaum jemand sprach mit ihr.

Nach der Klassenfahrt war Sarah so deprimiert, dass ihre Mutter, die genug mit eigenen Problemen zu tun hatte, Sarah psychologisch behandeln ließ. Die Ärztin riet Sarah und ihrer Mutter zu einem Gespräch mit der Klassenlehrerin. Diese nannte Sarahs Reaktionen übertrieben. „Die ganze Klasse ist böse, nur du nicht. Glaubst du das eigentlich selbst?"

Die Mutter forderte Sarah auf, durchzuhalten. „Früher oder später hört das von selbst auf. Du musst ihnen nur keinen Anlass bieten." Es hörte aber nicht auf, vielleicht auch, weil die zutiefst gekränkte und misstrauische Sarah kaum noch unbefangen kommunizierte. Schließlich fand Sarah einen Ausweg: Sie blieb bewusst sitzen. In der neuen Klasse war sie akzeptiert und wurde im nächsten Jahr zur Klassensprecherin gewählt. Die erlittenen Verletzungen wirkten jedoch so tief, dass Sarah erst kurz vor ihrem Abitur die psychologische Behandlung aufgeben konnte. Das Abitur bestand sie übrigens mit einem Notenschnitt von 1,7.

Wie LehrerInnen SchülerInnen mobben

Die Angst vor mobbenden LehrerInnen ist in SchülerInnenkreisen verbreitet. Sie wird gerne zum Vorwand genommen, sich nicht über Beschimpfungen zu beschweren, nicht nachzufragen, wenn die Noten nicht plausibel erscheinen, nicht zu kritisieren, wenn der Unterricht langweilig oder überfordernd ist. „Die sitzen doch am längeren Hebel", heißt es. „Wenn ich mich missliebig verhalte, bekomme ich das zu spüren – sei es über Noten, sei es durch das Verhalten des Lehrers oder durch beides." Viele SchülerInnen haben diesen Alptraum: Der Lehrer will sich an ihnen für Unbotmäßigkeiten rächen oder wegen zu heftig geäußerter Kritik.

Nach meinen Erfahrungen hat diese Angst einen realistischen Kern. Es gibt Kolleginnen und Kollegen, die nur ein äußerst geringes Maß an Rollendistanz aufbringen. Desinteresse, Faulheit, Widerspruchsgeist, Kritik und Störungen aufseiten der SchülerInnen begreifen sie als persönliche Kränkung. Dafür wollen sie sich an ihnen rächen. Sie reagieren dann mimosenhaft auf vermeintliches Fehlverhalten, arbeiten ihre Probleme an den Klassen ab und sehen in den unbotmäßigen SchülerInnen Feinde.

Eine Mutter erzählte mir nach einer Veranstaltung Folgendes über die Deutschlehrerin ihres Sohnes – was diesen Lehrertypus gut beschreibt: „Anfangs kam unser Marius gut mit Frau Simon klar. Aber das änderte sich in der Klasse 7. Da warf er ihr ungerechtes Verhalten gegenüber einem Mitschüler vor. Marius war damals Klassensprecher und er fühlte sich für seine MitschülerInnen verantwortlich. Sicher ist er nicht sehr diplomatisch aufgetreten. Von dem Tag veränderte sich alles: Frau Simon ließ sich grundsätzlich in jeder Stunde von Marius die Hausaufgaben zeigen und immer fand sie gravierende Fehler, wie sie sagte. Immer setzte sie an seinen Antworten etwas aus, machte ihn lächerlich. Marius ließ in seinen Leistungen nach und bekam Schulangst. Erst nachdem ich mich mehrfach bei Frau Simon und schließlich bei der Schulleitung beschwert hatte und weitere Konsequenzen androhte, änderte sich die Situation. Inzwischen behandelt Frau Simon meinen Sohn sachlich distanziert. Der hat allerdings immer noch Angst vor der Schule, besonders vor dem Deutschunterricht."

Die Mutter von Marius hat den richtigen Weg eingeschlagen. Wenn sich LehrerInnen wirklich auf solche oder ähnliche Art fehlverhalten und wenn sie Gesprächen nicht zugänglich sind, sollte man sich auf jeden Fall an die Schulleitung und gegebenenfalls auch an die Schulaufsicht wenden. Eltern haben da mehr Macht, als sie denken. Bei besonders ernstem Fehlverhalten, das sich trotz der Beschwerden der Eltern fortsetzt, können sie eine Dienstaufsichtsbeschwerde einlegen. Eine Dienstaufsichtsbeschwerde – also eine Beschwerde, die sich an die vorgesetzte Behörde wendet – muss weitergeleitet werden. Damit solche Beschwerden Erfolg haben, sollten sie möglichst genau konkrete Sachverhalte darstellen. Schwierig wird es jedoch, wenn die Schulleitung das Fehlverhalten von LehrerInnen deckt oder herunterspielt. Hier sollten die Eltern ihre Möglichkeiten realistisch einschätzen und nicht in Kohlhaas-Manier vorgehen. Die Schulaufsicht berücksichtigt nämlich die Stellungnahme der Schulleitung in besonderem Maße. Wenn in so einem Falle nicht sehr handfeste Beweise für ein Fehlverhalten einer Lehrperson vorliegen, hat eine Beschwerde wenig Aussicht auf Erfolg. Stellen sich Eingaben aber als fundiert heraus, bringt das für die betreffenden LehrerInnen erhebliche Unannehmlichkeiten, die bis zu einer Versetzung gehen können.

Besonders am Gymnasium ist jener Typus von LehrerInnen anzutreffen, der mit überhöhten Leistungsanforderungen immer wieder ganze Klassen in Ängste stürzt und sich seiner Wirkung oftmals nicht einmal bewusst ist. Er hat sich „der Sache" verschrieben und diese Sache steht vor allen anderen Erwägungen. Wenn die Klasse schlecht arbeitet – also nicht den Anforderungen der Sache genügt –, so muss sie in Form von Druck, Beschimpfungen, schlechten Noten und Nichtversetzungen darunter leiden: Es gilt, das Niveau zu halten. Dass die schlechten Lernleistungen der Klasse auch mit der eigenen Unfähigkeit zusammenhängen können, einen motivierenden und strukturierten Unterricht zu halten, wird von solchen KollegInnen verdrängt oder aus Angst vor der Richtigkeit solcher Analyse geleugnet – was das aggressive Vorgehen dieser KollegInnen erklären mag. Die folgende, typische Szene wurde von SchülerInnen einer 11. Klasse erzählt:

„Jedes Mal, wenn wir die Mathearbeiten zurückbekommen, beginnt dasselbe Ritual: Oberstudienrat Schweißer geht mit langsamen Schritten ans Pult und beginnt mit gespreizten Fingern unsere Hefte auszupacken, so als ekele er sich davor, unsere Arbeiten zu berühren. Inzwischen sitzen wir alle wie erstarrt da. Keiner wagt, sich zu rühren, denn das hätte zur Folge, dass die Arbeit des Aufgefallenen in allen fehlerhaften Einzelheiten öffentlich besprochen würde. Nach einer Weile qualvollen Schweigens erhebt Herr Schweißer seine von Leid gezeichnete Stimme: ‚Unfassbar, es ist unfassbar, was ich mir habe anschauen müssen. Das grenzt an Körperverletzung, nein, das ist Körperverletzung übelster Art. Ein derartiges Maß an Faulheit und Inkompetenz, das Ihre Arbeiten auszeichnet, meine Damen und Herren, bin ich weiter zu tolerieren nicht imstande. Ich habe deshalb den Herrn Direktor aufgesucht und die Erlaubnis erwirkt, Ihre Arbeiten entsprechend Ihren Leistungen zu bewerten und nicht nach der weltfremden Festlegung, dass nur ein Drittel der Arbeiten nicht ausreichend sein darf.' Und dann gibt Herr Schweißer die Arbeiten zurück. Zuerst kommt die beste Arbeit, dann die zweitbeste und so weiter. Die jeweiligen Noten sind durch die vorher aufgeschichteten Stapel zu erkennen. Hält sich Herr Schweißer bei den guten Arbeiten mit Kommentaren zurück, so werden diese im weiteren Verlauf der Rückgabe immer ausführlicher und bohrender. Oft werden Erkundigungen über den Geisteszustand des Unglücklichen, dessen Fehler breit erläutert werden, eingezogen."

Christian, Schüler einer 8. Klasse und dort Außenseiter, schildert seiner Klassenlehrerin folgenden Vorfall: „In Religion haben wir das Thema Freundschaft gehabt. Herr Gerber wollte wissen, weshalb Freunde so wichtig sind. Ich habe mich auch gemeldet. Da hat er gesagt: ‚Christian, du sollst dich doch nur melden, wenn du was zu sagen hast, und auf diese Frage kannst du doch beim besten Willen nichts antworten. Es geht hier um Freunde. Das sind Leute, die einen gut leiden können'. Die Klasse hat gelacht, die meisten wenigstens."

Manchmal werden aggressive Umgangsformen und Interventionen, die auf Einschüchterung und Angst basieren, von einigen KollegInnen nicht gegen Einzelne, sondern gegen ganze Klassen eingesetzt – man könnte von einem Mobbing gegen die gesamte Lerngruppe sprechen. So unerfreulich solche Verhaltensweisen sind und so beeinträchtigend für die Lernatmosphäre, so haben sie in der Regel doch andere Wirkungen als das typische Mobbing. Hier wird niemand ausgeschlossen. Niemand steht einzeln einem hämischen Angreifer gegenüber, sondern die SchülerInnen einer Klasse unterstützen sich meistens in solchen Fällen gegenseitig. So beschwerte sich beispielsweise eine 5. Klasse geschlossen über eine Lehrerin, die immer wieder SchülerInnen als dumm, faul, dämlich und unerzogen beschimpfte. Es entstand ein Freund–Feind–Schema, in dem die Lehrerin als gemeinsames, zu ertragendes Übel empfunden wurde. Damit sollen weder Leistungsdruck noch rüdes Verhalten verharmlost werden; nur wirken sich diese in der Regel anders aus als gezieltes Mobbing gegen Einzelne.

Eine andere Variante des LehrerInnen-Mobbings äußert sich besonders häufig bei schwachen LehrerInnenpersönlichkeiten, bei LehrerInnen, die um die Anerkennung durch ihre Klasse ringen: Sie heulen mit den Wölfen. Gibt es in der Klasse AußenseiterInnen oder Gemobbte, dann setzen diese LehrerInnen meist unbewusst den Terror fort. Sie merken, dass auf einmal alles mitlacht, wenn sie sich über einen bestimmten Schüler lustig machen. Also geschieht das öfter. Auf die Klasse hat das fatale Wirkungen. Zögerliche SchülerInnen, die dem Mobbingprozess widerwillig folgen, legen ihre Bedenken ab: Wenn sogar der Lehrer den auslacht, darf ich das auch.

Nach einer, wie Mark selbst zugab, vollkommen unsinnigen Antwort, ließ ihn der Lehrer aufstehen. Dann dozierte er: „Seht euch den Mark an. Ein Naturwunder. Er ist jetzt 14 Jahre alt. Alles ist gewachsen. Ihr könnt sehen, wie groß er geworden ist, nur sein Gehirn, das ist seit seinem 2. Lebensjahr gleich geblieben. Ihr könnt es auch an der stockenden Sprechweise erkennen."

Verstärken oder verlängern sich anbiedernde LehrerInnen auf die beschriebene Weise Mobbing in der Klasse, so können besonders aggressive Äußerungen gegenüber Einzelnen auch dazu führen, dass einige SchülerInnen sich durch die LehrerInnen inspiriert und ermutigt sehen, Mobbing zu beginnen.

In der 10. Klasse wurde Gerd von seinem Sportlehrer wegen seines eigenartigen Laufstils laut gefragt habe: „Bist du schwul und willst du die Kerle anlocken? Oder warum eierst du so rum und wackelst so mit deinem Arsch?" Danach begannen mehrere Mitschüler, ihn als Schwuchtel zu beschimpfen und ihn zu quälen. Seine Leiden verschlimmerten sich, als der Sportlehrer unter dem Gejohle einer Clique dazu überging, seinen Namen in die weibliche Form „Gerda" zu transformieren. Gerd hatte sich damals weder bei seinen Eltern noch bei seinem Klassenlehrer beschwert. Er habe sich zu sehr geschämt.

Oft liegt diesen Formen von Fehlverhalten vielleicht nicht immer böse Absicht, sondern Unsicherheit zugrunde: LehrerInnen wollen geachtet und gemocht werden, sehen aber nicht, welche Not sie hervorrufen. Um Missverständnisse zu vermeiden: Es geht hier keinesfalls darum, das unprofessionelle und folgenschwere Verhalten solcher LehrerInnen zu entschuldigen. Nur bieten sich hier vielleicht andere Strategien an als im Ungang mit gezielten MobberInnen, die ihr Vorgehen uneinsichtig als richtig oder angemessen fortsetzen wollen. Ist bei ersteren womöglich ein kollegiales

Gespräch oder eine Schlichtung erfolgreich, lassen sich die LehrerInnen, die gezielt und aggressiv mobben, kaum überzeugen. Wenn Mobbing wirklich System hat, sollten sich KollegInnen nicht durch eine falsche Solidarität davon abhalten lassen, selbst Beschwerden auch auf dem Dienstweg durchzuführen.

Um es zu wiederholen: Beschwerden bei der Schulleitung oder der vorgesetzten Behörde stehen auch Eltern und SchülerInnen offen. Wenn die Klagen fundiert sind und sich nicht auf eine einmalige Entgleisung beziehen, wenn das Fehlverhalten also Ausdruck einer Grundhaltung ist, wenn vorher klärende Gespräche mit der betreffenden Lehrerperson gescheitert sind, dann sollte der Beschwerdeweg auch eingeschlagen werden. Es besteht Aussicht auf Erfolg, denn die Behörden verstehen sich schon lange nicht mehr als obrigkeitsstaatliche Wahrer absoluter Autorität.

Mobbing: Ein altes und ein neues Phänomen

AußenseiterInnen gab es immer schon in der Schule. In Romanen oder Erzählungen, die über Schule berichten, finden sich zahlreiche Beispiele von Ausgrenzungsprozessen. Detailliert beschreibt Robert Musil 1903 in der Erzählung „Die Verwirrungen des Zöglings Törless" Quälereien von Klassenkameraden gegenüber dem Schüler Basini: Er wurde über einen längeren Zeitraum systematisch zum Opfer von Aggressionen gemacht. Basini wird gequält, weil er bestimmten Männlichkeitsidealen nicht entspricht und zudem Opfer projektiver Aggressionen seiner Mitschüler wird. Die Täter verhielten sich im Sinne des klassischen autoritären Typus: Unter dem Zwang eines aggressiven, triebfeindlichen Über-Ichs wird ein Großteil der gegen sich selbst gerichteten Wut auf Fremdgruppen und vermeintlich Schwächere abgeladen. Gegenwärtige Mobbingprozesse jedoch sind nicht so klar und einfach zu erklären.

Komplexe gesellschaftliche Entwicklungen lassen sich schlecht auf wenige Begriffe reduzieren. Sie sind zu vielschichtig. Der folgende Versuch, moderne Formen von Mobbing zu erklären, lässt also notgedrungen bedeutsamere Aspekte außer Acht.

Individualisierung ist sicher auch zum Thema „Mobbing" eine relevante Erscheinung postmodernen Zusammenlebens. Individualisierung meint, dass Menschen immer weniger vorgeschriebenen Mustern und Normen folgen, sondern in größer werdendem Maße selbstverantwortlich für ihren eigenen Lebensweg sind und immer mehr Möglichkeiten haben, diesen zu gestalten. Fortschreitende Individualisierung und verstärkte Konkurrenzsituationen in vielen Lebensbereichen verlangen von den Individuen auch, dass sie sich nach außen darstellen. Was früher als Egozentrik und im Sinne antisozialer Einstellung als kritikwürdig galt, ist heute normal geworden. Wurden vor Jahren Mobbingprozesse innerhalb einer Schicht noch durch das Solidaritätsgefühl und einen allgemein verbindlichen Wertekanon gebändigt, entfalten sie sich gegenwärtig zunehmend ungebremster. Für die Opfer von Mobbing, besonders die Kinder, hat dies noch schmerzhaftere Auswirkungen. Denn die Lebensbedingungen der Kinder haben sich ebenfalls deutlich verändert. Wurden in der Vergangenheit Ausgrenzungen in der Schule durch andere Peersysteme und die Zugehörigkeit zu Nachbarschaftsgruppen kompensiert, bleiben modern verhäuslichte Kinder oft allein. Schule ist für viele der einzige Ort, durch den Kontakte mit Gleichaltrigen vermittelt werden. Tritt hier eine Störung auf, ergreift sie nicht selten alle Lebensbereiche. Die Opfer fallen tiefer.

In der Sozialisation von Kindern und Jugendlichen wird ein „Wandel von Außen- zur Innenorientierung", beobachtet. Das heißt, zunehmend rückt für die modernen Individuen das Erleben innenwirkender Reize in den Vordergrund: Maßstab ist weniger der Sinn einer Tätigkeit, sondern der Spaß, den sie im Individuum auslöst. Konflikte werden also weniger eingegangen, um ein Ziel zu erreichen, sondern um Spaß zu haben. Andererseits werden narzisstische Kränkungen als bedrohlicher erfahren. Wenn die positive öffentliche Selbstdarstellung immer wichtiger wird, löst alles, was sie gefährdet, Ängste und häufig auch Aggressionen aus. Allerdings hat die Innenorientierung nicht nur negative Seiten. Menschen, die aufmerksam beobachten, welche persönliche Freude sie an einer Sache haben, lassen sich nicht so schnell für fremde Zwecke missbrauchen. Sie reagieren weniger konventionell, sondern passen sich eher flexibel neuen Bedingungen an. Sie erfüllen damit auch eine Anforderung, die unter anderem in der Arbeitswelt immer wichtiger wird: flexibel zu sein. Diese Flexibilität ermöglicht einerseits die schnelle Anpassung an verschiedene Gruppen und Situationen, kann aber auch zu einem Verlust an profilierter Identität und von dezidiert eigenen Haltungen führen. So passt man sich eben an herrschende Normen an, auch wenn einem nicht gefällt, was da geschieht.

Eine weitere Erscheinung der Individualisierung ist auch die große Unterschiedlichkeit der Biografien, Kulturprägungen und Lebensformen, die heute in derselben Klasse derselben Schulform vorzufinden ist. In vielen Klassen begegnen sich Kinder aus verschiedenen Kulturen. Selbst innerhalb derselben sozialen Schicht finden sich große Unterschiede der „Lebensprogramme". SchülerInnengruppen bilden nicht mehr im Selbstlauf für die soziale Gruppe „Schulklasse" Regeln und Gemeinschaftsgefühle aus – dazu ist die Unterschiedlichkeit in der Gesamtgruppe zu groß. Selbst die Entwicklung von inneren Strukturen und Hierarchien wird nicht zuletzt deshalb schwieriger, weil gemeinsame Werte und Maßstäbe fehlen. War noch vor wenigen Jahren ein guter Fußballspieler automatisch in der Klasse akzeptiert, weil es anerkannt wichtig war, gut zu spielen, kann es heute geschehen, dass diese sportlichen Qualitäten geringschätzig belächelt werden, obgleich Sportlichkeit immer noch bei Jugendlichen allgemein hoch im Kurs steht.

Die Unterschiedlichkeit von Lebens- und Deutungsmuster innerhalb einer Klasse hängt auch mit der inzwischen zu konstatierenden Unterschiedlichkeit von Erziehung zusammen. Der Verlust von hart orientierenden Erziehungsmustern führt zudem nicht nur zur Befreiung, sondern manchmal auch zu unterschiedlichen Formen von Verwahrlosung. Wenn Eltern sich aus der kompliziert gewordenen Erziehung verunsichert zurückziehen, können daraus Folgen erwachsen, die mit Befreiung zur selbstbewussten prosozialen Selbstständigkeit nichts zu tun haben: Autoaggression, Gewaltbereitschaft, Desinteresse und Antriebsschwäche – um nur einige plakative Befunde zu nennen.

Kinder, die in einer Wohlstandsgesellschaft aufwachsen, entwickeln auch zum Konsum eigenständige Haltungen. Die können einmal darin bestehen, dass sie kritisch und bewusst unter den vielfältigen Angeboten auswählen. Der steigende Wohlstand und die damit verbundene Konsumorientierung können aber auch zu einer wachsenden Abhängigkeit von schneller Affektbefriedigung führen. Die Konsumfixierung, die wir auch bei Kindern antreffen, führt zu einem anderen Selbstbild, mit einem hohen Konfliktpotenzial: Es ist nicht mehr entscheidend, etwas – sozial Bedeutsames – zu können, sondern es ist wichtig, etwas zu besitzen. Aber das aktuellste Statussymbol ist nicht lange neu und das Selbst, das sich daran orientiert, ist trotz aller nach außen getragenen Großspurigkeit meist leicht zu erschüttern. Gleichzeitig fehlt Kindern und Jugendlichen häufig die außerschulische Auseinandersetzung mit Gleichaltrigen. Sie lernen nicht mehr, sich in eine Nachbarschaftsgruppe einzuordnen, sie erwerben eine geringere Konfliktkompetenz.

Als Fazit lässt sich zusammenfassen, dass in der Spätmoderne aufgrund der wachsenden Unterschiedlichkeit in Klassenverbänden und dem damit verbundenen geringen Maß an gemeinsamen Werten in der Schule ein größeres Konfliktpotenzial vorhanden ist. Zudem finden wir bei vielen SchülerInnen geringer ausgebildete Fähigkeiten, Konflikte konstruktiv zu lösen. Die Kombination beider Faktoren begünstigt die Entstehung von Mobbingprozessen. Das Wissen um diese Zusammenhänge, um den Verlauf von Mobbing und um Interventionskonzepte hilft uns, diese Entwicklung nicht passiv hinzunehmen. Verbündete gegen das Mobbing lassen sich bei den Jugendlichen finden, die auf der „Sonnenseite der Individualisierung" stehen, die engagiert und kompetent sind.

Wie SchülerInnen und LehrerInnen gegen Mobbing arbeiten

Worin wir uns von Schlichtergruppen unterscheiden

Geht es bei Schlichtungen in der Regel darum, einen konkreten Streit zwischen zwei SchülerInnen beizulegen, zielt unsere Arbeit darauf, in den Klassen darauf hinzuwirken, dass Mobbing unterbunden wird. Die Aktivitäten der ModeratorInnen zielen also stärker auf die Arbeit mit Gruppen. Nach langen Versuchen und einigen Irrwegen haben wir gemeinsam mit den SchülerInnen der AG ein Arbeitsmodell entwickelt, das sich deutlich vom Schlichtungsmodell abhebt.

Beim Schlichtungsmodell wird eine Gruppe von SchülerInnen dazu qualifiziert, in Konfliktfällen zwischen einzelnen SchülerInnen zu vermitteln. Schlichter arbeiten also nicht mit Klassenverbänden, die Ausgangspunkt und Bühne für Mobbing sind. Sie üben die Mediation in der Regel in einem Raum aus, in dem sie zu bestimmten Zeiten – oft in den Pausen – anwesend sind, wo sie von den Streitenden aufgesucht werden oder in den die Streitenden von LehrerInnen geschickt werden. Rückkoppelungen und Korrekturen erfolgen nachträglich durch die betreuenden LehrerInnen oder die Gesamtgruppe der SchlichterInnen.

Dieses System hat den Vorteil, dass die SchlichterInnen meistens auf klare und überschaubare Situationen vorbereitet werden und dass sie ihre Aktivitäten auf eindeutige Prozesse konzentrieren können. SchlichterInnen arbeiten reaktiv. Sie warten, bis sie benötigt werden, greifen nach dem Konflikt ein und versuchen ihn dann beizulegen. Der Konflikt bezieht sich in der Regel auf nur zwei KontrahentInnen und seine Lösung wirkt sich eher mittelbar auf das Schul- und Klassenklima aus, indem die SchülerInnen erfahren, dass es andere Wege als das Faustrecht gibt, Konflikte zu lösen.

Ein Nachteil dieses Systems besteht darin, dass sich Streitende und MediatorInnen oft unbekannt sind. Auch haben es SchlichterInnen schwer, eine Vertrauensbasis zu den meist deutlich Jüngeren aufzubauen. Wenn man die SchlichterInnen selbst nicht kennt, fällt der Weg zu ihnen nicht leicht. Der Wunsch zur Schlichtung setzt einerseits die Einsicht voraus, selbst ein Problem nicht lösen zu können, das als bedrückend empfunden wird, und andererseits die Bereitschaft, den Konfliktgegner nicht besiegen, sondern sich mit ihm einigen zu wollen. Diese Voraussetzungen, die im angestrebten Fall einer freiwilligen Schlichtung bei beiden Konfliktparteien gegeben sein müssen, werden nur selten erfüllt. Zudem tritt so ungewollt ein Auswahlkriterium auf: Einer freiwilligen Schlichtung stellen sich nur die, die diese Einsicht gewonnen haben. Wer mit Lust quält und angreift, ist so nicht zu erreichen, Unbeteiligte, die unter Konflikten in der Klasse leiden, ebenfalls nicht.

Dass das klassische Schlichtermodell weniger Sinn macht, um schulische Gewalt zu reduzieren, belegen auch empirische Umfragen: Danach waren „reine" Schlichtungen, die nur auf individuelle Konflikte reagierten, nicht erfolgreich. Erst wenn in einem System neue Strukturen und eine andere Konfliktkultur entstanden waren, war es erfolgreich in der Reduktion von Gewalt.

Werden die MediatorInnen nicht durch das Kollegium unterstützt, sondern womöglich von LehrerInnenseite noch zusätzlich mit Häme angegriffen, bleibt der Schlichtungsraum leer. Zudem sind Konflikte, die den Schulalltag ausmachen, selten auf zwei KonfliktpartnerInnen zu reduzieren, sondern finden ihre Ursachen häufig in der Klassenkonstellation selbst, es sei denn, sie sind einfach strukturiert und brauchten nicht wirklich eine Schlichtung. Mobbing ist so kaum zu unterbinden. Wenn die Arbeit der SchlichterInnen nicht den Klassen bekannt gemacht und engagiert von der Mehrzahl der LehrerInnen und einem entsprechenden Schulklima getragen wird, kann es auch dazu kommen, dass die MediatorInnen als weltfremde Friedensengel verspottet werden, wie uns SchlichterInnen eines Gymnasiums erzählten, die in zwei Jahren Tätigkeit nur zwei Fälle zu schlichten hatten.

Deshalb ist unser Modell der Konfliktbearbeitung klassenbezogen. Wir realisieren durch die Ausbildung von SchülerInnen aus den Klassen 9–13 zu ModeratorInnen und PatInnen ein Betreuungskonzept. Diese Ausbildung ist für alle Mitglieder der AG gleich. Sie umfasst die verschiedenen Bereiche: Konflikttheorie, Kommunikation, Moderation, Körpersprache und die PatInnenaktivitäten selbst. Die Ausbildung der PatInnen/ModeratorInnen findet in Blockseminaren und während der wöchentlichen Sitzungen statt. Eine besondere Form der Weiterqualifikation besteht in der ständigen Reflexion der Aktivitäten der AG in den wöchentlichen Sitzungen.

PatInnen nennen wir die Mitglieder der AG, die eine feste Klassenbetreuung übernehmen. Sie nehmen am Klassenleben teil, begleiten beispielsweise Wandertage, führen Riegen bei Sportfesten, stellen sich auf Elternabenden vor, regen Klassenaktivitäten an und bemühen sich präventiv und eingreifend um Konfliktregelung. Eine Klasse wird von zwei oder drei Paten betreut. Dies beginnt in der 5. Klasse, also bei dem Neueintritt in unsere Schule, und endet nach der 7. Klasse.

ModeratorInnen arbeiten nur punktuell in den Klassen, etwa wenn bestimmte Konflikte zu lösen sind – ab der 8. Klasse ohne die Aufgabe der festen Klassenbetreuung. Viele PatInnen arbeiten auch zusätzlich als ModeratorInnen in den höheren Klassen. Die unterschiedlichen Arbeitsgebiete von PatInnen und ModeratorInnen bringen zwar vielfältige und oft komplexe Aufgabenstellungen mit sich; sie können jedoch meist durch die Rücksprache mit der Gesamtgruppe gelöst werden.

Die PatInnen/ModeratorInnen werden von der Schulleitung für ihre Arbeit in den Klassen grundsätzlich beurlaubt. Die SchülerInnen gehen mit dieser Freistellung nach aller Erfahrung verantwortungsvoll um und es gab daher bisher keine Konflikte, die aus dem Missbrauch von Freistellungen resultierten. Klassen- oder FachlehrerInnen treten nach vorheriger Absprache ihre Stunden in der Regel bereitwillig ab. Sie halten sich dann im LehrerInnenzimmer bereit, falls die PatInnen ihre Arbeit vorzeitig beenden.

Die Unterschiede zwischen den beiden Konzepten „Schlichtung" und „klassenbezogene Moderation" ergeben sich durch die Verschiedenheit der Ziele: Die SchlichterInnen sollen zwischen KontrahentInnen vermitteln, möglichst einen Kompromiss in einem Konflikt finden. Die PatInnen/ModeratorInnen sollen in erster Linie helfen, das Klassenklima positiv zu gestalten – ob sie konfliktbezogen konkret eingreifen oder ob sie „strukturell patenschaftlich" wirken.

Wie wirkt Antimobbingarbeit auf den Schulalltag? – Zwei Erfahrungsberichte

Inzwischen arbeiten wir mit dem PatInnenkonzept seit acht Jahren an unserer Schule. Über 30 ModeratorInnen nehmen an den Sitzungen und der Arbeit der AG teil. Die Erfahrungen, die wir gemacht haben, sind durchweg positiv, wenn auch nicht alles gelungen ist. Rückschläge traten besonders dann auf, wenn die PatInnen in ihren Klassen die Lust an der Arbeit verloren oder sich als ungeeignet herausstellten. Oft hing beides zusammen. Wenn die PatInnenarbeit aus irgendeinem Grunde stockte, wurde dies von den Klassen immer als unbefriedigend empfunden. Sind die PatInnen motiviert und kompetent gewesen, war ihre Arbeit erfolgreich.

Lioba Pott: Einige Einschätzungen darüber, wie sich unsere Arbeit auf die Patenklasse ausgewirkt hat

Wenn wir rückblickend auf die Arbeit in unseren Patenklassen schauen, fällt uns – das heißt meiner Freundin Christiane, die mit mir gemeinsam die Klasse betreute, und mir – besonders auf, mit welcher Offenheit die SchülerInnen fähig sind, in der Klasse über ihre Probleme zu reden. Man merkt hierbei, dass die Kinder von Anfang an durch uns gewöhnt waren, Klassenprobleme auszusprechen. Schließlich haben wir schon in der 5. Klasse Bereiche wie „Klassenklima" und „Ausgrenzung" immer wieder – meist spielerisch – thematisiert. Dadurch konnten wir meiner Meinung nach erreichen, dass manche Kinder, die sonst ihre Probleme in sich hineingefressen hätten, sich überwinden konnten und diese äußerten.

Natürlich kann unsere Arbeit nicht verhindern, dass Ausgrenzungsverhalten und aggressives Verhalten in der Klasse auftreten, und sie verhindert auch nicht, dass innerhalb der Klasse bestimmte Machtstrukturen entstehen. So zeigt sich zum Beispiel in unserer Klasse eine Cliquenbildung und innerhalb dieser Cliquen gibt es (besonders in der Jungenclique) Schüler, die den Rest der Clique im Griff haben. Aber diese Strukturen sind im Vergleich zu anderen Klassen nicht so festgefahren und damit ist es uns möglich, von außen auf sie einzuwirken und diese Strukturen manchmal aufzubrechen.

Weiter hat sich in der Klasse bei vielen Mädchen und auch Jungen ein Bewusstsein dafür entwickelt, dass bestimmte Verhaltensweisen innerhalb der Klasse nicht geduldet werden dürfen. Einige aus der Klasse erzählten mir, dass sie nach Abschluss eines Vertrages, in dem es um Verhaltensregeln gegenüber einem Außenseiter ging, immer wieder andere zur Einhaltung ermahnt hätten. Erschreckt hat mich hierbei jedoch andererseits sehr, dass einige Jungen ein sehr dehnbares Unrechtsbewusstsein zeigten.

Durch unsere Arbeit in der Klasse fühlen sich viele SchülerInnen (das haben einige uns in ähnlicher Form direkt gesagt, andere zeigen dies durch ihr interessiertes Verhalten deutlich) mit ihren Problemen ernst genommen, wohl auch, weil wir selbst Schülerinnen sind und solche Probleme auch vor nicht allzu langer Zeit hatten. Auf der anderen Seite haben in unserer Klasse viele das Gefühl, von einigen LehrerInnen nicht genügend ernst genommen zu werden. Deshalb sind sie natürlich auch froh, dass sie uns als Ansprechpartnerinnen haben. Dass manche LehrerInnen in den unteren Klassen die Probleme der Kinder nicht für voll nehmen und sie als kleine Lappalien, als Kindereien abtun, die sowieso bald vorbeigehen, kann ich aus eigenen Erfahrungen bestätigen und deshalb gut nachvollziehen.

Zu der überwiegend positiven Beziehung zwischen der Klasse und uns und somit zu den positiven Auswirkungen unserer Arbeit auf die PatInnenklasse trägt besonders bei, dass wir bei der Betreuung zweigleisig verfahren: Neben den thematischen Stunden steht die Gestaltung des Klassenlebens über den Unterricht hinaus im Vordergrund. Gerade in der 5. und 6. Klasse, wenn die Klassengemeinschaft sich ordnet, ist dies ungeheuer wichtig.

Durch Ausflüge und Spielstunden usw. entsteht nicht nur eine freundschaftliche Beziehung zwischen uns und der Klasse, wir gewinnen nicht nur das Vertrauen der Klasse, sondern, was mindestens ebenso bedeutsam ist, diese Aktivitäten fördern das Interesse der Kinder füreinander (das fiel uns auch in unserer Klasse sehr auf).

Damit verbunden, das kann ich an einem Beispiel gut verdeutlichen, wird auch die Fähigkeit gefördert, auf verschiedene Bedürfnisse gegenseitig Rücksicht zu nehmen und sich dann zu einigen: Wir wollten mit unserer PatInnenklasse diesen Sommer noch einen größeren Ausflug planen. Die Entscheidung des Ausflugszieles brachte dann jedoch einige Probleme mit sich, denn die Jungen wollten schwimmen gehen und die Mädchen (ich hatte den Eindruck, schon aus Prinzip) wollten unbedingt in einen Freizeitpark fahren. Als wir merkten, dass wir bei der Besprechung nicht weiterkamen und beide Seiten auf ihrem Vorschlag beharrten, brachen wir die Diskussion ab, erklärten der Klasse, dass wir nur etwas unternehmen würden, wenn man sich einigen könnte und versprachen, nächste Woche wiederzukommen, um nachzuhören, ob und wie sie sich geeinigt hätten. Schon vorher meldeten sich einige aus der Klasse auf dem Schulhof bei mir. Sie hatten sich für eine Übernachtung in Zelten im Garten eines Mitschülers entschieden. Alle waren einverstanden, wir auch.

Unsere PatInnenschaft trägt auch dazu bei, dass die jüngeren SchülerInnen ihre Scheu vor älteren SchülerInnen verlieren. Sie lernen uns Ältere besser kennen und erkennen, dass wir gemeinsam mit ihnen etwas machen wollen und gleichzeitig, dass sie sich von uns nicht alles gefallen lassen müssen. Ich würde sagen, dass unsere PatInnenschaft – neben natürlich anderen jahrgangsübergreifenden AGs – schon bei den Kleineren und auch uns ein Schulgefühl entstehen lässt, das über die reine Lerngemeinschaft hinausgeht. Noch letzte Woche habe ich mehreren Jungen und Mädchen aus meiner PatInnenklasse, die eine Theatergruppe neu gründen wollten, geholfen, einen volljährigen Schüler zu finden, der diese Gruppe betreuen wollte. Hieran merkt man, dass die SchülerInnen keine Angst haben, ältere SchülerInnen um Hilfe zu bitten, dass aber gleichzeitig auch ältere SchülerInnen bereit sind, sich für die jüngeren einzusetzen.

Das von mir Beobachtete ist sicher kein vollständiges Gesamtbild. Ausgrenzungen, Gemeinheiten untereinander und sonstige Konflikte gibt es in der Klasse trotzdem noch. Ich glaube jedoch, dass wir entscheidend dazu beitragen können und auch schon zum Teil dazu beigetragen haben, dass viele SchülerInnen die Fähigkeit gewinnen, mit Konflikten selbstständig oder mit Unterstützung anderer besser umgehen zu können. So hoffen wir, dass manche Konflikte, die sonst unter den Teppich gekehrt würden, aber unterschwellig immer da wären, frühzeitig thematisiert werden und gar nicht erst eskalieren können.

Ergänzt wird diese Sicht einer Moderatorin durch eine Lehrerin, die als Erprobungs-
stufenleiterin an unserer Schule repräsentative Erfahrungen mit dem Patensystem gewonnen hat.

Adela Binding: PatInnen in der Erprobungsstufe
- Eine Schülerin der 5. Klasse vertieft in ein Gespräch mit einer deutlich älteren
  Schülerin auf dem Schulhof während der ersten großen Pause ...
- Wanderfahrt der 6. Klasse: Mit von der Partie eine Schülerin und ein Schüler der
  Jahrgangsstufe 13, die sich eine spannende Rallye für die Kleinen ausgedacht haben
  ...
- Auf dem Stundenplan der Klasse 5d steht Mathe, aber zwei Oberstufenschüler-
  innen diskutieren mit der Lerngruppe über Klassenregeln.

Dies sind drei Momentaufnahmen aus der Arbeit der PatInnen, wie ich sie erlebt
habe. Sie spiegeln wider, in welchen unterschiedlichen Bereichen sich ältere Schülerinnen und Schüler, die so genannten PatInnen, für die jüngeren engagieren.
Obwohl die Gymnasien in den letzten Jahren darauf achten, den Wechsel von der
Grundschule zur weiterführenden Schule so konfliktarm wie möglich zu gestalten,
treten dennoch für die neuen Schülerinnen und Schüler der Erprobungsstufe manchmal individuelle Probleme auf. Als Klassenlehrerin, eingebunden in das Fachlehrer-
Innensystem, versucht man sein Möglichstes, um auf die unterschiedlichen Bedürfnisse einzugehen, aber oftmals reicht die Zeit einfach nicht. Der Anblick von
PatInnen, die sich z. B. in den großen Pausen um die „Kleinen" kümmern, vermittelt
das beruhigende Gefühl, dass andere eine Mitverantwortung für die Klasse eingegangen sind, und zum Teil viel praktikablere Lösungen für die kleinen Nöte haben, als
sie einem Lehrerhirn einfallen könnten. (Problem: Ich habe mein Frühstücksbrot
vergessen! PatInnenlösung: Ich gehe zum Bäcker und besorge dir ein Käsebrötchen!)
An den großen Pausen lässt sich die Veränderung für die Schülerinnen und Schüler
der 5. Klassen festmachen. Waren sie vor den Sommerferien noch die Ältesten auf
dem Schulhof und haben dort in einer überschaubare Schulgemeinschaft gespielt,
so sind sie nach dem Wechsel die Jüngsten. Nun sehen sie sich mit einem Vielfa-
chen der gewohnten SchülerInnenanzahl konfrontiert und begegnen 18-, 19jähri-
gen SchülerInnen. Dies kann Verunsicherung, manchmal sogar Schulangst auslösen. Ein Pausengespräch mit seinen PatInnen macht einem Sextaner dann ganz
unmittelbar deutlich, dass er zur neuen Schulgemeinschaft dazugehört. Als Nebenef-
fekt konkretisiert sich die Zielperspektive für die Zehnjährigen, eines Tages auch zu
den „Großen" zu gehören.
Wanderfahrt in der Jahrgangsstufe 6! Bei wem, der jemals die Klassenleitung in der
Erprobungsstufe übernommen hat, löst dies nicht Assoziationen aus von einem „full
time job"? Dauereinsätze vom frühmorgendlichen bis zum spätabendlichen
Zähneputzen werden lebendig, von den mitternächtlichen Kontrollen ganz zu
schweigen! Wer träumt dann nicht von ganz jungen Kolleginnen und Kollegen, die
mit großem Elan und persönlichem Spaß ein buntes Unterhaltungsprogramm zu-
sammenstellen und durchführen?
An zahlreichen Wanderfahrten meiner Klassen haben PatInnen teilgenommen. Natürlich hieß dies nicht, dass die begleitenden LehrerInnen Urlaub machen konnten,

weil sie die Verantwortung abgegeben hatten. Aber durch die altersbedingte Nähe der PatInnen zu den Schülerinnen und Schülern brachten sie zeitgemäße Vorschläge und sinnvolle Ideen ein, auf die wir LehrerInnen niemals gekommen wären und die in der Klasse mit Begeisterung aufgenommen wurden. Die Organisation eines pfiffigen Geländespiels und das Aussuchen der richtigen Diskomusik, tröstliche Umarmung bei aufkommendem Heimweh oder der Bau einer Staumauer im Schlamm am Bachrand – das Beschäftigungsfeld der PatInnen war riesengroß. Ohne Frage wurden wir als LehrerInnen entlastet, was das persönliche Vergnügen an Wanderfahrten wieder erhöhte. Aber noch viel wichtiger ist die Tatsache, dass sich die Klassen durch die Anwesenheit ihrer PatInnen und deren selbstverständliches Engagement stets von Fahrtbeginn ab wohl fühlten. So wurden diese häufig zu GarantInnen für eine gelungene Wanderfahrt. Andererseits konnten die LehrerInnen durch die gewonnenen Freiräume die agierenden Schülerinnen und Schüler besser beobachten und so nachhaltige Einblicke in das Sozialverhalten gewinnen. Oftmals wurden diese Eindrücke in Gesprächen von den PatInnen bestätigt, denn ihnen gegenüber verhielten sich die Fünftklässler oft noch „ungeschminkter".

Derart kann die Begegnung mit PatInnen den LehrerInnenblick für die anliegende pädagogische Arbeit schärfen. (Übrigens das oben Beschriebene lässt sich auch auf die Durchführung von Wandertagen und Spielenachmittagen übertragen.)

Wenn viele Menschen zusammenkommen, braucht man Regeln, um konfliktarm miteinander umzugehen. Diese Einsicht ist auch schon bei Schülerinnen und Schülern der Erprobungsstufe anzutreffen. An unserer Schule ist es guter Brauch, dass die 5. Klassen vor dem Hintergrund der Schul- und Hausordnung ihre Regeln eigenständig finden und formulieren. Aber natürlich werden dann diese Regeln gelegentlich überschritten. Wenn durch schonungslosen Umgang Gegenstände entzweigehen, ist der oder die Schuldige meistens schnell gefunden und der Schaden kann reguliert werden. Anders sieht dies beim Umgang mit den Klassenkameraden aus. Ein Schüler, eine Schülerin wird ausgegrenzt, ein anderer ernennt sich zum Klassenfürsten und die ganze Klasse oder doch zumindest seine Fangruppe gehorcht ihm nolens, volens. Leider erfährt man als Klassenlehrerin häufig viel zu spät von solchen Strukturen und Vorgängen, weil es in SchülerInnenkreisen verpönt ist zu petzen und das Gespräch mit dem Lehrer zu suchen. Aus dieser Miesere können die PatInnen einen frühzeitigen Ausweg bieten, wenn sie sich zuvor der Mühe unterzogen haben, ein Vertrauensverhältnis zu ihren Patenkindern aufzubauen.

Die Erfahrung hat gezeigt, dass geschulte PatInnen sehr gut die Qualität eines Konflikts einzuschätzen wissen. In manchen Fällen haben sie eigenständig vermittelnd eingegriffen und die Konfliktlösung herbeigeführt. In anderen Situationen haben sie umgehend die KlassenlehrerInnen informiert, sodass man rechtzeitig von schulischer Seite Gegenmaßnahmen ergreifen konnte.

Abschließend lässt sich feststellen, wie bereichernd PatInnen sowohl für die SchülerInnenschaft als auch für ein LehrerInnenkollegium sein können. Sie müssen es allerdings auf jeden Fall vermeiden, sich als HilfslehrerInnen zu verstehen oder sich in eine solche Funktion drängen zu lassen, denn dies kann nur dem Vertrauensverhältnis zur SchülerInnenschaft schaden. Als VermittlerInnen zwischen SchülerInnen untereinander und als MittlerInnen zwischen SchülerInnen und LehrerInnen können sie sehr wirkungsvoll tätig sein.

Was LehrerInnen gegen Mobbing tun können

Die Gründung, Ausbildung und Betreuung einer ModeratorInnengruppe verlangen Zeit und Engagement. Neben der notwendigen Weiterqualifikation für LehrerInnen müssen in einer Schule auch organisatorische Vorgaben geleistet werden, wie eine Entlastung der betreuenden und ausbildenden LehrerInnen, wie die Akzeptanz durch das Kollegium und Einbindung der ModeratorInnengruppe in das Schulleben. Das ist sicher nicht an allen Schulen durchzusetzen.

Das heißt jedoch nicht, dass LehrerInnen mit wenig Zeit und ohne Rückhalt von Kollegium und Schulleitung dann nichts unternehmen sollen oder können, wenn sie mit Mobbing in ihren Klassen konfrontiert werden. Viele LehrerInnen ahnen oder vermuten, dass sich in ihren Klassen Mobbingprozesse abspielen, haben aber keine Strategien entwickelt, wie sie reagieren könnten.

Handlungsmöglichkeiten ergeben sich in einer fast trivialen Schrittfolge: Prävention, Wahrnehmung, Analyse, Maßnahmen. Die folgenden Vorschläge sind knapp gefasst, weil sie nicht im Sinne einer Rezeptur zu verstehen sind, sondern eigenständig auf die Klassensituation und die Persönlichkeit der Lehrenden zu beziehen sind. Auf diesem Hintergrund sollen und können sie Handlungshilfen leisten. Mobbingprozesse lassen sich wohl nie vollständig vermeiden, aber ihre Häufigkeit kann reduziert, ihre Intensität und ihre Folgen gemildert werden.

Prävention

Aufklärung

Wenn Sie selbst Zeuge oder Opfer von Mobbing geworden sind, kann es eindrucksvoll sein, wenn Sie Ihrer Klasse authentisch berichten, was Sie beobachtet und erlebt haben, wie sich Mobbingopfer gefühlt haben und welche Auswirkungen Sie feststellen konnten. Hier erzielen einfache Beobachtungen, die genau und sachlich dargestellt werden, große Wirkung. Hüten Sie Sich aber bei der Aufklärung vor Moralisieren. Wenn Sie als LehrerIn von den bösen MobberInnen sprechen, erzeugen sie leicht Angst, Skepsis und Abwehr. Abwehr rufen Sie auch hervor, wenn Sie öffentlich SchülerInnen angreifen, von denen Sie lediglich den Eindruck haben, dass sie mobben. Solche Bewertungen erzeugen ebenfalls Angst und verhindern häufig eine offene Aussprache.

Die Aufklärung über Mobbing kann aber auch erfolgen, indem Sie sich auf die Definition dieses Buches beziehen und im Rahmen eines hier vorgestellten Unterrichtsvorschlages die Ihnen wichtig erscheinenden Aussagen über Mobbing entwickeln.

Stärkung des Gemeinschaftsgefühls

Stärken Sie das Gemeinschaftsgefühl Ihrer Klasse. Dies ist u. a. möglich, indem Sie beispielsweise die Normen und Werte selbst beachten, die Sie von Ihren SchülerInnen einfordern. Wenn Sie darauf Wert legen, dass sich Ihre SchülerInnen untereinander nicht beschimpfen, sollten Sie selbst im Umgang mit ihnen höflich bleiben und auch Beschwerden ernst nehmen, die sich auf Beschimpfungen durch andere LehrerInnen beziehen. Wenn beispielsweise in Ihren Stunden SchülerInnen rüde miteinander umgehen, sollten sie dies nicht zulassen. Versuchen Sie, einen bestimmten Verhaltensstandard zu etablieren. Zeigen Sie auch, dass es wichtig für Sie ist, dass Ihre SchülerInnen sich gegenseitig akzeptieren, indem Sie beispielsweise in ihren Stunden Raum dafür geben, Klassenkonflikte und Probleme miteinander zu besprechen.

Verhindern Sie auch, dass einzelne SchülerInnen in Ihren Stunden bloßgestellt oder lächerlich gemacht werden. Der Unterschied zwischen Lachen und Auslachen ist nicht akademisch. Verhindern Sie ebenfalls, dass SchülerInnen während Gruppenarbeitsphasen ausgeschlossen oder übergangen werden. Das lässt sich auch an der Körpersprache beobachten.

Benutzen Sie in der Schule Arbeitsformen, die viele und unterschiedliche Kontakte erfordern. Achten Sie bei Gruppenarbeiten darauf, dass Gruppenleistungen gewürdigt werden. Helfen Sie mit bei der Organisation von Klassenaktivitäten oder regen Sie gemeinsame Unternehmungen an.

Klassenregeln verabreden und verwirklichen

Wenn Klassenregeln erstellt worden sind, achten Sie darauf, dass sie realisierbar und machbar sind. Verlangen Sie nichts Unmögliches von Ihren SchülerInnen – etwa, dass jeder immer höflich und pünktlich ist; verhindern Sie, dass sich Ihre SchülerInnen selbst Unmögliches aufbürden und überhäufen Sie sie nicht mit Regeln. Mehr als sieben sind unübersichtlich und geraten in Vergessenheit. Wenn Sie in Zusammenarbeit mit ihren SchülerInnen Klassenregeln erstellt haben, sollten Sie konsequent auf deren Einhaltung achten, sonst tritt im Gegenteil der Effekt ein, dass gelernt wird, dass Regeln etwas Unverbindliches sind, an das man sich nicht halten muss. Bei Regelverstößen muss zwar nicht immer zwingend sanktioniert werden, aber es sollte – indem knapp auf die entsprechende Klassenregel verwiesen wird, direkt auf deren Einhaltung bestanden werden, auch wenn das manchmal den Unterrichtsgang hemmt

Wahrnehmung

Wie Klassen reagieren

Eine Besonderheit von Mobbing ist, dass es sich selten offen darstellt und dass Opfer sich häufig nicht beschweren. Deshalb ist die Wahrnehmung von Mobbing von großer Bedeutung. Die eigene Wahrnehmung kann man schulen, indem man z. B. gezielt auf Anredeformen achtet. (Ein Schüler aus meiner Klasse wurde als Einziger nur mit dem Nachnamen angeredet: „Der Schulte". Er war ein Mobbingopfer.).

Wichtig sind auch die Reaktionen in der Klasse. Gemobbte SchülerInnen werden häufiger ausgelacht, ihre Fehler und ihr Versagen werden begrinst, nicht bedauert. Neben ihnen will niemand sitzen. Bei Gruppenarbeiten werden sie gemieden oder ihre Beiträge werden unterschlagen. Beim Sport werden sie oft als Letzte gewählt, selbst wenn ihre Leistungen nicht schlecht sind. Sie sind beliebte Opfer von Rücksichtslosigkeiten oder von Fouls; bei Paarübungen stehen sie alleine. Auf dem Schulhof oder auf Wandertagen zeigen sich Ausgrenzungen besonders deutlich. Mobbingopfer sind oft allein, häufig werden sie sogar mit körperlicher Gewalt zurückgewiesen. Gespräche mit anderen KollegInnen können zusätzlich Klarheit schaffen.

Klassen, in denen gemobbt wird, reagieren fast immer betroffen und zögerlich auf Fragen nach dem Klassenklima. Die fehlende Offenheit ist greifbar. Im Unterricht ist besonders bei Aufgabenstellungen, die ein hohes Risiko hervorrufen – Aufsätze, offene Interpretation, Gedichtvorträge, alle Aktivitäten, bei denen man sich exponieren muss und deren Ergebnis nicht eindeutig festliegt –, eine große Zurückhaltung wahrzunehmen. Die SchülerInnen verhalten sich so, dass sie ihren KlassenkameradInnen keine Angriffsfläche bieten. Dauern Mobbingprozesse in Klassen länger an, trifft man auch häufig auf ausgesprochen abgestumpfte Grundhaltungen: „In unserer Klasse kann man nichts ändern. Reden hat doch keinen Sinn, ich will nur heil über die Runden kommen."

Wie Opfer reagieren

Gemobbte SchülerInnen verändern sich. Sie werden plötzlich aggressiv oder ängstlich, überangepasst oder verschlossen. Ihre Leistungen lassen nach. Viele Opfer ziehen sich auch sehr stark aus dem Klassenleben zurück, verhalten sich so, dass sie kaum noch wahrgenommen werden. Oft haben sie Angst, sich direkt zu offenbaren. Konfrontatives Fragen: „Sag mal, bist du eine Außenseiterin? Wirst du gemobbt?" oder noch besser: „Wer sich hier ausgeschlossen fühlt, soll sich mal melden!" wird nur selten eine offene Antwort hervorrufen. Beginnen Sie mit einer Beobachtung, bohren Sie aber nicht nach, wenn die Schülerin bzw. der Schüler sich nicht äußern will oder Vorfälle herunterspielt.

Gerade wenn bei einer SchülerIn plötzlich die Leistungen nachlassen, sollten Sie in Elterngesprächen nicht nur Mitteilungen über den Leistungsstand treffen, sondern auch nachfragen, welche Erklärungen die Eltern für die schlechteren Noten sehen, sich aber auch erkundigen, wie sich das Kind in der Klasse fühlt, ob es gerne zur Schule geht, was es bedrückt.

Ein Fragebogen

Falls Sie unsicher sind, was in der Klasse geschieht und ihre Wahrnehmungen nicht eindeutig sind, können Sie auch gezielt Analysen durchführen. Dies können Sie eher spielerisch durchführen, wie es beispielsweise im Stundenvorschlag „Klassenrucksack" (Seite 163) ausgeführt wird. Sie können aber auch einen Fragebogen in die Klasse geben, der anonym zu beantworten ist. Wenn man aber Anonymität und Vertraulichkeit zusichert, wäre es ein Vertrauensbruch, auf der Grundlage des Fragebogens zu sanktionieren. Er sollte nur als Basis für die weitere Arbeit mit der Klasse verwendet werden. Das folgende Muster (gegenüberliegende Seite) gibt ein Beispiel dafür, wie so ein Fragebogen aussehen könnte.

Wenn Sie darauf achten, dass der Fragebogen unter Klassenarbeitsbedingungen ausgefüllt wird, also die SchülerInnen allein sitzen und nicht beeinflusst werden können, kann er wichtige Auskünfte über das Klassenleben liefern. Seine Auswertung nimmt nicht zu viel Zeit in Anspruch. Sie sollten die Ergebnisse und Ihre Interpretation der Ergebnisse in der Klasse besprechen. Zeigen sich gravierende Probleme, sollten Sie gemeinsam mit der Klasse planen, was wie verändert werden kann. Die Auswertung selbst sollte nicht nur die Durchschnittswerte, sondern auch die Streuungen berücksichtigen. Nach unseren Erfahrungen bewerteten die meisten Klassen ihre Klassengemeinschaft überdurchschnittlich. Liegt der Schnitt unter fünf Punkten, kann davon ausgegangen werden, dass die Klassengemeinschaft gestört ist.

Der folgende Fragebogen wird nur innerhalb deiner Klasse verwendet. Die Auswertung wird euch bekannt gegeben. Die Ergebnisse werden nicht dazu verwendet, um einzelne Schüler und Schülerinnen zu bestrafen. Der Fragebogen soll nur Auskünfte über die ganze Klasse geben. Du solltest möglichst in Blockbuchstaben schreiben. Bitte nenne keine Namen von Mitschülerinnen und Mitschülern.

Wie würdest du die Klassengemeinschaft bewerten?
(10 Punkte sehr gut, 1 Punkt sehr schlecht)

Kreuze an: 10   9   8   7   6   5   4   3   2   1

Gehst du gerne in die Schule?
(10 Punkte sehr gern, 1 Punkt sehr ungern)

Kreuze an: 10   9   8   7   6   5   4   3   2   1

Gibt es Gewalt in deiner Klasse?
(10 Punkte sehr viel, 1 Punkt sehr wenig)

Kreuze an: 10   9   8   7   6   5   4   3   2   1

Wie viele Außenseiter gibt es in deiner Klasse? (bitte keine Namen)

_____

Werden gute Schüler als Streber angegriffen? (bitte keine Namen)

_____

Werden einige Schüler, bzw. Schülerinnen ausgeschlossen? (bitte keine Namen)

_____

Was gefällt dir besonders gut in deiner Klasse? (bitte keine Namen)

_____

Was sollte unbedingt geändert werden?

_____

Analyse

Wenn Sie relativ sicher sind, dass in Ihrer Klasse gemobbt wird, sollte die Analyse und die Entwicklung von Strategien vom Opfer aus gesehen geschehen: Welche Maßnahmen schützen es vor weiteren Attacken, welche helfen ihm, wieder in die Klasse integriert zu werden? Möchte das Opfer, dass das, was mit ihm geschehen ist und geschieht, öffentlich verhandelt wird oder nicht? Und damit verbunden: Macht es einen Sinn, in Ihrer Klasse über konkrete Übergriffe zu reden oder nicht? Wenn nämlich ein allgemeines Unrechtsbewusstsein fehlt, kann man sehr leicht in die Rolle des Wanderpredigers verfallen, dem keiner wirklich zuhört. Deshalb sollten Sie auch klären, wie viele SchülerInnen aktiv mobben und welche Rolle die Unbeteiligten spielen. Ob sie eher amüsiert zuschauen oder angstvoll und angewidert reagieren. Sprechen Sie auch mit anderen KollegInnen über Ihre Analyse. Es macht Sinn, sich korrigieren zu lassen.

Reaktion

Das Buch nennt im Folgenden viele Möglichkeiten, wie auf Mobbingprozesse zu reagieren ist. Die hier kurz aufgeführten beziehen sich besonders auf die Möglichkeiten und Pflichten, die LehrerInnen grundsätzlich haben – gleichgültig, wie viel sie sich mit dem Thema beschäftigt haben und unabhängig von ihrem Qualifizierungsgrad. Sie ergänzen die anderen Vorschläge, ersetzen sie aber nicht.

Mit den Beteiligten reden

Wenn Sie überzeugt sind, dass in Ihrer Klasse gemobbt wird, nennen Sie Ihre Beobachtungen, die zu Ihrer Einschätzung geführt haben, wenn das Opfer einverstanden ist. So ist Ihr Vorgehen transparent und nachvollziehbar. Bei gravierendem Mobbing sollten Sie auch die Eltern des Opfers, gegebenenfalls auch die der TäterInnen informieren und gegebenenfalls eine Strategie mit ihnen absprechen.

Wenn Sie mit TäterInnen oder MobberInnen reden – in Einzelgesprächen oder, wenn es Sinn macht, vor der ganzen Klasse – trennen Sie zwischen Tat und TäterIn. Sagen Sie nicht: „Du bist abscheulich." oder: „Du bist niederträchtig." usw., sondern gehen Sie auf die Tat selbst ein: „Das finde ich mies." Sie mögen die Trennung als künstlich empfinden, aber sie ermöglicht Ihnen weitere Klärungen und Gespräche. Es macht ja keinen Sinn, mit einem bösartigen Menschen weiter zu reden. Außerdem: Wir haben wohl alle Dinge angestellt, für die wir uns schämen, über die wir aber nicht definiert werden möchten.

Auch LehrerInnen können zwischen Konfliktparteien Verträge abschließen. Wie das gemacht wird, wird an anderer Stelle (siehe Seite 187) erklärt. Sie sind dann aber auch dafür mitverantwortlich, dass die Schlichtungsverträge eingehalten werden.

Wenn Sie es mit einem Täter bzw. einer Täterin zu tun haben, der oder die nur geringe Einsicht zeigt und sogar sein/ihr Verhalten fortsetzt, sollten Sie, wenn Sie sich das zutrauen, ein Konfrontationsgespräch führen. Zeigen Sie ihm/ihr in aller Genauigkeit sein/ihr Verhalten auf, verlangen Sie von ihm/ihr eine Erklärung, lassen Sie keine Ausreden zu – etwa, dass der andere sich so und so verhalten habe –, sondern bringen Sie ihn/sie nachdrücklich dazu, die Verantwortung für sein/ihr Verhalten zu übernehmen.

Wenn Sie sich sicher sind, dass es in Ihrer Klassen Mobbingopfer gibt, sollten Sie versuchen, Selbstbewusstsein und Selbstvertrauen des Opfers zu stärken. Das kann durch Loben, durch Zuwendungen erreicht werden, aber auch dadurch, dass Sie dem Opfer klar machen, dass die Verfolgungen, die es zu erleiden hat, nicht durch seine Schwächen, durch seine Fehler verursacht worden sind. Allerdings sollten Sie sich davor hüten, ein Opfer bevorzugt zu behandeln und es ständig zu behüten; so fordern Sie neue Attacken heraus. Bemühen Sie sich deshalb immer um Objektivität und Neutralität. Mitleid fordert zudem nicht nur Spott heraus, sondern bestärkt das Opfer in seiner Leidensrolle: Wer sich auf das Leiden konzentriert, ändert seine Situation nicht. Reagieren Sie authentisch. Vermitteln Sie Ihren Standpunkt am besten mit der Hilfe von Ich-Botschaften.

Fordern Sie die Klasse auf, sich in die Lage eines Ausgegrenzten zu versetzen. Machen Sie detailliert deutlich, welche Formen von Zurückweisungen jede und jeder in dieser Situation zu ertragen hätte und appellieren Sie an die Vorstellungskraft der SchülerInnen, wie der Alltag eines Gemobbten aussieht und wie sie sich selbst verändern würden unter dem Druck der Angriffe.

Machen Sie auch klar, welche Motive TäterInnen antreiben. Was muss das für eine Persönlichkeit sein, die ihre Lust aus dem Quälen eines anderen zieht? Was muss das für eine Persönlichkeit sein, die jemanden auslacht, weil sie oder er eine andere Kleidung trägt? Und welche Motive haben wohl die Mitmachenden? Machen Sie der Klasse klar – ohne Einzelne anzugreifen –, dass Mobbing sehr viel mehr über die TäterInnen als über die Opfer aussagt.

Sehen Sie auch die Stärken in Ihrer Klasse. In jeder Klasse gibt es SchülerInnen, denen Mobbing zuwider ist. Sprechen Sie diese SchülerInnen an. Verpflichten Sie sie nicht, mit dem Opfer Freundschaft zu schließen, aber vielleicht können Sie sie gewinnen, eine Art Patenschaft einzugehen, indem diese SchülerInnen sich verpflichten, das Opfer vor erneuten Angriffen zu schützen oder Sie gegebenenfalls zu informieren, wenn Übergriffe stattfinden.

Kooperieren Sie mit Ihren KollegInnen. Wenn in Ihrem Mathematikunterricht nicht mehr gemobbt wird, ist das gut; es nutzt aber nur begrenzt, wenn sich die Attacken im Sportunterricht fortsetzen. Wenn in den Pausen gezielte Angriffe stattfinden, sollte die Aufsicht informiert werden. Vielleicht gelingt es ihnen sogar, miteinander eine gemeinsame Strategie für eine Klasse zu entwickeln.

Sanktionen

Wenn Aufklärung, Ermahnungen und Gespräche nichts fruchten und sich das Mobbing in der Klasse fortsetzt, sollten LehrerInnen unbedingt ihr Sanktionsrecht nutzen. Andernfalls tritt ein ähnlicher Effekt auf wie bei nicht sanktionierten Regelverstößen: Die MobberInnen lernen, dass Gespräche und Verabredungen etwas Unverbindliches sind, dass sie nur Einsicht heucheln müssen, damit ihnen nichts geschieht. Sanktionen sind auch deshalb zum Schutz des Opfers unverzichtbar, wenn nach einem Gespräch oder einer deutlichen Warnung die Angriffe fortgeführt werden. Jedes Kind hat das Recht, psychisch und physisch gesund aus der Schule zu kommen. Merkwürdiger Weise stehen bei manchen LehrerInnen vor dem Schutz des Opfers immer noch das Verständnis für die TäterInnen, der Glaube an die langfristige Wirkung eigener Worte und die eigene Bequemlichkeit, die vor aufwändigen disziplinarischen Maßnahmen zurückschreckt.

Um es ganz klar zu sagen: Wer sich weigert, uneinsichtige TäterInnen zu sanktionieren, verursacht mittelbar weitere Leiden. Allerdings: Auch Sanktionen sind keine Garantie, dass Mobbingprozesse unterbunden werden.

So wichtig und sinnvoll es ist, eigenes Verhalten transparent und verständlich zu machen, hier: konkret darauf hinzuweisen, dass man nicht bereit ist, Mobbing hinzunehmen, ohne Strafen auszusprechen, so vorsichtig und zurückhaltend sollte man sich im Zusammenhang mit konkreten Hinweisen auf Strafen oder gar Drohungen verhalten. Sie setzen sich selbst unter Zugzwang, wenn Sie beispielsweise androhen, bei dem nächsten Vorfall eine Klassenkonferenz einzuberufen. Oft sind dann die Anlässe so nichtig, dass selbst in Anbetracht einer langen Vorgeschichte eine Konferenz keinen Sinn macht. Ankündigungen von Sanktionen, die sich als reine Lippenbekenntnisse darstellen, schwächen nicht nur ihre eigene Glaubwürdigkeit, sondern ermutigen zu Übertretungen.

Die Sanktionsmaßnahmen selbst sind unterschiedlich zu staffeln. Ein Ziel sollte sein, den MobberInnen den Spaß am Mobben zu nehmen. Als eine Möglichkeit bietet sich der Ausschluss von attraktiven Klassenaktivitäten an (Wandertag, Schulfeste).

Ebenfalls sollten unbedingt die Eltern der von Sanktionen betroffenen SchülerInnen informiert werden. Auch ihnen gegenüber sollte nicht moralisiert und dramatisiert, sondern möglichst exakt beschrieben werden, worin die Angriffe auf das Opfer bestanden und welche Formen das antisoziale Verhalten angenommen hat. Sie müssen aber damit rechnen, dass die Eltern der TäterInnen die Vorfälle bagatellisieren und herunterreden, eventuell sogar abstreiten. Bereiten Sie sich also gründlich vor. Manchmal nutzt es, wenn man Eltern, die jede Gemeinheit ihrer Kinder verteidigen, fragt, was sie mit ihrem Verhalten erreichen wollen und ob sie glauben, dass sie damit ihrem Kind nützen. In besonders schwierigen Fällen sollte man einen Elternabend zum Thema Mobbing veranstalten. Nach unseren Erfahrungen hat es sich als vorteilhaft gezeigt, zunächst allgemein über Mobbing zu reden (siehe Mobbingstunde 1 auf Seite 168), um erst später auf konkrete Vorfälle in der Klasse einzugehen. Machen Sie sich im Vorfeld auch ein immer wieder als typisch erfahrenes Elternverhalten klar, dass nämlich viele Eltern in der Manier amerikanischer Strafverteidigung ihr Kind um jeden Preis verteidigen, statt an einer Klärung und Korrektur fehlerhaften Verhaltens interessiert zu sein. Dann haben Sie es später bedeutend leichter.

Bei hartnäckigen MobberInnen sollten Sie auf die Schulstrafen der ASCHO zurückgreifen, wobei erfahrungsgemäß Klassenbucheintragungen wenig Sinn machen. Anders wirken dagegen Tadel, in denen die Eltern konkret über das Fehlverhalten informiert werden. Klassenkonferenzen dagegen bereiten zwar Mühe, werden aber als sehr unangenehm erlebt und haben oft die Wirkung, dass MobberInnen ihr aggressives Handeln einstellen.

„Geht nicht, muss nicht, soll nicht ..."

10 Einwände und 10 Antworten zum Einsatz gegen schulische Gewalt

1. „Gewalt in der Schule wird dramatisiert."

Ja, das stimmt, zumindest was den spektakulären, pressewirksamen Anteil von Gewalt betrifft. In unseren Schulen herrschen keinesfalls bürgerkriegsähnliche Zustände, auch wenn es manchmal so dargestellt wird. Die Berichterstattung in den Medien bewirkt selbst bei Eingeweihten Merkwürdiges: Während einer der ersten Veranstaltungen mit ReferendarInnen wurde ich beispielsweise von den zukünftigen PädagogInnen gefragt, wie oft (nicht etwa ob) ich das Opfer von physischen Attacken geworden sei. Unglauben und Erstaunen rief meine Antwort hervor, dass ich bisher weder geschlagen noch bedroht worden sei. Das Auseinanderfallen von Realität und Darstellungen in der Öffentlichkeit verführt dazu, die Gewaltdiskussion als unwichtig abzutun und die alltägliche, unauffällige Gewalt zu verharmlosen und nicht mehr wahrzunehmen.

2. „Das war schon immer so."

Es ist unbestreitbar, dass es AußenseiterInnen und Ausgrenzungsprozesse schon seit Urzeiten gibt. Doch bei genauerem Hinschauen stellt sich das scheinbar Immergleiche als etwas Neues heraus. Nicht nur, dass die Häufigkeit von Mobbingprozessen zugenommen hat, sondern auch ihre Formen und ihre Anlässe werden vielfältiger. Wurden früher in erster Linie diejenigen ausgegrenzt und verfolgt, die den allgemeinen Normen und Werten zuwider handelten – bei Jungen waren es beispielsweise Homosexuelle und diejenigen, die als solche etikettiert wurden –, so folgen Attacken heute nur noch selten einem nachvollziehbaren, eingeschränkten Muster. Gemobbt werden kann jeder. Auch die Ziele von Mobbing sind diffus. Es kann darum gehen, einen Konkurrenten auszuschalten, Anlass kann aber auch Langeweile sein, die Lust, Macht zu erleben, oder die Unfähigkeit, sich in konstruktiv in sozialen Gruppen zu verhalten.

Hinter diesem Einwand, dass es Gewalt und Mobbing schon immer gegeben hätte, verbirgt sich auch die Rechtfertigung, nicht eingreifen zu müssen. „Damals" hätten sich die LehrerInnen auch nicht um Mobbing gekümmert und geschadet habe es niemandem. Mit derselben Logik könnte man auch jeden Fortschritt in der Medizin diskreditieren, nach dem Motto: „Damals hat es das Penicillin auch nicht gegeben und man hat trotzdem überlebt."

3. „Das geht mich nichts an. In meiner Klasse gibt es kein Mobbing."

Sind Sie sicher? Oder haben Sie nur nichts wahrgenommen?

4. „SchülerInnen sollen auf das Leben vorbereitet werden. Die Schule ist kein Schonraum. Wer sich hier nicht durchsetzt, schafft es auch später nicht."

Die Vorstellung, die sich hinter diesem Einwand verbirgt, lässt sich auf die einfache Formel bringen: „Je rücksichtsloser sich jemand verhält, desto mehr Erfolg wird er haben." Vermutlich hat diese Formel nie funktioniert, aber heute ist sie vollständig kontraproduktiv: In jedem Arbeitsbereich wird Teamfähigkeit verlangt. Zur Teamfähigkeit gehören viele soziale Tugenden. Wer sie nicht beherrscht, wird alles Mögliche erreichen, aber nicht den angestrebten beruflichen Erfolg.

5. „Erst das Gerede über Probleme schafft die Probleme. Wenn ich eingreife, wird alles nur schlimmer."

Die Idee, dass man Probleme lösen könne, indem man sie ignoriert, ist genauso alt wie falsch. Nur weniges erledigt sich von selbst. Und selbst wenn die Konflikte aus der Mittelstufe in der 12. Klasse nicht mehr andauern, sie sich also scheinbar erledigt haben, haben sie ihre Spuren in den Individuen hinterlassen, in ihrer Einstellung zu sozialen Gruppen, in ihrem Selbstbild, in ihren Ängsten, sich auf Konflikte einzulassen.

Trotzdem enthält auch dieser Einwand eine Teilwahrheit: Gefährlich ist beispielsweise Mitleidspädagogik, die den Opfern in dramatisierender Weise signalisiert, wie schrecklich es ist, was sie erleiden mussten und wie schlimm, ja unerträglich ihr Schicksal sei. Die Chancen, auch bei psychisch stabilen SchülerInnen handfeste Neurosen auszulösen, sind so nicht gering.

Dazu gibt es sicherlich Lehrerinnen, die durch andauerndes moralisierendes Problematisieren von Kleinigkeiten Klassen abstumpfen. Wenn sie dann noch die Klasse aufteilen in die „armen Opfer" und die „bösen TäterInnen", dann kann sich dies im Sinne einer sich selbst erfüllenden Prophezeiung auswirken.

Jedoch sollte man mit sich selbst nicht zu streng sein. Konfliktlösungen sind offene Prozesse und bergen immer die Gefahr, Fehler zu begehen oder sogar zu scheitern. Doch nach meinen Erfahrungen wirken sich auch Fehler, wenn sie offen gesehen und besprochen werden, nicht unbedingt negativ auf Klassenprozesse aus. Man sollte sich auch davor hüten, eigene Fehler zu dramatisieren.

Wenn SchülerInnen merken, dass sich LehrerInnen ehrlich um ihre Klasse bemühen, wenn sie verstehen wollen, ohne zu verurteilen – dann ist schon viel erreicht. Sie lernen, dass das, was zwischen ihnen vorgeht, wichtig und dass es veränderbar ist. Aber es ist besser, Fehler bei einer Konfliktregelung zu riskieren, als den Kardinalfehler der Passivität zu begehen.

Sicher ist es auch möglich, dass Konflikte, wenn sie aufbrechen, eskalieren. Aber so entsteht zumindest die Möglichkeit, sie zu lösen. Wie man sich verhalten kann, um einer Eskalation entgegenzuwirken, kann man lernen.

6. „Das soziale Getue kostet zuviel Zeit. Die Lehrpläne sind so voll, dass ich sowieso mit dem Stoff kaum klarkomme."

Im Gegenteil: Mit der bewussten Wahrnehmung von pädagogischen Aufgaben über die unmittelbare Wissensvermittlung hinaus wird Zeit gewonnen. Es geht hier nicht darum, der von SchülerInnenseite beliebten Verzögerungstaktik nachzugeben, deren Trick darin besteht, die LehrerInnen in ein Gespräch über ihre Interessen und Hobbys zu ziehen, um so von Lernzwängen befreit zu werden. Es geht auch nicht darum zu negieren, dass LehrerInnen unter erheblichem Druck stehen, die Stoffpläne zu erfüllen. Aber Klassen, in denen ein gestörtes Sozialklima besteht, lernen schlechter und langsamer. In solchen Lerngruppen wird stärker darauf geachtet, keine Angriffsfläche zu bieten als etwas Neues zu lernen. Wer sich dort exponiert, wird angegriffen. Leistungsbereitschaft wird dort in der Regel als Strebertum oder Schleimerei definiert. LehrerInnen, denen es gelingt, die sozialen Prozesse in ihrer Klasse positiv zu gestalten, werden auf deutlich weniger Lernwiderstände und Störungen treffen.

7. „SchülerInnen akzeptieren nur wirkliche Autoritäten."

Diese Einwand ist in Teilen berechtigt. Ablehnung haben unsere ModeratorInnen dann erfahren, wenn sie beispielsweise LehrerInnen kopiert hatten oder wenn sie schlecht vorbereitet waren. Traten sie jedoch authentisch auf und hatten etwas zu sagen, war bis auf wenige Ausnahmen die Aufnahme der ModeratorInnen positiv. Natürlich war bei Klassendiskussionen häufiger die Lautstärke höher als in den Stunden, in denen eine Lehrperson anwesend war.

Schwierigkeiten traten anfangs auch bei den SchülerInnen auf, die vorwiegend autoritäre Verhaltensweisen verinnerlicht hatten. Allerdings wurden sie in der längerfristigen Arbeit überwunden. Denn andererseits war es für die Klassen sehr wichtig, AnsprechpartnerInnen zur Verfügung zu haben, die ihnen nicht als Autoritäten gegenübertraten.

8. „Ich halte es für unsinnig, SchülerInnen als Schlichter oder als ModeratorInnen auszubilden. Sie sind aufgrund ihrer Unreife einfach nicht dazu in der Lage, pädagogisch zu handeln oder wirklich effizient zu schlichten."

SchülerInnen haben in der Regel sicherlich nicht die pädagogische Kompetenz von Erwachsenen, trotzdem macht ihre Arbeit als SchlichterInnen oder ModeratorInnen Sinn. Sie werden von ihren MitschülerInnen anders wahrgenommen als LehrerInnen, sie erleben Regelverstöße aus einer anderen Perspektive als LehrerInnen. Die Kluft zwischen SchlichterInnen und Konfliktparteien ist nicht so groß. So ergibt sich häufig ein höheres Maß an Offenheit in Konfliktfällen, auch weil SchülerInnen im Gegensatz zu LehrerInnen keine Sanktionsmacht besitzen. Zudem werden SchlichterInnen und ModeratorInnen immer wieder durch die Gruppe korrigiert, in der sie arbeiten. So lassen sich Fehlentwicklungen verhindern. Die größere Nähe der ModeratorInnen/Schlichter zu den Konfliktparteien birgt noch einen weiteren Vorteil: Auch die anderen SchülerInnen werden zu mehr Eigenverantwortlichkeit herangeführt. Sie lernen, dass Konfliktregelung auch ihre Sache ist. Sie lernen, dass MitschülerInnen füreinander wichtig sind und dass Gleichaltrige und Gleichrangige andere, effizientere Strategien als sie selbst haben, um Konflikte zu lösen, die sie jedoch übernehmen können. Damit treten SchlichterInnen und ModeratorInnen nicht in Konkurrenz zu den LehrerInnen, sondern ergänzen und erleichtern deren Arbeit.

9. „Ich bin Lehrer und kein Sozialpädagoge oder Therapeut."

Das stimmt. LehrerInnen sind keine TherapeutInnen und sie sollten sich hüten, deren Aufgaben zu übernehmen. Sie können schwierige Kinder und Jugendliche (Suchtkranke, Depressive ...) nicht behandeln und sollen sich ihrer Verantwortung bewusst bleiben, sie in fachmännische Hände zu geleiten und loszulassen. Aber die Behandlung von psychisch Kranken oder Belasteten und das pädagogische Handeln und Gestalten sind zwei verschiedene Dinge. Diese begriffliche und gedankliche Unschärfe wäre nicht weiter problematisch, lieferte sie nicht ein Alibi für die Passivität im alltäglichen Umgang mit Klassenproblemen oder dafür, sich als GesprächspartnerIn zu entziehen. Diese Haltung übersieht mit ihrer Weigerung, pädagogisch einzugreifen, dass jeder Schüler und jede Schülerin ein Recht darauf haben, physisch und psychisch unversehrt aus der Schule zu kommen. Auch wenn zufällig kein Therapeut in der Nähe ist.

10. „Das habe ich in meiner Ausbildung nicht gelernt. Was soll ich denn jetzt noch lernen?"

Der Hinweis auf abgeschlossene oder mangelhafte soziale, pädagogische Ausbildung wird zur argumentativen Keule, wenn damit signalisiert werden soll, dass man nicht bereit ist, in irgendeiner Form dazuzulernen oder einzugreifen. Wird also so eigenes Nichtstun entschuldigt, ist zunächst festzuhalten, dass die Betreffenden weder das Auftreten von Mobbing in ihren Klassen noch ihr eigenes Unvermögen, angemessen zu reagieren, bestreiten. Die Mängel in der Ausbildung werden dann herangezogen, um Passivität zu entschuldigen, nicht aber dazu, Versäumtes nachzuarbeiten.

Ein ähnliches Verhaltensmuster verbirgt sich hinter der zweiten Frage. Diese Haltung kann sich nur ein bestimmter Beamtentypus erlauben. Für akademisch ausgebildete Angestellte oder FreiberuflerInnen würde diese Haltung das Karriereende oder sogar die Entlassung bedeuten. Welche Zahnarzt kann es sich erlauben, auf einem 30 Jahre alten Kenntnisstand zu verharren? Hinter der Haltung verbirgt sich die naive Sicht, dass sich vielleicht didaktische Modelle und wissenschaftliche Erkenntnisse weiterentwickelt haben könnten, die SchülerInnen im Grunde immer gleich geblieben seien und aufmerksames Hinschauen jeden wissenschaftlichen Kram und die neuesten pädagogischen Moden überflüssig macht.

Es muss sehr anstrengend sein, diese bequeme Haltung auf die Dauer aufrechtzuerhalten.

Weitere Literatur zum Thema

Besemer, Ch. (1993): **Mediation. Vermittlung in Konflikten.** Königsfeld & Heidelberg / Freiburg: Gewaltfreies Lernen & Werkstatt für Gewaltfreie Aktion, Baden. Bezugs- quelle: PAZIFIX – Materialvertrieb der DFG-VK Baden-Württemberg, Alberichstr. 9, 76185 Karlsruhe und Stiftung Gewaltfreies Leben, Tannenweg 6, 78126 Königs- feld; Tel. 07725-3464.

Bleser, J. (1997): **Evaluation eines Konfliktlotsenprojektes an einer Berliner Grundschule.** TU Berlin: FB 07 (Prof. Dr. Legewie).

Braun, G. & Hünicke, W. (1996): **Streit-Schlichtung. Schülerinnen und Schüler überneh- men Verantwortung für Konfliktlösungen in der Schule.** Videokassette und Begleittext herausgegeben vom Landesinstitut für Schule und Weiterbildung, Soest. Vertrieb: Verlag für Schule und Weiterbildung – Druck Verlag Kettler, Postfach 1150 59193 Bönen – Bestell-Nr. 4116.

Bründel, H. & Hurrelmann, K. (1994): **Gewalt macht Schule.** München: Droemer.

Diez, H. & Krabbe. H. (1996): **Mediation. Ein Überblick über die neue Form der Konflikt- lösung durch Vermittlung.** Report Psychologie 21 (1) 16–29.

Engert, I. (1997): **Mediatoren statt Gladiatoren. Friedliche Konfliktlösungen in der Schule.** System Schule. Ztschr. Für innovative Schulpraxis. 1 (H. 1) 8–14 (Teil I); (H. 2) 37–41 (Teil II).

Faller, K./Kerntke, W. & Wackmann, M. (1996): **Konflikte selber lösen. Trainingshand- buch für Mediation und Konfliktmanagement in Schule und Jugendarbeit.** Mülheim: Ver- lag an der Ruhr.

Faller, K. (1998): **Mediation in der pädagogischen Arbeit.** Mülheim: Verlag an der Ruhr.

Hagedorn, O. (1994): **Konfliktlotsen.** Stuttgart: Klett.

Heinrich-Böll-Stiftung (Hrsg.) (1995): **Zivile Konfliktbearbeitung und Gewaltpräven- tion.** Beiträge gesellschaftlicher Akteure zur Umsetzung der Agenda for Peace. Dokumentation der Heinrich-Böll-Stiftung, Nr. 8. Köln.

Jefferys, K. & Noack, U. (1995): **Streiten – Vermitteln – Lösen: Das Schüler-Streit-Schlich- ter-Programm.** Lichtenau: AOL.

Jefferys, K. (1998): **Ein Streit-Schlichter-Programm für Schülerinnen und Schüler der Grund- schule und der Erprobungsstufe.** Soest: Landesinstitut für Schule und Weiterbildung.

KAEDING, P. & LEIß, M. (1997): **Peer-Mediation: Wie SchülerInnen in Konflikten vermitteln können. Planung und Durchführung eines Trainingsprogramms.** Universität Hamburg, FB Psychologie (Prof. Dr. A. Redlich/Prof. Dr. Friedemann Schulz von Thun).

KASPER, H. (2001): **Streber, Petzer, Sündenböcke – Wege aus dem täglichen Elend des Schülermobbings.** Lichtenau: AOL.

KASPAR, H. (2001): **Schülermobbing – tun wir was dagegen!** Der Smob – Fragebogen mit Anleitung und Auswertungshilfe und mit Materialien für die Schulentwicklung.

NOACK, U. & WICHTERICH H. (1996): **Das Streit-Schlichter-Programm.** In: Grewe, N. & Wichterich, H. (Hrsg.): Beratung an der Schule. Loseblattsammlung. Kissing: Weka.

NOACK, U. (1998): **Mediation – das Schulstreitschlichter-Modell in der Bewährung zur Entwicklung einer konstruktiven Konfliktkultur in der Schule.** Wissenschaft und Frieden H. 2.

OLWEUS, D. (1996): **Gewalt in der Schule.** Verlag Hans Huber.

POSSELT, R.E. & SCHUMACHER, K. (1993): **Projekthandbuch: Gewalt und Rassismus.** Mühlheim: Verlag an der Ruhr.

SADALLA, G./HOLMBERG, M. & HALLIGAN, J. (1990): **Conflict Resolution, An Elementary School Curriculum.** San Francisco: The Community Board Program Inc.

SCHALLENBERG, F. (2000): **„… und raus bist du!" Mobbing unter Schülern – Was Eltern tun können.** München: Midena.

SCHMIETA, M. & WICHTERICH, H. (1997): **Mediation in der Schule. Warum gerade jetzt?** In: Dunkel, L./Enders, Chr. & Hanckel, Chr. (Hrsg.): Berichte aus der Schulpsychologie. Schule – Entwicklung – Psychologie. Schulentwicklungspsychologie. Kongressbericht der 12. Bundeskonferenz 1996 in Münster. Bonn: Deutscher Psychologen Verlag.

SPITZER, K. (1997): **Täter-Opfer Ausgleich und Schulmediation. Verpasste Chance einer Zusammenarbeit?** Möglichkeiten und Grenzen am Beispiel von Aschaffenburg. FH Darmstadt: FB Sozialpädagogik (Prof. Dr. Schreckling).

WALKER J. (1995): **Gewaltfreier Umgang mit Konflikten in der Grundschule.** Frankfurt a. M.: Cornelsen-Scriptor.

WALKER J. (1995): **Gewaltfreier Umgang mit Konflikten in der Sekundarstufe I.** Frankfurt a. M.: Cornelsen-Scriptor.

2. Wie man SchülerInnen qualifiziert. Ein Konzept für LehrerInnen

Symbolbedeutung im 2. Teil

wichtige Hinweise

Hintergrundinformationen

Einzelarbeit

Partnerarbeit

Gruppenarbeit

Rollenspiel

LehrerInnen sind gefordert

Schule kann verändert werden. Die eigene Praxis kann verändert werden. Es war dies ein zufälliger Lerneffekt unseres Projektes: Es ist viel mehr möglich, als man unter den Mühen der alltäglichen Routine vermutet.

Unsere praktischen Erfahrungen in der Antimobbingarbeit haben wir in über 8 Jahren Arbeit mit einer ModeratorInnengruppe an unserem Gymnasium gewonnen. Diese Erfahrungen bieten eine gute Grundlage für die wichtigsten Hinweise, worauf bei der Gründung und Entwicklung einer Peergruppe gegen Mobbing und Gewalt geachtet werden sollte. Der Aufbau eine Peergruppe ist mühselig, benötigt Zeit, ist von Fehlschlägen und Pannen begleitet und – macht viel Spaß. Unsere Erfahrungen können helfen, einige Fehler zu vermeiden. Jede Lehrerin, jeder Lehrer sollte jedoch überlegen, welche Inhalte und Strukturen für die eigene Schule taugen und wo es anders gemacht werden sollte als beschrieben. Zugleich ist der Aufbau einer ModeratorInnengruppe und ihre schulische Verankerung nicht ein Ersatz für eigenes Handeln gegen Mobbing und Gewalt. Delegieren Sie die Lösung von Klassenproblemen nicht an ModeratorInnen, um sich dem „eigentlichen" Tun – dem Unterrichten – widmen zu können.

Bei der Vorstellung des Peergruppen-Konzeptes im Kollegium sollte daher von Anfang an Wert darauf gelegt werden, die Unterschiedlichkeit des Handelns von Peers und von LehrerInnen herauszustellen. Wichtig ist zunächst, dass Peers nicht strafen können. Sanktionen bleiben allein Sache der LehrerInnen. Deshalb müssen Peers überzeugen - LehrerInnen natürlich nicht minder ... Das gelingt ihnen durch Kompetenz, durch Neutralität und durch interessierte Nähe.

Aufgrund der völlig anderen Rolle, die LehrerInnen gegenüber Peers innehaben, überschneiden sich auch ihre Zuständigkeiten nur sehr selten. Werden ModeratorInnen nicht von LehrerInnen unterstützt, können sie nur sehr bedingt wirksam werden. Andererseits geraten ModeratorInnen in eine sehr schwierige Lage, wenn sie von ihren Klassen als HandlangerInnen des Kollegiums wahrgenommen oder – im Gegenteil – als Verbündete im Kampf gegen die LehrerInnen gesehen werden. Unser Konzept basiert auf der Kooperation zwischen allen an Schule Beteiligten.

Das die ModeratorInnen unterstützende Handeln von LehrerInnen ist besonders dann gefordert, wenn SchülerInnen aus verschiedenen Gründen nicht willens oder nicht in der Lage sind, sich an Absprachen zu halten. Ein Konzept, das auf Einsicht basiert, auf dem Willen zu lernen und der Absicht, Verletzungen Dritter zu vermeiden, braucht auch die Unterstützung von LehrerInnen. Allerdings besteht auch kein Grund zur Resignation, wenn sich einige in der Klasse uneinsichtig verhalten und weiter aggressiv und ausgrenzend mit ihren MitschülerInnen umgehen: Arbeiten die ModeratorInnen engagiert und kompetent in der Klasse, verändert sich die gesamte Gruppe, so dass mit unsozialen Verhaltensweisen anders umgegangen wird. Hatte vorher ein Mobber den Beifall der Gruppe gefunden, wird er dann von MitschülerInnen energisch auf den gemeinsamen Vertrag verwiesen und gefragt, was diese Aggressionen eigentlich sollen. Häufig stellt sich so eine verzögerte Wirkung der Arbeit ein, die die ModeratorInnen in ihren Klassen geleistet haben. Wie auch immer: SchülerInnen brauchen LehrerInnen in vielfältiger Weise – auch gerade im Einsatz gegen Mobbing und Gewalt.

Voraussetzungen für den Aufbau einer Gruppe von KonfliktmoderatorInnen

Die eigenen Kräfte einschätzen, machbare Ziele entwickeln

„Eine Peergruppe ist doch gut!" oder: „Wir wollen die Gewalt bekämpfen." – das sind zu diffuse Zielsetzungen für eine nachhaltige Schularbeit gegen Gewalt. Es geht darum, konkret zu analysieren, welches die besonderen Probleme der jeweiligen Schule sind und mit welchen Mitteln diese Probleme angegangen und gelöst werden können. Diese Analyse ist in der Regel nicht von einer einzelnen Person zu leisten, auch nicht nur durch LehrerInnen, sondern nur gemeinsam von VertreterInnen aller an der Schule Beteiligten.

Wenn Sie selbst eine Peergruppe leiten und betreuen wollen, müssen Sie keinesfalls ein Kommunikations- und Konfliktprofi sein. Vieles lässt sich im Laufe des Tuns lernen. Nicht erlernen lassen sich die Begeisterung für das Projekt und die Freude, mit SchülerInnen zu kooperieren, der Wille, Gewalt im eigenen Umkreis zu reduzieren und die Offenheit für Anregungen und Kritik durch SchülerInnen – und das sind wohl die entscheidenden Voraussetzungen für das Gelingen eines solchen Vorhabens.

Jedoch sollten – ähnlich wie die ModeratorInnen – auch die LehrerInnen, die eine Peergruppe leiten, über bestimmte kommunikative Fähigkeiten verfügen. Sie sollten zudem mit den Inhalten und Methoden, die hier vorgestellt werden, „im Groben" vertraut sein. Zusätzliche Sicherheit bietet auf jeden Fall die Teilnahme an Fortbildungsseminaren, die von verschiedener Seite angeboten werden. Und was am wichtigsten ist: Sie müssen von dem, was Sie machen, überzeugt sein und die ModeratorInnen mobilisieren können; denn deren Arbeit in der AG und in den Klassen beruht auf Freiwilligkeit.

LehrerInnen, die die AG leiten, müssen Lernprozesse offener als im traditionellen Unterricht gestalten können. Es gibt hier kein Curriculum und keine vorgegebenen Lernziele. Viele Aufgabenstellungen entstehen aus den Anforderungen des Alltags und ihrer Reflexion. So schlug uns ein Mitglied der AG vor, gezielt für die Klassen 8–10 eine Stunde zur Aufklärung über Mobbing zu konzipieren und durchzuführen, weil die letzten Sitzungen gezeigt hätten, dass in diesen Klassen wiederholt Mobbingfälle aufgetreten seien. Auch in seiner Klasse herrsche Unklarheit darüber, wieso Mobbing besonders schädlich sei. Noch in derselben Stunde machten wir uns an die Arbeit.

Wenn Sie mit einer Peergruppe arbeiten wollen, müssen Sie auch bereit sein, sich durch SchülerInnen „korrigieren" zu lassen. Die Gruppe verfolgt gemeinsame Ziele, und die engagierten MitarbeiterInnen tragen in höherem Maße zum Gelingen dieser Arbeit bei als in konventionellen Unterrichtsstunden. Aufgrund ihrer Nähe zu den Klassen bringen sie oft Kenntnisse ein, die LehrerInnen nicht haben. Die hier von Ihnen geforderte Offenheit wird Ihnen auch helfen, die Gruppe zu aktivieren. Dadurch dass die Benotung wegfällt, wird auch die hierarchische Differenz zwischen LehrerIn und SchülerIn geringer. Um Illusionen vorzubeugen: Sie bleibt erhalten.

Auch sollte der Zeitaufwand, den Sie für eine Peergruppe aufbringen müssen, realistisch eingeschätzt werden. Rechnet man Blockseminare, wöchentliche Treffen, Einzelbesprechungen und Konfliktgespräche zusammen, so sind jeweils drei Wochenstunden einzuplanen, wenn Sie die Gruppe mit zwei LehrerInnen betreuen – was wir für eine besonders günstige Konstellation halten. Zwar kann die Leitung einer Peergruppe auch nur durch eine Lehrperson erfolgen, doch hat die Kooperation mit einer Kollegin/einem Kollegen viele Vorteile: In Konfliktfällen stehen Sie nicht allein. Ebenso kann es für die SchülerInnen in der Arbeitsgemeinschaft von Vorteil sein, die Wahl zwischen zwei AnsprechpartnerInnen zu haben. Auch verhindert die enge Konsultation mit einer KollegIn Betriebsblindheit. Wenn Sie zu mehreren KollegInnen die AG leiten und betreuen wollen, sind eindeutige Absprachen zu treffen, sodass auch die SchülerInnen wissen, wer für was verantwortlich zeichnet. Das Gesamtvolumen von sechs Wochenstunden Aufwand für die gesamte AG erhöht sich eher, wenn mehr als zwei LehrerInnen beteiligt sind, weil umso mehr abgesprochen werden muss. Sie sollten in Ihrer eigenen Kalkulation davon ausgehen, dass das Arbeitsvolumen von sechs Wochenstunden nur bei sehr kleinen Gruppen unterschritten werden kann. Mit geringerem Aufwand lässt sich eine effektiv arbeitende Peergruppe nur unter sehr günstigen Konstellationen realisieren. Meist leidet jedoch die Qualität der Arbeit empfindlich. Sie sollten daher unbedingt vorher mit der Schulleitung klären, in welchem Maße Sie für diese Initiative entlastet werden können.

Es ist zudem sinnvoll, wenn Sie im Vorfeld nicht nur Ihre eigene Belastungsfähigkeit klären, sondern auch die Ziele der zukünftigen Peergruppe Ihrer Schule. Die Ziele einer Peergruppe sollten nicht von LehrerInnen gesetzt, sondern in einem Gruppenprozess entwickelt werden, an dem LehrerInnen, die Schulleitung und die SchlichterInnen oder ModeratorInnen selbst beteiligt sind. Die Ziele ergeben sich aus den jeweiligen Bedingungen der Schule. Stellen beispielsweise gewalttätige Übergriffe während der Pausen ein besonders dringliches Problem dar, so könnte die Lösung in einer SchlichterInnengruppe liegen, die sich auf physische Gewalt konzentriert.

Wenn Sie also mit SchülerInnen gegen Mobbing und Gewalt arbeiten wollen, genügend eigene Energie und Kapazität mitbringen und ein zu diesem Handlungsbereich grundsätzlich aufgeschlossenes Klima an Ihrer Schule herrscht, klären Sie miteinander die Fragen:

- Was wollen wir mit einer Peergruppe an unserer Schule erreichen?
- Worin soll der Schwerpunkt ihrer Arbeit liegen?
- Welche Struktur muss diese Gruppe haben, um auf Dauer erfolgreich arbeiten zu können?

Ein realistisches Arbeitsziel ist es, schulisches Mobben zu reduzieren. Da Mobbing eine Gewaltform ist, die in der sozialen Gruppe „Schulklasse" stattfindet, wird Anti-Mobbingarbeit nur so erfolgreich sein, wie mit der Klasse umfassend an Klima und sozialem Verhalten gearbeitet wird.

Wie finde ich geeignete SchülerInnen?

In jeder Schulform gibt es genügend sozial kompetente und geeignete SchülerInnen, die sich auch bereit erklären, in einer Peergruppe mitzuarbeiten. Ihnen werden sicher spontan SchülerInnen einfallen, die in ihrer Klasse geachtet, die kritisch und selbstkritisch sind und sich für andere einsetzen: Sprechen Sie sie persönlich an. Stellen Sie ihnen dar, welche Aufgaben sie in der AG erwarten und weshalb Sie sie für geeignet halten.

In unserer AG gewannen zudem „Altmitglieder" auf der Basis ihrer privaten Erfahrungen neue Mitglieder. Das sind nicht immer unbedingt nur ihre Freunde, sondern MitschülerInnen, die sie als für die Belange anderer engagiert oder couragiert gegenüber LehrerInnen erlebt haben. Wir LehrerInnen wandten uns an KandidatInnen, die uns im Unterricht positiv aufgefallen waren, weil sie sich dort kommunikationsfähig, rücksichtsvoll gegenüber MitschülerInnen, engagiert und interessiert zeigten. Als sinnvoll stellte sich dabei heraus, dass wir in der AG die gegenseitigen Vorschläge diskutierten, bevor wir mögliche KandidatInnen einluden, an einer Sitzung der AG teilzunehmen. Die Berücksichtigung der Einschätzungen von SchülerInnen war kein taktisches Manöver, denn sie hatten Erfahrungen mit den Vorgeschlagenen gemacht, die uns LehrerInnen nicht zugänglich waren. So wurde auch ein Kandidat, der mir im Unterricht als besonders offen, klug und engagiert aufgefallen war, mit der Begründung abgelehnt: „Der ist so aggressiv, auf Feten macht er sich nur über andere lustig und ist ständig ironisch auf Kosten anderer. Ich möchte nicht mit dem arbeiten. Außerdem würden wir unglaubwürdig, wenn der bei uns mitmachte. Auch erzählt der immer viel und macht nichts – so haben wir das schon in der SV festgestellt."

Allerdings sollten Sie sich auf keinen Fall darauf beschränken, nur auf der Basis von persönlichen Empfehlungen und Beziehungen SchülerInnen für eine Peergruppe zu gewinnen, denn Sie engen damit den Kreis möglicher Peers unnötig ein.

Die Praxis, nicht allgemein und öffentlich für die Mitgliedschaft in der AG zu werben, brachte uns Kritik und Skepsis ein: „Seid ihr so 'ne Art Geheimbund, bei dem Normalsterbliche keine Chance haben mitzumachen?" Tatsächlich war für Außenstehende nicht ohne weiteres nachvollziehbar, nach welchen Maßstäben wir Mitglieder aufnahmen. Es rief auch Verärgerung hervor, dass wir keine öffentlichen Veranstaltungen durchführten, in denen um neue Mitglieder geworben wurde. Während wir in der AG die Frage der Öffnung diskutierten, hatten wir betreuenden Lehrer neue Aufgaben übernommen, sodass wir praktisch nicht mehr in der Sekundarstufe I (Klassen 5–10) unterrichteten, dass wir also kaum noch als „Talentspäher" tätig werden konnten. Gleichzeitig brauchten wir jedoch zum Schuljahreswechsel mehrere neue Mitglieder, weil besonders viele unserer ModeratorInnen ihr Abitur bestanden hatten. Deshalb wandten wir ein neues Verfahren an, das ich Ihnen als zweites Vorgehen neben der direkten, gezielten Ansprache Einzelner empfehlen möchte: Zusammen mit SchülerInnen aus der AG statteten wir allen Klassen 9 unserer Schule einen Kurzbesuch ab. Dort stellten wir die Arbeit der AG vor, indem wir klar die Verbindlichkeiten und Verpflichtungen beschrieben, die die Tätigkeit als ModeratorIn verlangen würde. Wir erläuterten, dass wir nur mit Schülerinnen und Schülern arbeiten könnten, die bereit wären, diese Pflichten auch langfristig zu erfüllen. Unsere schon engagierten SchülerInnen berichteten andererseits, wie sie persönlich durch die Mitarbeit profitiert hätten, was sie über sich und ihr Konfliktverhalten gelernt und wie viel sie von den Ausbildungs- und Trainingsseminaren profitiert hätten. Wir versuchten also, die Klassen so offen wie möglich über Vorteile und Belastungen durch die AG zu informieren. Anschließend boten wir den Interessierten an, sich auf Sitzungen und Seminaren der AG ohne jede Verpflichtung selbst zu informieren, ob die Arbeit für sie passt. Allerdings sollten sie sich spätestens nach einem Jahr entscheiden, ob sie bereit wären, eine Patenschaft mit allen Verpflichtungen zu übernehmen. So lange würde die auch die Ausbildung dauern, die ein selbstständiges Arbeiten in den Klassen ermöglichte.

Obwohl wir bei der ersten Vorstellung der AG in den 9. Klassen bewusst die Verpflichtungen der ModeratorInnenarbeit betonten, erschienen auf dem nächsten Plenum aus drei Klassen 21 SchülerInnen, von denen nach einem Jahr sich 15 zur festen Mitarbeit entschlossen hatten. Sie waren nicht über persönliche Bekanntschaften für die Mitarbeit gewonnen worden, stellten sich aber durchweg als sehr geeignete ModeratorInnen heraus.

Sie sehen also: Es gibt viele SchülerInnen, die Sie für die Arbeit in einer Peergruppe gewinnen können, besonders wenn Sie die individuelle Ansprache und das öffentliche Werben miteinander verbinden.

Empfehlenswert und Voraussetzung für die Qualität der Arbeit ist eine einjährige Ausbildungszeit für NeueinsteigerInnen. Diese recht lange Vorbereitungszeit bietet neben der inhaltlichen Grundqualifizierung noch weitere Vorteile. Spätestens nach einem Jahr Ausbildung scheiden die SchülerInnen von selbst aus, die nicht genügend Ausdauer für eine Klassenpatenschaft haben. Und wenn die KandidatInnen ein Jahr in der AG mitgearbeitet haben, wissen sie auch genau, mit wem sie gemeinsam eine Klasse betreuen wollen und mit wem sie sich ergänzen. So wird es unwahrscheinlich, dass die PatInnen plötzlich erkennen, dass sie nicht gut im Klassenteam zusammenarbeiten können, was sich negativ auf die Arbeit mit der Klasse auswirken würde. Jedenfalls sichert eine einjährige Vorbereitung, dass nur gut ausgebildete ModeratorInnen mit den Klassen arbeiten. Auch zeigt sich deutlich, wer nicht für eine Klassenbetreuung geeignet ist, denn der erste Eindruck täuscht manchmal doch. SchülerInnen, die wir auch nach einiger Qualifizierungszeit als für die Übernahme einer Patenschaft weniger geeignet ansahen, wurden in einem offenen Gespräch informiert, wo wir Schwierigkeiten sahen. Zugleich wurde ihnen das Angebot gemacht, in der AG weiter mitzuarbeiten – bei der Erstellung von Konzepten, der Vorbereitung von Sitzungen und Seminaren.

Nach unseren Erfahrungen tritt in allen Peergruppen auch das Problem auf, dass sich SchülerInnen zur Mitarbeit drängen, die vor allem eigene Probleme mithilfe der Peergruppe lösen möchten. Das ist ganz verständlich, denn eine Peergruppe, die Zusammenhalt anbietet und in der Konflikte bearbeitet werden, übt gerade auch auf die Jugendlichen einen starken Reiz aus, die mit dem Gefühl eigener Defizite im Umgang mit sich und anderen zu kämpfen haben. Sie auszuschließen und zurückzustoßen wäre nicht vertretbar. Sie so einzubinden, dass sie die Arbeit der AG nicht komplizieren, ist nicht immer leicht. Auf keinen Fall sollte man unseren Fehler wiederholen, problembeladenen SchülerInnen eine Klassenbetreuung anzuvertrauen. Es gelang diesen Mitgliedern trotz vieler Hilfen durch die Betreuungslehrer und AG-Mitglieder nämlich nicht, eine engere Beziehung zu ihren Patenklassen aufzubauen. Das wirkte sich natürlich negativ auf die gesamte Arbeit der AG aus.

Man kann man es niemandem vorher an der Nasenspitze ansehen, ob er oder sie nachher ein guter Moderator/eine gute Moderatorin sein wird oder nicht. Auch kann eine noch so gründliche Ausbildung die Persönlichkeit eines Menschen nicht umkrempeln – obwohl wir bei einigen unserer ModeratorInnen regelrechte Entwicklungssprünge feststellten. Man sollte von daher vorsichtig sein, bevor man ModeratorInnen a priori als nicht geeignet erklärt. Vielleicht sollte man ihnen die folgenden, bewusst hoch gegriffenen Anforderungen nennen; meint jemand, diesen in keiner Weise gerecht zu werden, wäre ihm, bzw. ihr abzuraten, als Pate oder Moderatorin zu fungieren.

Im Idealfall haben ModeratorInnen folgende Fähigkeiten und zeigen folgende Verhaltensweisen:

- Frustrationstoleranz (Nicht gleich verzweifeln, wenn was daneben geht.)
- Beharrlichkeit (Wenn etwas nicht klappt: neuer Versuch.)
- Ärger über Ausgrenzungen und Ungerechtigkeiten sowie den Willen, dies zu verändern
- Konfliktfähigkeit (Keine Angst vor Konflikten haben und in der Lage sein, bei Schwierigkeiten zwischen Streitenden auszugleichen.)
- Offenheit (In der Lage sein, über eigene Fehler und Unsicherheiten zu sprechen.)
- Interaktionskompetenz (Nicht nur einschätzen können, wie man von der Gruppe wahrgenommen wird, sondern auch selbst ein Gefühl für die Bedürfnisse der Gruppe entwickeln.)
- Spaß daran haben, mit Jüngeren umzugehen
- Selbstkritik (Eigene Fehler wahrnehmen und ohne Zerknirschung mit ihnen umgehen können.)
- Selbstbewusstsein
- Humor

Es gibt sicher nicht viele Menschen, die alle genannten Eigenschaften zeigen; es wäre sicher ein Fehler, InteressentInnen an der PatInnenarbeit mit einem Maximalkatalog abzuschrecken.

Abschließend sollen noch aus der LehrerInnensicht Eigenschaften genannt werden, die besonders zum Moderatoren/zur Moderatorin qualifizieren: Freche Schülerinnen und Schüler, die mal über die Stränge geschlagen haben, die auch mal deutlich Position beziehen, sind oft geeignet. Dabei sollte darauf geachtet werden, dass sie auch in ihrer Klasse akzeptiert werden – nicht, weil sie sich unbedingt durchsetzen und andere aggressiv einschüchtern können, sondern weil sie überzeugen. Davon gibt es einige. Die zukünftigen ModeratorInnen sollten auch keine Leistungsprobleme haben. Es müssen Schülerinnen und Schüler sein, die ohne Leistungseinbuße öfter mal eine Stunde in der Patenklasse statt im Fachunterricht verbringen können. Es müssen SchülerInnen sein, die unter Umständen auch einen Konflikt mit LehrerInnen riskieren können, ohne dass sie um ihre Versetzung zittern müssen. Unterstützend ist es auch, wenn sie sich mit ihrer Schule identifizieren.

Geeignete Gruppenstrukturen

Eine Peergruppe braucht für eine effektive Arbeit feste Strukturen. Dazu zählt vor allem ein regelmäßiger wöchentlicher oder 14-tägiger *Gruppentermin*, an dem alle Gruppenmitglieder regelmäßig teilnehmen. LeiterInnen anderer Peergruppen berichteten von den Schwierigkeiten, die unregelmäßige Treffen mit sich brachten: Ständig waren mehrere Mitglieder der AG verhindert, die Termine wurden leicht vergessen, manchmal waren die Arbeitsräume besetzt; außenstehende SchülerInnen wussten nicht, wie sie die AG erreichen konnten, notwendige Besprechungen fanden nicht statt, Wichtiges geriet in Vergessenheit. SchülerInnen, die wegen einer Überschneidung mit anderen Terminen Probleme haben, sollten vor die Entscheidung gestellt werden, ob sie als ModeratorInnen arbeiten wollen oder nicht. Feste Gruppentermine stehen für die Verbindlichkeit der Arbeit – sie sollten deshalb auch nicht verschoben werden.

Störend wirkte sich auch aus, dass unser *Arbeitsraum* anfangs nicht unseren Anforderungen entsprach. Der Raum hatte keine Möglichkeiten zur Lagerung von Arbeitsmaterialien wie Flipchartständer und -rollen, Folien, Plakate und Filzschreibern. Auch mussten wir immer wieder mühsam den Overheadprojektor herbeischleppen, weshalb sein Einsatz häufig unterblieb. Neben Lagermöglichkeiten und medialer Grundausstattung braucht der Arbeitsraum auch eine hinreichende Größe, damit die Gesamtgruppe ohne Umstände in verschiedene kleine Arbeitsgruppen aufgeteilt werden kann.

Die Sitzungen sollten mit Tagesordnung zusätzlich am schwarzen Brett drei Tage vorher schriftlich angekündigt werden. Nach unserer Erfahrung reichen in der Regel *90 Minuten* für eine *Arbeitssitzung*. Anschließendes informelles Zusammensein ist recht wichtig für den Gruppenzusammenhalt, wo über Privates, Anekdotisches aus der Schule, Fußball usw., manchmal auch mit Patenteams über kleinere Probleme gesprochen werden kann.

Mittlerweile bereiten wir immer häufiger Sitzungen mit zwei oder drei ModeratorInnen vor, die schon länger der AG angehören. Besonders hilfreich ist dies bei Schulungen, in denen bekannte Themen für die Neuen dargestellt werden. Ähnlich sinnvoll ist die Beteiligung „alter" ModeratorInnen bei der Vorbereitung von Gruppenaktivitäten und Projekten.

Unverzichtbar bleibt, dass die leitende Lehrperson eine AG-Sitzung mindestens so gründlich vorbereitet wie eine Unterrichtsstunde, denn die Qualität der Sitzungen – und damit auch die Motivation der ModeratorInnen – und die Qualität der Gesamtarbeit der AG hängen eng zusammen. Allerdings sollte hier stärker moderatives Arbeiten im Vordergrund stehen als es im Regelfall im Unterricht der Fall ist. Auch sollten Sie wiederholt Trainings von Klassenauftritten, Schlichtungen oder Deeskalationen durchführen. Das vorherige Austeilen von zu bearbeitenden Arbeitsmaterialien hat sich als wenig effektiv herausgestellt

Empfehlungen für die Gestaltung der regelmäßigen AG-Sitzungen sind:

- Die Arbeitssitzungen sollten immer an einem festen Tag zur selben Uhrzeit stattfinden.

- Sie sollten nicht länger als 90 Minuten dauern und wöchentlich oder 14-tägig stattfinden.

- Günstig ist es, wenn sie regelmäßig in einem hinreichend großen, „gemütlichen" und gut ausgestatteten Arbeitsraum durchgeführt werden.

- Eine zusätzliche schriftliche Ankündigung mit Tagesordnung ist sinnvoll.

- Texthausaufgaben zur Vorbereitung der AG machen nur in Ausnahmen einen Sinn.

- Die Struktur der Sitzungen sollte klar und wiederkehrend sein.

- Die AG-Sitzungen sollten mit der Beschreibung und Darstellung der praktischen Arbeit in den einzelnen Klassen beginnen. Dann sollten Vorhaben der Moderator-Innen und der AG besprochen werden. Abschließend sollten zu einem aktuell bedeutsamen Thema Schulungen oder Trainings durchgeführt werden.

Wie ist eine ModeratorInnengruppe zu betreuen?

Es genügt nicht, die Entstehung einer Gruppe anzuregen, wöchentliche Sitzungen durchzuführen und die ModeratorInnen auszubilden. Peergruppenarbeit ist auf engagierte Dauerbetreuung angewiesen. Wenn die Leitenden einer ModeratorInnengruppe bewusst oder unbewusst signalisieren, dass sie – aus welchen Gründen auch immer – weniger an der Arbeit der AG interessiert sind, wirkt sich das unmittelbar auch auf die Motivation der Schülerinnen und Schüler aus. Zum Unterricht müssen die SchülerInnen erscheinen, ob er interessant ist oder nicht. In einer Peergruppe, die auf Freiwilligkeit basiert, arbeiten sie nur mit, wenn sie motiviert sind.

Eine ständige Betreuung einer Peergruppe ist auch deshalb notwendig, um Fehlern schnell zu begegnen, um Entmutigungen entgegenzuwirken, um anzuregen, auszugleichen, anzuspornen. Auch sonst sehr zuverlässige Schülerinnen und Schüler müssen an Termine und Absprachen erinnert werden und auch engagierte PatInnen erwarten immer wieder die Aufmunterung, einen neuen Klassenbesuch durchzuführen.

Daneben gilt es auch, mit KollegInnen Rücksprache zu halten, wie aus ihrer Sicht die PatInnenarbeit funktioniert, welche Wünsche sie haben, und manchmal ist es auch notwendig, kleinere Konflikte zwischen ModeratorInnen und LehrerInnen früh zu deeskalieren, Organisatorisches zu regeln – beispielsweise, in welche Stunde der Klassenbesuch möglich ist, Listen für Sportfeste zu erstellen, damit die PatInnen auch hier ihre Klassen betreuen können, Materialien für die Arbeit in den Klassen bereitzustellen, im Unterricht wegen Klassenbesuchen fehlende ModeratorInnen zu entschuldigen und vieles mehr.

Betreuung ist jedoch nicht nur bei Alltäglichkeiten wichtig. So wurde beispielsweise die gut funktionierende PatInnenarbeit in einer Klasse dadurch stark beeinträchtigt, dass auf der Grundlage gegenseitiger Projektionen Konflikte zwischen einer Patin und einer Klassenlehrerin entstanden waren, die die gegenseitige Kommunikation nahezu blockierten. So musste eine Schlichtung helfen. In der Gruppe machten wir mithilfe der Methode der „Kollektiven Fallberatung" unserer Patin auch die Perspektive der Klassenlehrerin deutlich und in einem informellen Gespräch gelang es mir, bei dieser wiederum Verständnis für die Patin zu wecken, sodass sich das Verhältnis beider schnell normalisierte.

Auch die allgemeine, konfliktunabhängige Arbeit in der Klasse ist ohne eine funktionierende Betreuung nicht gut zu leisten. Eine wichtige Aufgabe des Plenums, in dem die PatInnen regelmäßig ihre Aktivitäten vorstellen, besteht darin, die PatInnen davon abzuhalten, sich zu überfordern. Sie sollen sich beispielsweise davor hüten, schwierige Kinder zu therapieren, statt – was sie vermögen – in der Klasse darauf hinzuwirken, dass diese Kinder nicht angegriffen, sondern toleriert werden.

Manchmal sind PatInnen auch in ihre Klassen regelrecht verliebt, sodass sie nicht sehen, wenn Beschwerden über LehrerInnen strategische Zwecke verfolgen, wie den eigenen Arbeitsaufwand zu minimieren. Hier bildet eine kontinuierliche Betreuung ein wichtiges Korrektiv.

Ausbildung!

Den Beginn einer Peergruppenarbeit erleichtert ein mehrtägiges Start-Seminar, am besten am Wochenende in einer Bildungsstätte. So stabilisiert sich die Gruppe, die ja im Regelfall aus SchülerInnen unterschiedlicher Klassen besteht, die sich zum Teil nur vom Ansehen kennen. Auch die begleitenden LehrerInnen lernen die SchülerInnen besser kennen und können eher einschätzen, wie sie sie einsetzen können. Vor allem schafft sich die Gesamtgruppe eine gemeinsame inhaltliche Basis, die die Grundlage der weiteren Arbeit werden kann.

Diese mehrtägige Seminare, in denen sich das gesamte ModeratorInnenteam schult, bilden neben der alltäglichen Betreuung und den Sitzungen die Basis unserer AG-Arbeit. Wenn es möglich ist, führen wir sie pro Schuljahr zweimal durch. Dass Seminare einen erheblichen finanziellen Aufwand bedeuten, besonders wenn noch Trainer hinzugezogen werden, liegt auf der Hand. Die Mühen der Finanzierung müssen eingegangen werden, da die SchülerInnen Seminaraufenthalte oder Trainingsfachkräfte nicht selbst bezahlen können. Hilfen bieten hier unter anderem die Fördervereine der Schulen, Jugendämter, Parteien und manchmal auch lokale Sponsoren aus der Wirtschaft. Selbst in der Ära knapper Finanzen lassen sich finanzielle Hilfen überraschend leicht finden. Verfassen Sie ein Expose, wie Ihr Projekt aussehen soll und welche Unterstützung Sie benötigen. Sie werden sehen, dass es ein attraktiv für potenzielle Geldgeber ist, Projekte zu unterstützen, die mithilfe von Betroffenen gegen Gewalt vorgehen.

Die Terminierung der Seminare sollte langfristig erfolgen, damit möglichst alle Mitglieder der AG ihre Teilnahme sichern können. Die Seminare sollten in eine Zeit gelegt werden, in der keine besonderen schulischen Anforderungen gestellt werden (Klausuren, Prüfungen), die nicht unmittelbar vor oder hinter den Ferien liegt und wo es keine Kollisionen mit herausragenden anderen Veranstaltungen (Bundesligafinale) gibt. Der Tagungsort sollte möglichst in einiger Entfernung vom jeweiligen Wohnort liegen, damit die Gruppe auch abends zusammenbleibt. Die Bedeutung von informellen Gesprächen, gemeinsamen Spielen, privaten Treffen ist groß. Schnell entwickelt sich Zusammenhalt in der Gruppe. Ein so gründliches Kennenlernen ist unter alltäglichen Bedingungen nicht möglich. Seminare werden deshalb von der Gruppe auch häufig als Belohnung für die Arbeit empfunden.

Wann immer es möglich ist, empfiehlt es sich, das Seminar gemeinsam mit schulfremden Fachleuten durchführen zu lassen. Voraussetzung ist allerdings, dass die Inhalte des Seminars gemeinsam erarbeitet werden und dass die Leitung die Externen über die Bedürfnisse der Gruppe informiert. In den Vorgesprächen wird auch schnell deutlich, ob die Chemie zwischen TrainerIn und AG Leitung stimmt, ob der Trainer realistische Vorstellungen von den alltäglichen Anforderungen an eine ModeratorInnengruppe hat, ob er kompetent ist. Nachfragen nach Erfahrungen mit ähnlichen Projekten, nach Methoden und Zielen helfen zu klären, ob das Konzept des Trainers stimmig ist oder ob lieber von einer Zusammenarbeit abgesehen werden sollte.

Arbeitet die Gruppe mit einem ihr bisher fremden Trainer zusammen, bewirkt alleine diese Tatsache, dass die Schülerinnen und Schüler interessierter und motivierter arbeiten, weil sie ja mit einem „Neuen" konfrontiert werden. Das Neue macht immer neugierig, und das ist nicht die schlechteste Ausgangslage für eine Seminararbeit. Die Motivation aufseiten der SchülerInnen ist aber nur ein Argument von vielen, weshalb Externe für die Durchführung von Seminaren gewonnen werden sollten. Ganz sicher verhindern sie Betriebsblindheit. Ein Seminar zeigte uns beispielsweise eine Schwäche unserer Arbeit auf, die wir vorher nicht wahrgenommen hatten: Eine Fallberatung brachte zu Tage, was wir auf viele andere ModeratorInnen der AG übertragen konnten: Ein Schüler litt darunter, dass er sich überfordert fühlte, und diese Überforderung kam dadurch zustande, dass er meinte, für alle sozialen Prozesse in seiner Patenklassen zumindest mitverantwortlich zu sein. Die Seminardiskussionen führten so dazu, dass wir in unseren gemeinsamen Sitzungen viel stärker als zuvor unsere eigenen Grenzen und die unserer ModeratorInnen reflektierten und allgemein auch noch einmal das Verhältnis von KlassenlehrerIn und ModeratorIn überdachten. Denn einige wenige KollegInnen sahen sich durch die „Fachleute von der ModeratorInnen-AG" davon entlastet, selbst in Konfliktfällen tätig zu werden. Stattdessen delegierten sie diesen Interaktionsbereich komplett an unsere ModeratorInnen, die sich dadurch erheblich unter Druck gesetzt fühlten. Ohne die Spiegelung von einem Externen hätten wir dieses Problem noch lange mit uns herumgetragen – als Außenstehender sieht man einiges schärfer.

Lehren in der Schule steht unter anderen Zwängen, erzeugt andere Formen von Wissen und hat auch andere Ziele als die Arbeit in Seminaren. Auch deshalb nützt die Kooperation mit externen TrainerInnen: Im Regelfall können Sie viel Neues lernen und unter günstigen Voraussetzungen profitieren Sie nicht nur für die Arbeit mit Ihrer Peergruppe, sondern können auch Methoden und Haltungen in den Schulalltag übernehmen. Vielleicht konnten Ihnen auch die knappen Beispiele verdeutlichen, weshalb externe TrainerInnen für Seminare so wichtig sind:

- Sie verhindern Betriebsblindheit.
- Sie motivieren die gesamte Gruppe.
- Sie arbeiten mit neuen Techniken und Methoden, die von der Gruppe übernommen werden können.
- Sie vermitteln neue Inhalte.

Aber selbst wenn es nicht möglich ist, externe TrainerInnen zu verpflichten, macht die Durchführung von Seminaren Sinn und nutzt der Gruppe. Seminare stärken nicht nur die Gruppenbeziehungen, sondern ermöglichen andere, effektivere Arbeitsformen. Dabei spielt der schulferne Tagungsort eine große Rolle. Außerhalb der Schule fällt es viel leichter, gewohnte schulische Verhaltensweisen abzulegen. Auch dem Zeitdruck entronnen zu sein, unter dem die ständigen AG-Treffen immer stehen, verändert die Arbeitsformen. Das fällt besonders bei Rollenspielen auf: In unseren Seminaren ließen sich die SchülerInnen viel intensiver auf ihre Rollen ein als bei unseren schulischen Treffen. So lässt sich die Bedeutung der Seminare knapp in folgenden Stichpunkten zusammenfassen:

- Sie fördern den Gruppenzusammenhalt.
- Sie wirken als Belohnung und damit motivierend für die weitere Arbeit.
- Sie ermöglichen gründlicheres und genaueres Erarbeiten von relevanten Themen.
- Dort können eher Grundsatzdiskussionen geführt werden.
- Sie bieten ein entspannteres Setting für Fallsimulationen und Rollenspiele.
- Sie ermöglichen insgesamt durch die zeitliche und räumliche Distanz von der Schule andere Verhaltensweisen und Lernformen und regen an, die bisheriger Praxis kritischer zu würdigen.

Die ModeratorInnengruppe in der Schule verankern

Der Impuls, ein Peergruppensystem an der Schule einzuführen, kann von der Schüler-Innenvertretung, der LehrerInnenkonferenz oder der Schulleitung ausgehen. Welcher Einstiegsweg gewählt wird, ergibt sich aufgrund der jeweiligen Besonderheiten der Schule selbst. Wichtig ist, dass alle drei Instanzen mit dem Projekt einverstanden sind – also müssen alle für die Idee gewonnen werden. Günstig ist es, wenn man von einer schon existierenden Gruppe ausgehen kann, die willens ist, das Projekt durchzuführen. Mitglieder dieser Gruppe können dann detaillierte Vorstellungen entwickeln, die auf der LehrerInnenkonferenz oder im SchülerInnenrat besprochen werden können. Ohne die Zustimmung des SchülerInnenrates kann eine solche Arbeitsgemeinschaft nicht effektiv agieren. Ihr hinge von vornherein das Etikett an, für die Interessen der LehrerInnenschaft zu arbeiten. Die Zustimmung des SchülerInnenrates zu gewinnen ist allerdings unproblematisch.

Schwieriger wird es, die Mehrzahl der KollegInnen und die Schulleitung zu überzeugen, die Einführung einer solchen Arbeitsgemeinschaft zu befürworten und zu unterstützen. Die Ängste der Schulleitung bestehen erfahrungsgemäß meist darin, dass die Schule ein schlechtes Image als „Gewaltanstalt" oder „Mobbingzentrum" gewinnen könnte, wenn man so eine AG ins Leben ruft, und auch darin, dass die Einführung einer AG, die sich um das Schulklima kümmert, zu Konflikten innerhalb des Kollegiums führen könnte. Die erste Sorge lässt sich zerstreuen, wenn man besonders die positiven Ziele der AG herausstellt, geht es doch darum, die Klassen zu selbstständigem, sozialem Handeln zu befähigen und Schülerinnen und Schüler verantwortungsvoll für die eigene Schule arbeiten zu lassen.

Um die Bedenken noch weiter auszuräumen, kann auch vorgeschlagen werden, eine ModeratorInnen-AG für ein Jahr zur Probe zu installieren, und dann gemeinsam zu überlegen, ob das Projekt fortgeführt werden soll.

Ist die Einführung der AG beschlossen worden, sollte sie noch auf anderen Ebenen institutionalisiert werden. Hier kann auch angeregt werden, die PatInnen verstärkt in das Klassenleben einzubinden, als HelferInnen bei Sportfesten einzusetzen oder als BegleiterInnen bei Klassenfahrten. Möglich ist es auch, die schulischen Funktionen der AG so auszuweiten, dass sie mitbeteiligt wird, wenn beispielsweise über die Durchführung von Aufsichten, Schulstrafen, Hausordnungen und Erprobungsstufen-konzepte beraten wird. Auch sollte die institutionelle Anbindung der Peergruppe an die schulischen Instanzen dauerhaft sein. Das kann einmal recht formlos dadurch geschehen, dass die Schulleitung und auch die LehrerInnenkonferenz über den Stand der Arbeit informiert werden. Wichtiger ist vor allem besonders in den Patenklassen der enge Kontakt mit den KlassenlehrerInnen. Fehlen die Absprachen, fühlen sich die LehrerInnen zu Recht übergangen.

Elternabende sind eine weiteres bedeutsames Forum, um die AG in der Schule darzustellen und zu verankern. Das können die PatInnen entweder allein oder gemeinsam mit den projektengagierten LehrerInnen. Wenn Sie ein- oder zweimal an solchen Veranstaltungen mit den Patinnen teilgenommen haben, können Sie die Reaktionen der Elternschaft Ihrer Schule einschätzen und die PatInnen entsprechend vorbereiten. PatInnen, die ihre Sache allein vertreten, haben eigentlich immer das Wohlwollen der Eltern.

Die Unterstützung der Eltern ist auch wichtig, wenn die PatInnen Geländespiele oder Grillabende veranstalten wollen – man kann sie besonders gut bei Elternabenden oder Elternstammtischen gewinnen. Eltern sind in der Regel bereit, alle Aktivitäten zu unterstützen, die den Klassenzusammenhalt fördern. Meist haben sie mit besonderem Wohlwollen auf die Vorschläge der PatInnen reagiert und auch sehr bereitwillig und teilweise sogar enthusiastisch ihre Mitarbeit angeboten. Für Eltern ist ja nicht nur von Bedeutung, dass Ihr Kind mit Erfolg lernt, sondern sie freuen sich, wenn die Klasse für ihr Kind ein positives soziales Lernfeld bietet, in dem es sich wohl fühlt. Viele Eltern sind deshalb bereit, einige Mühen auf sich zu nehmen, um dieses Ziel zu erreichen. Deshalb unterstützen sie auch bereitwillig schulische Aktivitäten, die das Miteinander in der Klasse verbessern und gestalten wollen. Auch dass PatInnen keine Sanktionsgewalt haben, sie also dem eignen Kind nicht bedrohlich werden können, trägt dazu bei, dass viele Eltern gegenüber den PatInnen eine zustimmende Grundhaltung einnehmen.

Die kontinuierliche Unterstützung der Eltern lässt sich auch dadurch gewinnen, dass die AG bei Themenabenden auftritt oder selbst solche veranstaltet. ElternvertreterInnen haben großes Interesse, dass relevante Themen wie „Schule und Gewalt" öffentlich diskutiert werden und nehmen gerne entsprechende Anregungen auf.

Positiv ist es auch, wenn Aktivitäten der AG in der lokalen Presse dargestellt werden. Für die SchülerInnen ist es eine wichtige Bestätigung ihrer Arbeit und für die Schule bedeutet es einen Imagegewinn. Verhindern Sie aber, dass in der Presse in erster Linie die Scheußlichkeiten dargestellt werden, gegen die sich die AG wendet, da dann nämlich der gegenteilige Effekt eintritt.

Es nutzt der AG auch, wenn sie an schulischen Aktivitäten mit eigenen Beiträgen teilnimmt – einmal durch die Außenwirkung, dann aber auch dadurch, dass sie sich vor den Augen von skeptischeren KollegInnen für die Belange der Schule einsetzt. In unserer Schule wird beispielsweise regelmäßig ein „Tag der offenen Tür" durchgeführt, an dem sich die zukünftigen GymnasiastInnen und ihre Eltern gemeinsam die Schule ansehen. Gruppen von Eltern werden mit ihren Kindern gemeinsam durch Fach- und Klassenräume der Schule geführt, wo sie jeweils über die fachspezifischen Inhalte und die Fachdidaktik informiert werden. Ein Raum war unserer AG vorbehalten, in dem wir mit Plakaten den Aufbau der AG, ihre Ziele und die Arbeit der PatInnen beschrieben. In Kurzreferaten informierten unsere ModeratorInnen die Gruppen über das PatInnensystem und stellten sich anschließend den Fragen. Das Interesse und die Zustimmung der Eltern waren groß.

Nicht jeden Fehler muss man selber machen: Fallenwarnungen

Anfängerfehler

Viele von unseren Fehlern hingen mit unseren geringen Erfahrungen zusammen. Einige haben unsere Arbeit zurückgeworfen, andere brachten uns auf die intensive Suche nach neuen Wegen und Problemlösungen – halfen uns also sogar. Die Peergruppenarbeit ist offener als viele Unterrichtsprozesse. Sie lässt sich weniger genau im Voraus planen und bringt mehr Unerwartetes. Von daher ergeben sich auch zwangsläufig mehr Fehler.

Am Anfang hatten einige unserer ModeratorInnen das Selbstverständnis von Verkündern: Sie stellten sich vor die Klasse und deklarierten, worin das Schlechte von Mobbing bestünde und wie böse MobberInnen seien. Die Klassen reagierten darauf häufig mit Widerstand und Ironie. Manchmal ließen sich dann unsere ModeratorInnen auf einen Kampf mit der Klasse ein, beschimpften und tadelten StörerInnen nach schlechtester LehrerInnenart. In einigen Klassen bekam so unsere AG einen zweifelhaften Ruf. Abhilfe schuf hier erst die konsequente Anwendung moderativer Verhaltensweisen, wobei uns deutlich wurde, dass moderatives Verhalten auch eine Veränderung der Einstellung bedeuten muss, damit es glaubwürdig wird.

Ein anderer Fehler, den wir ebenfalls in der Anfangsphase unserer PatInnenarbeit begingen, war die schlechte Kooperation mit den KlassenlehrerInnen. KollegInnen fühlten sich von den ModeratorInnen zu Aktivitäten gedrängt. In einzelnen Fällen begriffen sich die ModeratorInnen als Gegenpart zu den LehrerInnen. Daraus entstanden neue unfruchtbare Konflikte, die die PatInnenarbeit behinderten.

Weitere Fehler entstanden, weil unsere Arbeit sich aus der Auseinandersetzung mit Mobbing entwickelt hatte, wobei die ModeratorInnen gelernt hatten, wie schädlich Mobbing sich besonders auf die Opfer auswirkte: Unsere ModeratorInnen bedauerten die Opfer vor der Klasse und nahmen auch in einer sehr offenen Weise für sie Partei. Damit halfen sie den Opfern nicht, denn Mitleid setzt die Leidenden herab und unterstützt sie nicht wirklich. Auch führte die offene Parteinahme häufiger dazu, dass bei TäterInnen nicht Einsicht entwickelt, sondern Widerstand hervorgerufen wurde.

Übermotivierung

Schülerinnen und Schüler, die sich entschlossen haben, in einer Peergruppe zum Thema Gewaltminderung und Prävention aktiv mitzuarbeiten, sind in der Regel motiviert und idealistisch. Dieser Enthusiasmus, sich für andere einzusetzen, birgt nicht selten die Gefahr, sich selbst zu überfordern und Probleme anzufassen, die zu groß sind. Übermotivierung bei den ModeratorInnen führt dazu, die Klassen zu bevormunden.

Um solchen Verhaltensweisen entgegenzuwirken, hat sich die Methode der Fallberatung (Seite 117) bewährt. Hier wird überengagierten ModeratorInnen von anderen Mitgliedern gespiegelt und empathisch vermittelt, dass der moralische Druck und die überhöhten Ansprüche, die sie an sich selbst stellen, nicht helfend, sondern lähmend wirken.

Wird schon klappen ...

Ein der Übermotivierung fast entgegengesetztes Muster drückt sich in der schlechten Vorbereitung auf die Arbeit in der Klasse aus: „Das wird schon hinhauen" ist eine grundlos optimistische Haltung von meist erfahrenen ModeratorInnen. Klappen dann die Stunden nicht, schieben sie die Schuld auf die Klasse oder auf das Konzept.

Durch Trainings, in denen die Stundenanfänge oder bestimmte Schwerpunkte der Stunden simuliert werden, kann nicht nur die Handlungssicherheit der ModeratorInnen erhöht, sondern auch durch die Reaktion der Gesamtgruppe aufgezeigt werden, dass eine mangelhafte Vorbereitung durch Routine nicht aufgefangen werden kann. Auch zeigen wiederholte Trainings, dass Selbstsicherheit zumindest teilweise erlernbar ist. ModeratorInnen, die mehrfach eine Klassenstunde in der Gruppe trainiert hatten, waren selbstsicherer, ruhiger und gelassener. Sie konnten besser auf mögliche Einwände der Klasse eingehen und hatten weniger Angst vor dem Scheitern.

Ratgebenden ist wohl zu eigen, dass sie zu schnell reagieren, zu schnell Ratschläge geben und eingreifen. Gerade wenn wir empört oder betroffen sind, tragen wir unser Herz auf der Zunge. Das ist zwar verständlich, hilft aber in Konflikten kaum. Deshalb ist zu empfehlen, immer die Gruppe zu konsultieren, bevor Wichtiges in den Klassen zu unternehmen ist. Das heißt nicht, nicht spontan in Notfällen oder bei Schlägereien zu reagieren.

Konflikte auch in der ModeratorInnengruppe ernst nehmen

Eine erfolgreiche Arbeit in einer Peergruppe braucht gegenseitige Akzeptanz und guten Zusammenhalt. Das wird durch gemeinsame Unternehmungen und informelle Treffen gefördert. Weil das Zusammengehörigkeitsgefühl so wichtig ist, ist es auch verlockend, Konflikte herunterzuspielen. Aber Konflikte, die nicht ausgetragen werden, wirken weiter und zeigen sich oft an anderer Stelle. So kritisierte vor kurzem ein Schüler unserer AG seine Komoderatorin, mit der er gemeinsam eine Klasse betreut, unangemessen heftig und destruktiv, als sie eine Schlichtung simulierten. Erst später erklärte er mir, dass er eine richtige Wut auf sie habe, weil sie alles an sich reiße und ihn immer wieder in der Klasse an die Wand dränge. Aber das habe er nicht öffentlich sagen wollen, weil das in der Gruppe bestimmt störend gewirkt hätte.

Auch in solchen Fällen ist die Fallberatung ein wichtiges Arbeitsinstrument, weil durch sie immer wieder Verdrängtes und Verborgenes ans Licht kommt. Allerdings ist es wohl nie völlig zu vermeiden, dass in Gruppen, die auf Vertrautheit und Zusammengehörigkeit fußen, Konflikte ungern ausgetragen werden.

Leben und Dogma

Während eines Wochenendseminars unserer Peergruppe leitete ein neuer Trainer die Sitzung. Sein Konzept war stimmig, Flipchartbögen und Folien sorgfältig vorbereitet, er agierte freundlich und zugewandt. Trotzdem begann die Gruppe, Widerstand zu entwickeln und in Albernheiten abzudriften.

Der Trainer hatte offenbar in seiner Ausbildung gelernt und verinnerlicht, dass eine gute Moderation Gefühle zu berücksichtigen und anzusprechen habe, besonders – so lässt sich vermuten – wenn durch den Trainer strukturierend eingegriffen wird. Dann würden die Gefühle der Gruppe besonders wichtig. Um seinen Ausbildungsdoktrinen gerecht zu werden, fragte er nach jedem Impuls, nach jedem Arbeitsauftrag, nach jeder Bündelung: „Fühlt Ihr euch dabei wohl?" oder: „Fühlst du dich dabei wohl?" Gelächter, Stöhnen, Kopfschütteln – all das irritierte ihn nicht. Die Frage nach dem Wohlbefinden wurde mechanisch immer neu gestellt. Dass es sich um ein reines Ritual handelte, wurde deutlich, als ungefähr nach dem 15. „Fühlst du dich dabei wohl?" Bastian mit einem entschiedenen „Nein, ich fühle mich dabei unwohl!" antwortete. Der Trainer blickte nicht einmal auf und fuhr ungerührt mit seiner Moderation fort. Als Bastian, dem die Sache Spaß zu machen begann, den Trainer seinerseits fragte, ob er sich denn wohl fühle und dieser kurz nickte, um mit seinem Programm fortzufahren, wirkte es wie ein zusätzlich Pointe, als er dann auf das laute Gelächter der Gruppe mit deutlicher Irritation reagierte.

Ist eine solche aufgesetzte, kontaktlose, Prinzipien ohne Gefühl für die Menschen exekutierende Haltung in dem geschilderten Vorfall mal gerade komisch und unproduktiv, können Dogmatismus und unbewegliche Hörigkeit einem Gedankengebäude gegenüber auch negativer wirken: Es wird den Betroffenen ständig das Gefühl eigener Unzulänglichkeit eingeflößt. Wenn Inhalte, Techniken, Regeln konfliktlösender, gewaltarmer Kommunikation verabsolutiert werden, wirken sie durch solch fundamentalistisches Gebaren selbst gewalttätig.

Um konkret zu werden: Man darf auch mal wütend werden oder sich in einem bestimmten Konflikt durchsetzen wollen, ohne ein schlechter Mensch zu sein. Man darf auch mal „man" statt „ich" sagen, ohne sich als schlechter Kommunikator beschimpfen lassen zu müssen. DogmatikerInnen orientieren sich nicht nur an so merkwürdigen Maximen, dass man kein Lob aussprechen darf, weil es die Gelobten erniedrigt, sie üben auch einen entsprechenden Druck auf ihre Umgebung aus, genauso zu handeln.

Die Gefahr, zum kommunikativen Zauberlehrling zu werden, ist deutlich. Es wirkt gerade auf Jugendliche verführerisch, ein Werkzeug in der Hand zu haben, dass einen scheinbar sicheren Zugriff auf das Verhalten anderer liefert. Ein Peerausbildung sollte das zum Thema machen.

Ausbildungsinhalte

Die folgenden Kapitel geben Anregungen, wie eine Ausbildung der ModeratorInnen durchgeführt werden kann. Die dort angebotenen Arbeitstexte sind für die Hand der SchülerInnen formuliert. Einige – entsprechend kenntlich gemachte – Texte wenden sich jedoch ausschließlich an die AusbilderInnen, in der Regel also an die LehrerInnen.

Die einzelnen Kapitel sind so aufgebaut, dass einleitend der jeweilige allgemeine Hintergrund des Themas dargestellt wird und dabei Anregungen gegeben werden, mit welcher Systematik und welchen Methoden gearbeitet werden kann, damit die Ausbildung möglichst transparent und praxisbezogen für die TeilnehmerInnen ist. Anschließend werden Übungen oder Spiele dargestellt, mit deren Hilfe zu den einzelnen Themen trainiert werden kann.

Handlungssicherheit und Training hängen eng zusammen. Wenn die ModeratorInnen beispielsweise etwas über Kommunikationssystematiken gelernt haben, sind sie deshalb nicht automatisch in der Lage, in der Praxis ihre Kenntnisse gezielt und angemessen anzuwenden. Kommunikatives Verhalten muss immer wieder und wieder eingeübt werden.

Damit die ModeratorInnen den praktischen Sinn der verschiedenen Übungen erfahren, sind die Aufgabenstellungen praxisnah gewählt worden. Auch die Konflikte, die sich zum Beispiel auf familiäre Situationen beziehen, also nicht unmittelbar mit den Aufgaben in der Schule zusammenhängen, eignen sich gut, um Konflikt- und Kommunikationsverhalten zu verdeutlichen. Da das Ziel der Ausbildung ist, für die alltägliche Praxis in der Schule zu qualifizieren, liegen die Schwerpunkte der ModeratorInnenausbildung in Übungen, Rollenspielen und Praxissimulationen, ohne dabei auf die Darstellung und Reflexion von theoretischen Konzepten völlig verzichten zu wollen. Aus demselben Grund, nämlich um Handlungssicherheit zu entwickeln, sollten die später folgenden Unterrichtsvorschläge nicht nur besprochen, sondern in der Form von Praxissimulationen wieder und wieder eingeübt werden.

Da eine effektive ModeratorInnenausbildung sich an den konkreten Anforderungen der jeweiligen Praxis zu orientieren hat, wird die Gewichtung der Ausbildungsinhalte von Schule zu Schule variieren. Als unverzichtbare Grundlage gehen wir davon aus, dass alle ModeratorInnen Wissen über Konflikte und Kommunikation anwenden können sollen. Wenn die ModeratorInnen nicht nur als SchlichterInnen eingesetzt werden, sondern auch in und mit Klassen arbeiten, sollten sie die Moderationstechniken beherrschen. Welche spezifische, schulangemessene Form der Peerarbeit auch immer gewählt wird, so sollten die ModeratorInnen in jedem Fall in der Lage sein, eine Schlichtung durchzuführen. Basale Kenntnisse sollten noch zum Bereich Körpersprache erworben werden, die sowohl bei der Arbeit mit Klassen als auch in Schlichtungen eine Rolle spielt.

Die Reihenfolge der Buchkapitel muss nicht unbedingt auch die Reihenfolge der Ausbildungsteile sein, ist aber so vorgeschlagen, weil sie sich bei uns bewährt hat.

Mit dem Inhaltsbereich „Konflikte" wird die Grundlage für die weitere Ausbildung gelegt. Die ModeratorInnen sollen hier lernen, dass Streit nur eine mögliche Form ist, einen Konflikt auszutragen. Sie sollen auch erfahren, dass dieses Thema sie persönlich angeht und lernen, die Stärken und Schwächen ihres eigenen Konfliktverhaltens zu reflektieren, um daraus selbst zu erkennen, welche Lerninhalte für sie persönlich wichtig sind. Die vorgestellten und analysierten Konfliktmuster zeigen auf, dass es hier und in der gesamten Ausbildung der ModeratorInnen nicht um das bloße Erlernen und Einüben bestimmter Techniken geht, sondern dass Selbstreflexion und die Klarheit der ethischen Grundhaltungen entscheidend sind.

Vertieft wird das Thema „Konflikte" durch das konkrete Thema „Mobbing" – eine besonders destruktive Form der Austragung von Konflikten.

In „Kommunikation" als drittem Ausbildungsthema soll gelernt werden, KommunikationspartnerInnen zu akzeptieren, zu begreifen und sie nicht zu bevormunden oder gar zu überreden, schließlich möglichst selbstbewusst, friedlich, verständig und verständlich zu kommunizieren. Der enge Zusammenhang der Kapitel und Themen „Konflikte" und „Kommunikation" zeigt sich auch darin, dass mehrere vorgestellte Trainingsübungen beide Themenbereiche kombinieren.

Im Themenbereich „Empathie und Selbstverantwortung" wird gelernt und eingeübt, wie Verhaltensweisen und Handlungsmotive anderer empathisch zu verstehen sind und dass gleichzeitig dadurch die eigenen Gefühle und Verhaltensweisen nicht weggedrückt, geringgeschätzt oder missachtet werden. Wir gehen in unserer Arbeit gegen Mobbing und Gewalt davon aus, dass Menschen in der Lage sind, mündig, selbstständig und verantwortlich zu handeln.

Bei den für Antimobbingarbeit bedeutsamen Konfliktlösungstechniken „Fallberatung", „Moderation" und „Schlichtung" werden grundlegende Strukturen vermittelt. Während Fallberatung Sinn macht, um auf Gruppensitzungen gravierende Problemzusammenhänge anzugehen, sind Moderationstechniken besonders für die Arbeit in der Klasse wichtig. Die Vorstellung der Struktur einer Schlichtung und deren Systematik bietet nicht nur bei konkreten Schlichtungsaufträgen eine Hilfe, sondern verleiht auch „Hintergrundsicherheit" im Umgang mit Konflikten.

Das Kapitel „Körpersprache" soll nicht dazu anleiten, Selbstaufführungsmuster einzuüben, die – beispielsweise – Aufrichtigkeit und Sicherheit nach außen signalisieren sollen, auch wenn diese in Wirklichkeit fehlen. Es geht hier in erster Linie darum, den ModeratorInnen bewusst zu machen, wie sie auf die Klasse oder auf die GesprächspartnerInnen wirken.

Ganz sicher ist die hier vorgeschlagene ModeratorInnenausbildung nicht vollständig. Eine sinnvolle mögliche Ergänzung der Schulung wäre beispielsweise die Kenntnisnahme und Diskussion des juristischen Rahmens des Handelns, in dem sich die ModeratorInnentätigkeit abspielt, der jedoch in den einzelnen Bundesländern beträchtliche Unterschiede aufweist.

Andere Modifikationen sind den Kompetenzen, den Kräften und der Kreativität der jeweiligen Ausbildungsteams überlassen.

Inhaltsbereich „Konflikte"

Hinweise für LehrerInnen und TrainerInnen

Klären Sie zunächst begrifflich, was ein Konflikt ist. Unser Konfliktbegriff ist als Arbeitsbegriff zu verstehen, bezieht sich auf verschiedene Interaktionskonzepte und nimmt Anregungen der Begriffsklärung aus ihnen auf. Die Erarbeitung der Konfliktdefinition kann sich darauf beschränken, Unklares zu klären, also eventuell zu erläutern, was unter „Bedürfnissen" genau zu verstehen ist. Die ModeratorInnen sollten zwischen den Begriffen „Konflikt" und „Streit" differenzieren und die vielfältigen Möglichkeiten, einen Konflikt auszutragen, realisieren können. Auf dieser Basis sollen die ModeratorInnen dann angeleitet werden, eigene Konfliktmuster zu reflektieren. So soll auch verhindert werden, dass die ModeratorInnen das Gelernte nur abstrakt begreifen und nicht auf sich selbst beziehen. Ziel der Ausbildung ist es ja auch, dass die ModeratorInnen eigenes Verhalten gezielt verändern.

Ausgehend von der im folgenden idealtypischen Gegenüberstellung der Konfliktmuster „win-win" und „win-lose", die aus der amerikanischen Spielpädagogik stammen, sollen auf keinen Fall normative Verhaltensvorschriften entwickelt werden, dass etwa ein „win-lose"-Verhalten als grundsätzlich unethisch diskreditiert wird. Die artifizielle Vorstellung der bewusst hart gegensätzlichen Verhaltensmuster soll dagegen ermöglichen, Verhaltenssystematiken zu begreifen und, wenn nötig, zu verändern.

Erst im Anschluss an diese eher theoretische Klärung sollten die angebotenen Rollenspiele und Übungen durchgeführt werden – ausgewählt und dem Energielevel der Gruppe angemessen. Zunächst sind Rollenspiele aus dem familiären Bereich vorgeschlagen, da hier eigene Konfliktmuster den Spielenden besonders deutlich werden. Sie lernen dabei auch, wie schwer es ist, Gelerntes und als sinnvoll Erkanntes umzusetzen, wenn es gegen alte Gewohnheiten und alte Emotionen steht.

Alternative Konfliktmuster lassen sich besonders gut in Schulkonfliktfällen erproben. Sie können diese Übungen mithilfe der im Kapitel „Kommunikation" (ab Seite 96) dargestellten Unterscheidung von Ich- und Du-Botschaften modifiziert wiederholen. Auch später in der Ausbildung bzw. nach längerer Zeit der Peergruppenarbeit können Sie trainierend immer wieder auf die Übungen dieses Kapitels zurückgreifen.

Was ist ein Konflikt?

Ein Konflikt entsteht, wenn ein Individuum erfährt oder zu erfahren meint, dass ihm die Befriedigung seiner Bedürfnisse versagt wird. Dabei muss sich das Konfliktverhalten nicht gegen diejenigen richten, von denen es meint, diese Versagung zu erfahren, sondern es kann sich unter Umständen gegen Dritte oder sogar gegen sich selbst richten.

Schülerinnen und Schüler, die beispielsweise unter einem aggressiven Lehrer leiden, der ihnen die grundlegende Anerkennung der Persönlichkeit verweigert, können diesen Konflikt mit diesem Lehrer austragen, indem sie sich direkt wehren, seinen Unterricht stören oder ihm die Mitarbeit verweigern. Sie können aber auch stellvertretend MitschülerInnen attackieren, wofür sie sich einen beliebigen Anlass suchen. Ein Kind, das in der Schule unglücklich ist, kann auch autoaggressive Verhaltensweisen ausbilden wie z. B. eine Essstörung.

Ein so genannter reiner Sachkonflikt ist eigentlich immer durch Gespräche zu klären. Wenn er sich zu einem personalen Konflikt entwickelt, spielen die Bedürfnisse der Individuen dabei eine Rolle. So entsteht über die richtige Lösung einer Mathematikaufgabe normalerweise kein Konflikt, es sei denn, eine der beteiligten Personen wird lächerlich gemacht und sieht so ihr Bedürfnis nach Anerkennung infrage gestellt oder sie hat Angst um ihre Note. Erst die Verbindung von Sachauseinandersetzung und persönlichen Bedürfnissen ruft also den Konflikt hervor.

Eine Schlichtung hat also immer auf die persönlichen Grundlagen des Konfliktes einzugehen:

> Ein Schüler hat einem anderen einen Füller zerstört. Die Sachlage könnte zunächst sehr einfach geklärt werden, aber weil beide jeweils eigene Bedürfnisse gefährdet sehen, wird eine Schlichtung notwendig. Die Ängste vor den Eltern und die Akzeptanz durch den anderen gewinnen für beide mehr an Bedeutung als der verursachte Schaden.

Streit und *Konflikt* sind nicht identisch. Der Streit ist nur ein Mittel von vielen, um einen Konflikt auszutragen. Wenn beispielsweise die Eltern ihrem 14-jährigen Sohn Peter am Abend vor der Klassenarbeit den Fernsehkrimi verbieten, können hier die Anfänge eines Konfliktes liegen, wenn Peter das Gefühl hat, dass er seine Bedürfnisse nach Autonomie und Begeisterung nicht erfüllen kann. Dieser Konflikt kann sehr unterschiedlich ausgetragen werden:

Peter könnte jetzt …

- mit seinen Eltern streiten und laut schimpfen, dass er nie etwas dürfe;
- sich ruhig fügen, aber innerlich schmollen;
- argumentieren, dass er sich sehr gründlich auf die Arbeit vorbereitet habe und der Krimi ihm nur gut täte, weil er ihm die Anspannung nähme;
- heimlich in seinem Zimmer fernsehen;
- nach einem Gespräch einsehen, dass es für ihn wichtiger ist, eine gute Arbeit zu schreiben als diesen Krimi zu sehen.

Da das persönliche Konfliktverhalten von ModeratorInnen auch entscheidend für deren Arbeit mit den Klassen ist, werdet ihr auf der nächsten Seite aufgefordert, euch mit eigenen Konflikterfahrungen zunächst einmal alleine auseinander zu setzen. Es ist wichtig, sich auf seine eigenen Stärken und Schwächen im Konfliktverhalten zu besinnen. Denn jemand, der oder die große Ängste vor Konflikten hat, wird nur ungern eine Schlichtung durchführen oder sich für AußenseiterInnen einsetzen. Angst vor Konflikten kann andererseits auch einen positiven Aspekt haben: Jemand, der sehr harmoniebedürftig ist und deshalb gerne Konflikten aus dem Weg geht, kann eine Gruppe zusammenhalten. Aber auch jemand, der Lust an Konfrontationen hat, kann für eine Gruppe sehr wertvoll sein, wenn er verborgene Konflikte ans Licht holt und so einer Lösung zuführt, die dann von vielen als Erleichterung und Klärung empfunden wird. Kurz: Man sollte sich davor hüten, das eigene Konfliktverhalten zu negativ zu bewerten, sondern intensiv nach den je eigenen Möglichkeiten und Stärken suchen und dabei überlegen, wie diese sinnvoll für die Tätigkeit als ModeratorIn eingesetzt werden können.

Im Folgenden geht es um deinen Umgang mit Konflikten.
Schreibe bitte in Stichworten auf, an welche Konflikte du dich erinnerst und was dir sonst zum Thema *Konflikt* einfällt. Schreibe pro Zeile bitte nur einen oder zwei Begriffe.

- Wenn du kürzlich mit deinem Freund Peter Streit hattest, genügt der Hinweis „Peter".
- Wenn du allgemein gerne streitest, kannst du das Stichwort „Spaß" aufschreiben.
- Bereiten dir Konflikte Bauchweh, schreibe „Angst" oder etwas Ähnliches.

Dieser Zettel ist nur für dich bestimmt.
Du kannst ihn nach dem Bearbeiten wegwerfen oder aufbewahren.
Was du schreibst, ist deine Privatsache.

Wenn ich mich an meine Konflikte erinnere, fällt mir Folgendes ein:

_____

_____

_____

_____

_____

_____

_____

Nach dem Ausfüllen

Überlege, worin deine Stärken im Konfliktverhalten liegen. Was ist dir besonders gut gelungen?

Denke auch daran, wo deine Schwächen liegen. Was willst du noch lernen?
Welche Verhaltensweisen möchtest du ändern?

- Es ist möglich, das eigene Konfliktverhalten zu verändern.
- Das braucht allerdings Zeit.

Auswertungsvariation nach der Erinnerung der eigenen Konflikte

Bildet Dreiergruppen und besprecht 20 Minuten lang die beiden folgenden Fragen:

- Worin liegen meine Stärken im Umgang mit Konflikten?
- Was möchte ich im Konfliktumgang noch lernen?

Zwei gegensätzliche Verhaltensweisen, um Konflikte auszutragen

Vielleicht haben das Ausfüllen der Liste und die Gespräche in der Kleingruppe dir schon deutlich gemacht, dass deine Einstellung zu Konflikten sich durch Erfahrungen mit Konflikten und deren Verarbeitung gebildet hat.

Im Folgenden werden zwei Konfliktmuster gegenübergestellt, die jeweils das Extrem einer ganzen Bandbreite von Möglichkeiten darstellen, wie Menschen sich in Konflikten verhalten können. Es geht dabei nicht um die Bewertung eines Verhaltens, sondern zunächst darum, unterschiedliche Konfliktmuster kennenzulernen. Sie sind Ausdruck von Grundeinstellungen. Im Alltag bewegen wir uns meistens zwischen den beiden Polen der folgenden Konfliktmuster, die wir der Einfachheit halber so benennen:

win-win (Gewinner – Gewinner)   und   win-lose (Gewinner – Verlierer)

In unserer Konkurrenzgesellschaft finden wir in Konfliktfällen häufig das win-lose-Muster: Viele Menschen haben in ihrer Kindheit und Jugend gelernt, dass sie nur dann weiterkommen, wenn sie sich mit Macht und Geschick gegen andere durchsetzen. Fast jeder Wettbewerb hat ja einen Gewinner und einen Verlierer. Schon früh erfahren Kinder, dass sie mit anderen verglichen werden. So haben sie erfahren und später auch verinnerlicht, auf eine bestimmte Art Konflikte zu bewältigen – ihr vorrangiges Ziel besteht darin, den Konflikt zu gewinnen. Dabei, so meinen sie, muss der andere zwangsläufig der Verlierer sein. Es gelingt ihnen nicht, die – berechtigten – Bedürfnisse der anderen wahrzunehmen oder gar zu berücksichtigen, sondern sie achten nur darauf, wie sie sich selbst durchsetzen können. Diese Haltung wird allgemein Gewinner-Verlierer-Einstellung (win-lose) genannt.

Personen mit einer solchen Einstellung sehen im Gegenüber, mit dem sie einen Konflikt haben, nur den Gegner, den Rivalen, den Feind, gegen den sie sich unbedingt durchsetzen wollen. Das Ziel, das sie im Konflikt erreichen wollen, ist der Sieg über den vermeintlichen Feind. Sie streben also nicht in erster Linie das für sie günstigste Ergebnis an – was ja eine Einigung bedeuten kann –, sondern sie wollen unbedingt besser abschneiden als ihr Gegenüber. Das kann bedeuten, dass sogar für sie ungünstige Resultate, die ihr Streben nach dem Sieg über den anderen mit sich bringen kann, in Kauf genommen werden, wenn der Gegner nur eine Niederlage erleidet. Es geht also nicht in erster Linie um die Beilegung eines Streites, um eine Lösung, sondern es geht darum, den anderen zu besiegen, sich gegen ihn durchzusetzen.

Dagegen steht die Gewinner-Gewinner-Einstellung (win-win).

Wer Konflikte mit dieser Haltung austrägt, sieht im anderen Menschen jemanden, der mit der gleichen Berechtigung seine Bedürfnisse verfolgt und seine Interessen vertritt wie er oder sie selbst. Es werden Strategien, Verhaltensweisen und Lösungen gesucht, die allen am Konflikt Beteiligten gerecht werden. Lösungen werden also nicht nur im Hinblick auf den eigenen Vorteil bewertet, sondern auch danach, welche Folgen sie für alle am Konflikt beteiligten haben.

Je nach Grundeinstellung gehen Personen ganz unterschiedlich an Konflikte heran

Gewinner-Verlierer-Einstellung:

- Ich will siegen.

- Ich will mich durchsetzen, ...

- ... deshalb behalte ich mein Wissen und meine Ziele für mich.

- Die Lösung des Konfliktes dient nur mir.

- Ich achte nur darauf, den Konflikt zu gewinnen,

- ... deshalb ist mir jedes Mittel recht,

- Ich darf täuschen, tricksen, bluffen, lügen, will überlisten.

- Ob der andere mich als Feind sieht, ist mir gleichgültig. Das passiert eben.

Gewinner-Gewinner-Einstellung:

- Ich will den Konflikt lösen.

- Ich will mich einigen, ...

- ... deshalb erkläre ich meine Motive

- und die Gründe für mein Handeln.

- Die Lösung ist für beide wichtig.

- Ich achte darauf, dass wir auch später zusammenarbeiten können,

- ... deshalb verhalte ich mich fair.

- Ich argumentiere, will überzeugen.

- Ich möchte, dass wir uns gegenseitig akzeptieren und vertrauen.

Aufgabe für die Gruppenarbeit

- Überlegt ein Beispiel, das die unterschiedlichen Verhaltensweisen bei Konflikten deutlich macht.

- Überlegt, welche langfristigen Folgen sich aus den unterschiedlichen Konfliktstrategien ergeben.

- Bleibt bei beiden Strategien der Sieger wirklich der Sieger?

Ist Gewinner-Gewinner-Verhalten im Alltag überhaupt möglich?

An dieser Stelle besteht für Ihre Gruppe die Gefahr, dass die Gegenüberstellung der unterschiedlichen Konfliktmuster zu glatt konsumiert wird. Viele Jugendliche reagieren so, dass sie sich eindeutig für ein win-win-Konfliktverhalten aussprechen. Einige entschließen sich sogar dazu, in Zukunft nur noch das Gewinner-Gewinner-Verhalten praktizieren zu wollen, weil es moralisch wertvoller sei. Andere bleiben skeptisch: Sie wissen wohl, dass es sehr viel vorteilhafter ist, mit der Hilfe von win-win Konflikte dauerhaft beizulegen, haben jedoch ihre Zweifel, ob dies in Alltagskonflikten zu realisieren sei. Gewinner-Gewinner-Verhalten mag zwar moralisch wertvoll sein, aber, so lauten für gewöhnlich die Einwände, es bringe wenig, besonders wenn der andere die Gewinner-Verlierer-Strategie verfolge. So werde man als Opfer seiner guten Absicht zum Verlierer.

Auf beide Haltungen zielen die folgenden Rollenspiele. Sie können veranschaulichen, dass es auf der einen Seite sehr schwer ist, plötzlich ein Gewinner-Gewinner-Verhalten anzunehmen, besonders wenn man auf alte Kommunikationsstrukturen trifft. Dafür haben sich besonders Rollenspiele bewährt, die häusliche Konflikte thematisieren. Diese Konflikte können auch veranschaulichen, dass ein Gewinner-Gewinner-Verhalten auch dann erfolgreich und möglich sein kann, wenn die Gegenseite sich unbedingt durchsetzen will.

Im Folgenden sind fünf Rollenspielsituationen vorgeschlagen. Für die ersten empfehlen wir folgendes Setting:

- Teilen Sie die Gesamtgruppe in Einzelgruppen mit höchstens sechs Personen auf.
- Die Gruppen sollten möglichst in getrennten Räumen agieren.
- Wer nicht spielt, beobachtet.
- In weiteren Durchgängen sollten sich SpielerInnen und BeobachterInnen abwechseln. Zwingen Sie aber niemanden zum Spielen.
- Die Rollenspiele sollten mit Auswertung ungefähr 30 Minuten dauern.
- Die Beobachtungen werden auf Flipchartbogen festgehalten und der Gesamtgruppe präsentiert. Notierende und Berichterstattende werden zu Beginn in den Gruppen bestimmt.
- Gruppen, die ihr Rollenspiel präsentieren möchten, können dies vor der gesamten Arbeitsgemeinschaft tun. Niemand sollte dazu „sanft gezwungen" werden.
- Wichtige Arbeitsergebnisse werden von einem Leitenden protokolliert und später vervielfältigt, sodass die Gesamtgruppe sich ausschließlich auf die Gruppenarbeit konzentrieren kann.
- Abschließend sollte die Gesamtgruppe reflektieren, wie die Erfahrungen aus den Übungen mit ihrer ModeratorInnentätigkeit zusammenhängen.

Beim vierten Rollenspiel (Krach in der Beziehung) empfiehlt sich ein anderes Setting als bei den vorangegangenen vier Situationen: Teilen Sie die Gruppe in Paare ein, möglichst so, dass jeweils eine Schülerin und ein Schüler zusammenkommen. Bitten Sie die SpielerInnen, ausführlich zu agieren, sodass jeder Durchgang 15 Minuten dauert, damit sich die jeweiligen Gesprächsmuster und Konfliktstrategien besser herausstellen.

Ferienreise mit Freund

Rollenspiel familiäre Konfliktsituation 1

Die Eltern sitzen abends im Wohnzimmer und wollen gerade fernsehen. Da eröffnet ihnen ihre 17-jährige Tochter/ihr 17-jähriger Sohn, dass sie/er in diesem Sommer allein mit ihrem/seinem Freund bzw. mit ihrer/seiner Freundin in die Ferien fahren wolle.

Rollenanweisung Vater

Dir passt das Ganze überhaupt nicht. Deine Tochter/Dein Sohn scheint dir noch viel zu jung, sie/er geht ja noch zur Schule und eigenes Geld hat sie/er kaum. Außerdem kennst du ihren/seinen Freund nur von Erzählungen und einer flüchtigen Begegnung. Besonders sympathisch war er/sie dir nicht.

Rollenanweisung Mutter

Du bist doch recht überrascht von dem Begehren deiner Tochter/deines Sohnes und weißt nicht so recht, was du davon halten sollst. Der Friede in deiner Familie ist dir wichtig. Du möchtest auf keinen Fall einen Streit mit deinem Mann anfangen.

Rollenanweisung Tochter/Sohn

Du bist wild entschlossen, mit deinem Freund/deiner Freundin wegzufahren. Ihr wollt in Spanien zelten; zu teuer wird der Urlaub also nicht. Du magst zwar deine Eltern insgesamt gut leiden – wenn sie auch ein bisschen konservativ sind –, aber in deinen Freund/deine Freundin bist du sehr verliebt. Er/Sie darf auf jeden Fall fahren und du hast Angst, dass dich dein Freund/deine Freundin für spießig hält, wenn du nicht mitfährst.

Aufgaben an die Beobachtenden

- Welches Verhalten passt besonders zu win-win und welches besonders zu win-lose?
- Macht Notizen und beschreibt, woran ihr das jeweils festgestellt habt.
- Befragt die SpielerInnen, wann sie sich besonders wohl und wann besonders unwohl gefühlt haben.
- Schreibt die wichtigsten Ergebnisse eurer Beobachtungen auf einen Flipchartbogen.
- Einigt euch in der Gruppe, wer die Arbeitsergebnisse der Gesamtgruppe vorträgt.

Eigenes Zimmer

Rollenspiel familiäre Konfliktsituation 2

Der 16-jährige Peter liegt auf seiner Couch in seinem Zimmer, hört gerade Musik und liest. Er fühlt sich richtig wohl. Da wird die Tür aufgerissen. Seine Mutter kommt herein. Sie ermahnt ihn, die Musik leiser zu stellen. Dann sieht sie sich um und reagiert ärgerlich. Ihrer Meinung nach ist es im Zimmer entsetzlich unordentlich. Peter antwortet gereizt, dass dies sein Zimmer sei und er es so gemütlich finde. Dann gesellt sich noch der Vater dazu, der die Auseinandersetzung gehört hat.

Rollenanweisung Peter

Du verstehst die Aufregung gar nicht. So unordentlich ist es doch wirklich nicht. Zumindest in deinem eigenen Zimmer möchtest du dir nichts vorschreiben lassen.

Rollenanweisung Mutter

Du bist sehr ärgerlich auf Peter. Der dauernde Krach aus seinem Zimmer geht dir auf die Nerven. Außerdem räumt Peter nie auf, alles bleibt an dir hängen. In seinem Zimmer sieht es aus, dass man sich schämen möchte. So geht es nicht weiter.

Rollenanweisung Vater

Du bist hin und her gerissen. Eigentlich verstehst du beide. Aber Peter lässt sich deiner Meinung nach viel zu wenig sagen. Er fühlt sich schon erwachsen, ist aber in deinen Augen noch ein Kind.

Aufgaben an die Beobachtenden

- Welches Verhalten passt besonders zu win-win und welches besonders zu win-lose?
- Macht Notizen und beschreibt, woran ihr das jeweils festgestellt habt.
- Befragt die SpielerInnen, wann sie sich besonders wohl und wann besonders unwohl gefühlt haben.
- Schreibt die wichtigsten Ergebnisse eurer Beobachtungen auf einen Flipchartbogen.
- Einigt euch in der Gruppe, wer die Arbeitsergebnisse der Gesamtgruppe vorträgt.

Wann kommst du nach Hause?

Rollenspiel familiäre Konflikt-situation 3

Die 10a hat ein Klassenfest geplant. Es findet bei Britta statt, deren Eltern einen gro-ßen Partykeller haben. Karin, 15 Jahre alt, hat sich schick gemacht und will gerade gehen, als ihre Eltern sie abfangen.

Der Gesprächsablauf ist so:
„Wann bist du wieder zurück?"

„Weiß ich noch nicht genau. Wenn die Fete vorbei ist, gehe ich eben."

„Hör' mal, das ist eine weite Strecke hier am dunklen Stadtpark vorbei, ich möch-te nicht, dass du zu spät kommst."

„Ich möchte genauso lange bleiben wie alle anderen auch."

„Die anderen gehen mich nichts an. Du bist spätestens um elf Uhr zurück."

Rollenanweisung Mutter

Du machst dir Sorgen um Karin. Ihr Heimweg ist nachts wirklich nicht sicher. Außer-dem gefällt es dir nicht, dass auf den Feten wahrscheinlich schon Alkohol getrunken und heftig geraucht wird. Du vermutest auch, dass sich Brittas Eltern nicht um die Kinder kümmern werden

Rollenanweisung Vater

Natürlich gefällt dir das mit dem Weg durch die Dunkelheit auch nicht besonders, aber du hältst Karin für ein vernünftiges Mädchen, dem so schnell nichts passieren wird. Du hast auch manchmal das Gefühl, dass deine Frau vieles zu eng sieht. Ande-rerseits möchtest du Auseinandersetzungen mit deiner Frau vermeiden, die immer sehr unangenehm sind.

Rollenanweisung Karin

Du warst immer eine viel zu brave Tochter. Aber jetzt reicht es dir. Du hast auch Angst, dass du von den anderen in deiner Klasse ausgeschlossen wirst, wenn du so früh nach Hause gehen musst. Die anderen dürfen viel mehr.

Aufgaben an die Beobachtenden

- Welches Verhalten passt besonders zu win-win und welches besonders zu win-lose?
- Macht Notizen und beschreibt, woran ihr das jeweils festgestellt habt.
- Befragt die SpielerInnen, wann sie sich besonders wohl und wann besonders unwohl gefühlt haben.
- Schreibt die wichtigsten Ergebnisse eurer Beobachtungen auf einen Flipchartbo-gen.
- Einigt euch in der Gruppe, wer die Arbeitsergebnisse der Gesamtgruppe vorträgt.

Krach in der Beziehung – eine Paar- und Beziehungsübung

Rollenspiel familiäre Konfliktsituation 4

Jan und Britta haben sich schon lange auf das gemeinsame Wochenende gefreut. In der letzten Zeit war immer wieder etwas dazwischen gekommen – Familienfeste, Krankheit und so weiter. Aber jetzt haben beide richtig Zeit. Britta möchte unbedingt mit Jan essen gehen und danach mit ihm ganz alleine in die Spätvorstellung. Dort läuft der neue Film mit ihrem Lieblingsschauspieler, den sie bisher noch nicht gesehen hat. Jan dagegen freut sich auf einen Abend zu Hause. Er möchte in aller Ruhe mit Britta allein sein. Sie könnten ja beide etwas gemeinsam kochen.

Rollenanweisung Jan

Irgendwie bist du genervt. Endlich könntet ihr mal in Ruhe miteinander allein sein, hättet richtig Zeit für euch, da will Britta wieder losziehen: Essen und Kino. Dabei habt ihr beide ja nicht besonders viel Geld zur Verfügung. Aber das scheint Britta egal zu sein. Du hast keine Lust, unter die Leute zu gehen. Du bist gerne zu Hause.

Rollenanweisung Britta

Endlich wolltest du einmal ausgehen – nur mit Jan allein. Dieser Abend sollte ein Fest für euch beiden werden, aber dieser Typ will nur zu Hause rumhocken. Du bist schon lange nicht mehr mit Jan essen gegangen. Und den Film möchtest du am liebsten mit Jan erleben. Er sollte eigentlich wissen, dass schöne gemeinsame Erlebnisse einer Beziehung gut tun.

Anweisung zum Rollenspiel

Im ersten Durchgang geht Jan von win-win aus, Britta von win-lose. Dabei dürft ihr im Laufe des Spiels die Haltung wechseln: Wenn Jan z. B. wütend wird, kann er win-win aufgeben, wenn Britta sich z. B. von Jan überzeugen lässt, kann sie zu win-win wechseln.

Im zweiten Durchgang tauscht ihr die Konfliktmuster. Jetzt fängt Britta mit der win-win-Haltung an, Jan mit win-lose.

Auswertung der verschiedenen Durchgänge

Zunächst sollten nur die Paare unter sich folgende Fragen klären:

- Welche Haltung hat sich jeweils warum durchgesetzt?
- Was müsst ihr noch lernen, um erfolgreich einen win-win-Konflikt zu gestalten?

Anschließend sollten im Plenum die Ergebnisse vorgestellt, verglichen und diskutiert werden.

Allgemeine Spielanweisungen für Rollenspiele, die Probleme aus der Schule zum Inhalt haben

Die folgenden Konfliktspiele sollen gleich zweimal von euch gestaltet werden. Spielt sie zuerst nach dem win-lose-Konflikt, also so, dass ihr versucht, euch unbedingt durchzusetzen. Danach spielt denselben Konflikt noch einmal, aber diesmal als win-win-Konflikt. Damit das auch klappt, besprecht noch einmal, bevor ihr mit dem Spielen anfangt, worin die Unterschiede zwischen beiden Konfliktarten bestehen und was man bei win-win anders machen muss. Führt die Auswertung der Spiele zuerst in eurer Gruppe durch, schreibt das Wichtigste auf einen Flipchartbogen und bestimmt jemanden aus der Gruppe, der oder die nachher den anderen eure Ergebnisse vorträgt.

Wenn ihr jemanden in der Gruppe habt, der oder die überzeugend den win-win-Konflikt darstellt, kann noch eine dritte Variante eingeführt werden: Als Ausgangsbasis wählt ein Gruppenmitglied eine win-win-Haltung, der oder die anderen gehen von win-lose aus. Es ist jedoch möglich, die eigene Konflikthaltung zu ändern, wenn ihr überzeugt werdet. Beobachtet dann, in welche Richtung sich der Konflikt aus welchen Gründen entwickelt hat. Fragt auch nach, wer sich im direkten Gegeneinander besser gefühlt hat: Die win-win- oder die win-lose-Spielenden.

Falls ihr der Meinung seid, dass es euch gelungen ist, den win-win-Konflikt glaubwürdig zu spielen, solltet ihr eure Lösung der Gesamtgruppe vorführen. Das könnt ihr übrigens auch, wenn es noch irgendwo hakt, ihr aber Hilfen bekommen möchtet. Aus Fehlern kann man wirklich gut lernen und die anderen werden es auch nicht unbedingt besser können.

Die vorgeschlagenen Konfliktspiele sind nur Vorschläge. Ihr könnt sie verändern, wenn ihr in eurer Schule andere Probleme habt. Ihr könnt auch Konflikte, die ihr in der Schule selbst erlebt habt, gestalten. Wichtig ist vor allem, dass ihr beide Konfliktarten durchspielt.

Love is in the air

Rollenspiel schulische Konfliktsituation 1

Thomas und Jutta sind verknallt. Weil sie vor der Schule kaum voneinander lassen können, kommen sie zu spät zum Unterricht. Ihr Leistungskurslehrer, Herr Gössmützer, ist sauer. „Das ist jetzt das dritte Mal, dass ihr zu spät kommt, und ich weiß genau, dass ihr nicht verschlafen habt. Könnt ihr euren privaten Gelüsten nicht nach der Schule frönen? Oder ist es so dringend bei euch beiden?" Der Kurs lacht. „Nach der Stunde möchte ich euch sprechen!"

Rollenanweisung Herr Gössmützer

Jetzt reicht es dir endgültig. Wenn die beiden ein Pärchen sind – in Ordnung. Aber dieses dauernde Verspäten lässt du dir nicht mehr gefallen. Denen wirst du die Meinung sagen und dich bei dem Oberstufenleiter beschweren.

Rollenanweisung Jutta

Du siehst ja ein, dass du eigentlich pünktlich sein solltest, aber Herr Gössmützer ist ja auch schon ein paar Mal zu spät gekommen. Außerdem hat es dich sehr geärgert, so vor dem Kurs bloßgestellt zu werden.

Rollenanweisung Thomas

Das war eine Unverschämtheit. Und eins ist klar: Du möchtest dich auf keinen Fall vor Jutta runterputzen lassen.

Aufgaben an die Beobachtenden

- Gelang es den Spielenden, sich an die vorgegebenen Konfliktmuster zu halten?
- Wo zeigten sich die größten Probleme? Was muss noch gelernt werden, um den Konflikt erfolgreich als win-win-Auseinandersetzung zu gestalten?
- Welche Folgen hat der Konflikt für die Beziehungen der Beteiligten?
- Gab es glaubwürdige Lösungen?
- Wie fühlten sich die SpielerInnen in ihren Rollen?
- Fragt sie, sagt aber auch, was ihr beobachtet habt.
- Schreibt alles auf, was für euch wichtig ist.

5er-Hagel

Rollenspiel schulische Konfliktsituation 2

In der 10. Klasse herrscht große Unruhe. Wieder war eine von den öden Biologiestunden vorbeigegangen. Herr Brucht dozierte und dozierte, die Störungen wurden heftiger, die Kommentare von Herrn Brucht zunehmend aggressiver; das werde er sich nicht länger gefallen lassen! Am Stundenende las er die Zwischennoten vor. Ein Drittel der Klasse musste mit einer 5 rechnen, es gab nur wenige 2en und 3en. Und jetzt bestürmte die Klasse die beiden Klassensprecher Paul und Stefanie, mit Herrn Brucht zu reden: So gehe das nicht weiter, der Unterricht müsse sich ändern.

Rollenanweisung Herr Brucht

Du hast dich auf die Unterredung mit Paul und Stefanie eingelassen, die gleich stattfinden soll. Deine Haltung: Die Klasse soll erst mal vernünftig mitarbeiten. Die schlechten Noten sind nicht dein Problem. Glücklich bist du mit der Situation in der 10 allerdings nicht.

Rollenanweisung Paul

Gut leiden kannst du Herrn Brucht nicht. Er ist dir viel zu langweilig. Wenn er sich besser vorbereiten würde, wäre auch sein Unterricht nicht so ermüdend. Und jetzt mit schlechten Noten um sich zu werfen, ist unfair.

Rollenanweisung Stefanie

Dir ist sehr unbehaglich vor dem Gespräch. Du willst es dir nicht mit Herrn Brucht verderben, denn du hast eine der wenigen 2en in der Klasse. Andererseits willst du auf keinen Fall vor der Klasse als Streberin oder Lehrers Liebling dastehen. Du hast die Sorge, dass Paul genau das den anderen sagen wird, wenn du zu freundlich zu Herrn Brucht bist.

Aufgaben an die Beobachtenden

- Gelang es den Spielenden, sich an die vorgegebenen Konfliktmuster zu halten?
- Wo zeigten sich die größten Probleme? Was muss noch gelernt werden, um den Konflikt erfolgreich als win-win-Auseinandersetzung zu gestalten?
- Welche Folgen hat der Konflikt für die Beziehungen der Beteiligten?
- Gab es glaubwürdige Lösungen?
- Wie fühlten sich die SpielerInnen in ihren Rollen?
- Fragt sie, sagt aber auch, was ihr beobachtet habt.
- Schreibt alles auf, was für euch wichtig ist.

Wer soll das aufheben?

Rollenspiel schulische Konfliktsituation 3

In der 11. Klasse herrscht im Religionsunterricht eine laute Arbeitsatmosphäre. Es werden Kollagen zum Thema „Frieden in der Welt" angefertigt. Plötzlich sieht die Religionslehrerin van Eikal, wie Joachim Papierreste von seinem Tisch auf den Boden wirft. Sie tritt an den Gruppentisch und fordert Joachim auf, das Papier, das auf dem Boden liegt, aufzuheben. Der weigert sich. Er habe nur ein paar Schnipsel fallen lassen, rein zufällig, und er sei keinesfalls die Putzfrau seiner Mitschüler. Frau van Eikal besteht auf ihrer Forderung.

Rollenanweisung Frau van Eikal

Du bist wirklich sauer. Du hast mit eigenen Augen gesehen, dass Joachim ganz bewusst das Papier auf den Boden geworfen hat. Und jetzt soll alles liegen bleiben – die Putzfrauen werden es schon richten. Diese Mentalität von Sklavenhaltern geht dir sehr gegen den Strich. Außerdem ärgert es dich, dass Joachim nun die Schuld auf seine Mitschüler abwälzt.

Rollenanweisung Joachim

Es stimmt schon, dass du das Papier runtergeschmissen hast, aber nur, weil es so dreckig in der Bude war. Und das ist nun wirklich nicht deine Schuld. Die ganze Zeit haben die anderen Papier und Kleinmüll auf die Erde fallen lassen. Der Klassenraum sieht wirklich schlimm aus. Aber du alleine wirst den nicht säubern. Gut, du bist bereit, das bisschen, was von dir stammt, aufzuheben. Mehr aber nicht.

Aufgaben an die Beobachtenden

- Gelang es den Spielenden, sich an die vorgegebenen Konfliktmuster zu halten?
- Wo zeigten sich die größten Probleme? Was muss noch gelernt werden, um den Konflikt erfolgreich als win-win-Auseinandersetzung zu gestalten?
- Welche Folgen hat der Konflikt für die Beziehungen der Beteiligten?
- Gab es glaubwürdige Lösungen?
- Wie fühlten sich die SpielerInnen in ihren Rollen?
- Fragt sie, sagt aber auch, was ihr beobachtet habt.
- Schreibt alles auf, was für euch wichtig ist.

Klappt win-win?

Die Gruppe teilt sich zu Paaren auf. Die beiden PartnerInnen (A und B) verlassen für 30 Minuten den Gruppenraum. Sie einigen sich auf einen Konflikt, der geeignet ist, innerhalb von zehn Minuten ausgetragen zu werden.

■ Der Konflikt beginnt mit der Voraussetzung, dass A von einem win-lose-Konflikt ausgeht und B von einem win-win-Konflikt.

> **!** Wichtig: Weder A noch B müssen um jeden Preis diese Ausgangslage durchhalten. Wenn A beispielsweise den Angriffsschwung verliert, kann er/sie auch ein win-win-Verhalten annehmen, wenn B zu wütend wird, kann er/sie auch versuchen, den Konflikt als SiegerIn über A zu beenden.

■ Die Übung sollte nach ungefähr zehn Minuten abgebrochen werden.

■ In einer kurzen Auswertung sollen Stichpunkte zu folgenden Aspekten notiert werden:
   1. Endete der Konflikt als win-win oder als win-lose?
   2. Weshalb entwickelte sich der Konflikt so?
   3. Wie haben sich die Beteiligten in ihren Rollen gefühlt?

■ Danach wechseln die Beteiligten ihre Rollen. Der Konflikt bleibt derselbe. Jetzt verhält sich A nach der win-win-Strategie und B versucht, in dem Konflikt über A zu siegen. Das bezieht sich wiederum nur auf die Ausgangshaltung.

■ In der abschließenden Auswertung sollten wiederum Stichpunkte zu den folgenden Aspekten notiert werden:
   1. Wie endete der Konflikt diesmal?
   2. Was waren die Gründe?
   3. Welche Rolle wurde angenehmer empfunden?

■ Die Ergebnisse werden abschließend im Plenum dargestellt.
   Gute win-win-Lösungen können vorgespielt werden.

Inhaltsbereich „Mobbing konkret"

Hinweise für LehrerInnen und TrainerInnen

Die folgenden Texte für die ModeratorInnen geben zusätzliche Informationen zum Thema Mobbing und erhalten Arbeitsvorschläge für ein vertieftes Verstehen. Mobbing ist eine destruktive Form der Konfliktaustragung; deshalb schließt dieses Kapitel – auch in der Ausbildung der ModeratorInnen – sinnvoll an das Thema „Konflikte" an.

Hier finden Sie Anregungen, wie Sie Ihre Gruppe vorbereiten können, um sich gegen Mobbing zu stellen.

Schulisches Mobben in der Presse

Arbeitstext für
ModeratorInnen

Der folgende Text veranschaulicht, was Mobbing ist, wie es sich konkret in der Schule darstellt, welche Folgen es für die Betroffenen haben und wie man dagegen vorgehen kann.

„Was da abläuft, ist extrem"   (Spiegel 34/1997, Seite 170 ff.)

Die Hatz beginnt jeden Morgen neu. Wenn Julian die Klasse betritt, röhrt es von verschiedenen Plätzen: „Ah, guckt mal, was der wieder für Bio-Klamotten anhat." Manchmal stülpt ihm jemand den Kragen um und ruft: „Der trägt ja einen Pullover von C&A!" „So was ist natürlich total verpönt bei uns", sagt Marko, Wortführer der Schreihälse. Wer keine teuren „Label-Anziehsachen" hat, wie fast alle Schüler des Gymnasiums im Hamburger Elbvillenviertel Othmarschen, „der wird die ganze Zeit geärgert" (Marko). ... Monatelang aufgezogen, „bis sie nur noch heulend dasitzen", würden Mitschüler auch, wenn sie mal einen „Fehler" machen – so wie ein Junge, der auf einer Klassenreise Durchfall bekam: „Da kamen immer wieder Sprüche wie: ‚Igitt, du stinkst ja'."

Besonders schwer haben es diejenigen, die „gut in der Schule sind und immer nett zu den Lehrern": Die werden, so Marko, „am schlimmsten gemobbt". Der hübsche Junge in den trendigen „Dickies", den viel zu weiten und zu langen Hosen, weiß, wovon er redet: Mobbing, das aus der Arbeitswelt der Erwachsenen bekannte Phänomen, ist auch in den Klassenzimmern und auf dem Pausenhof üblich. Der neue Begriff, vom englischen „Mob" („Pöbel") hergeleitet, beschreibt eine vertraute Erscheinung: Fast jeder Schüler hat schon das Drangsalieren, Quälen, Beschimpfen oder Ausgrenzen einzelner durch gleichaltrige Klassentyrannen miterlebt, fast jeder Erwachsene kann sich daran erinnern.

Mechthild Schäfer, Wissenschaftlerin am Max-Planck-Institut für psychologische Forschung in München: „An deutschen Schulen wird mindestens eines von zehn Kindern ernsthaft schikaniert, und mehr als eines von zehn Kindern schikaniert andere." Beim Mobbing geht es nicht um die gelegentliche, gewöhnliche und bald wieder vergessene Stichelei oder Rauferei. „Mobbing hat System", erklärt die Psychologin, „und ist, auch unter Schülern, wiederholter Mißbrauch von Macht."

Oft sind die Folgen für die jugendlichen Opfer so schwerwiegend, daß sie weit in ihr späteres Leben hineinreichen: Wer als Schüler immer wieder erniedrigt, gedemütigt oder auch gebufft und geprügelt wird, „verliert sein Selbstwertgefühl" sagt Schäfer, „und kann es im Erwachsenenalter schwerer haben, Beziehungen aufzunehmen". ...

Aufgeschreckt durch mehrere Schülerselbstmorde in seinem Land, ging der Norweger Dan Olweus weltweit als erster Wissenschaftler dem Mobbing als besonderer Form von Gewalt in der Schule nach. „Um Elend, Verzweiflung und Suizid entgegenzuwirken", entwickelte er Interventionsprogramme, die zuerst mit Erfolg in Skandinavien angewendet wurden und nun auch an deutschen Schulen helfen. An 47 schleswig-holsteinischen Schulen machten die Psychologen Reiner Hanewinkel und Reimer Knaack im Auftrag der Kieler Bildungsministerin die Anti-Gewalt-Strategien des Norwegers bekannt. „Mobbing auf der Schulbank ist zwar eine uralte Geschichte", sagt Knaack, „aber wir sind nicht bereit, uns damit abzufinden." „Was

da abläuft, ist echt extrem", schildern in ihrem Jargon die Mädchen eines heutigen Gymnasiums in Köln. Als hilflose Zuschauerinnen lassen sie seit Jahren zu, daß in ihrer (nun siebten) Klasse ein Junge schikaniert wird: „Der ist ein bißchen kleiner als die anderen Jungs, der will unbedingt dazugehören und sagt nichts, wenn sie ihn ärgern. Die Gruppe hat sogar mal einen glühenden Nagel auf seine Hand gedrückt, ihm den Rücken vollgemalt und ihn mit Hundekacke eingerieben. Wir haben einen Neuen in die Klasse bekommen, der stachelt so richtig die anderen an. Die Täter sind drei oder vier Leute, die schaukeln sich hoch – die anderen laufen halt so mit. Es traut sich keiner dazwischenzugehen, weil, dann ist derjenige der Dumme." Die – zaghafte – Einmischung der Lehrer in das grausame Spiel bewirkt gar nichts: Ein Lehrer fragte mal: „Was macht ihr eigentlich mit dem Jungen?" Daraufhin riefen die Jungens: „Wir mobben" und lachten. Dabei sind sie sich gar nicht im klaren darüber, was sie tun. Die Lehrer können auch nicht viel machen, weil das Opfer ja alles abstreitet.

Der Suizid Jugendlicher werde als Folge von Schulmobbing oft gar nicht erkannt, erläutert Psychologin Schäfer. So sind die Tagebucheintragungen des britischen Schülers Vijay Singh Shahiry, die im US-Magazin TIME veröffentlicht wurden, ein Dokument der Ausweglosigkeit. Der Junge brachte sich im vergangenen Jahr um, weil er die tägliche Treibjagd nicht länger ertragen konnte: „Montag: Mein Geld ist gestohlen worden. Dienstag: Immer wieder Schimpfworte. Mittwoch: Meine Schul-Uniform wurde zerrissen. Donnerstag: Überall Blut am Körper. Freitag: Jetzt ist Schluss. Sonnabend: Freiheit." Um solches Leid zu verhindern, sagt Schuster, „müssen wir lernen, mit dem Schulmobbing besser umzugehen" ... Die Kommunikation zwischen den attackierten Kindern und den Lehrern ist „dürftig", fanden Knaack und Hanewinkel: Nur jeder Dritte unter den Opfern teilt seinen Kummer den Lehrern mit, und nur jeder vierte Lehrer spricht ein Opfer von sich aus an; ein folgenschweres Versäumnis, denn: „Duldung von Mobbing bedeutet Ermutigung der Täter" (Knaack) ...

Ob ländliche oder städtische Grund-, Gesamt- oder Realschule, das Schikanieren geht an allen Schularten um. Am schwersten zu erfassen, weil die Formen subtiler werden – ist das Mobbing an den höheren Klassen mancher Gymnasien. „Die Täter können kaum dingfest gemacht werden, denn die Vorfälle sind nicht konkret. So versuchen beispielsweise faulere Schüler, fleißigere Klassenkameraden auszuschalten, um den Leistungsdruck zu mindern: Mittlerweile ist es schon so, daß die Opfer ganz leise mit dem Lehrer sprechen, um bei den Tätern nicht aufzufallen", sagt ein Pädagoge. „Solidarität mit den Schwächeren ist längst out, die zunehmende Individualisierung bedeutet, dass jeder rücksichtslos seine Interessen verfolgt." Auch unter den Schülern „herrschen die Durchsetzungsprinzipien der Marktwirtschaft". Nach den Vorbildern in Norwegen und Schweden, wo ein neues Schulgesetz Lehrer beim Mobbing zum Eingreifen verpflichtet, soll nun auch an schleswig-holsteinischen Schulen das Problem angegangen werden. Lehrer, Schüler und Eltern versuchen gemeinsam, dem Mobbing entgegenzuwirken. Mit den Schülern wurden feste Regeln zum Gewaltverzicht, einschließlich (nicht körperlicher) Strafen, vereinbart. ...

„Das Schlimmste, so stellte sich heraus, war für hartnäckige Mobber, in andere Klassen geschickt oder von ‚schönen Aktivitäten' ausgeschlossen zu werden", so Ruth Negendank, Lehrerin. ... Mit dem praktikablen Programm gelang es, die Opfer im Standhalten zu bestärken, die Angreifer zu mäßigen. ... „Der durchaus mühsa-

me Weg" habe in allen Klassenstufen eine deutliche Abnahme der Mobbing-Probleme erbracht „an manchen Schulen bis zu 50 Prozent", berichten die Projektleiter Knaack und Hanewinkel nach Auswertung der Rückmeldungen. Daß die Schulgewalt sich mit dem Programmen nicht gänzlich beseitigen läßt, ist den Psychologen bewußt.

Bearbeitungshinweis zum Text
Definiert mithilfe des Textes, was Mobbing ist und worin der Unterschied zwischen Ärgern und Mobben besteht. Überprüft, ob der Text mit euren Erfahrungen übereinstimmt.

Platz für Notizen

_____

_____

_____

_____

_____

_____

_____

_____

_____

_____

_____

_____

_____

_____

Deeskalieren und schlichten

- Verwendet den Text „Kritisiere nie den Boss" als Grundlage für eine Deeskalations-
  übung. Stellt euch vor, ihr wärt Schülerin und Schüler in dieser Klasse und ModeratorInnen. Eure Aufgabe ist es jetzt, Partei für Maria zu nehmen und dabei zu versuchen, den Konflikt zu entschärfen. Vier Personen spielen Jens und seine Freunde.
  Ihre Aufgabe ist es, Maria anzugreifen und einen Machtverlust zu verhindern.

- Die anderen reagieren, wie sie es spontan in dieser Situation tun würden.

- Brecht die Übung nach ungefähr 10 Minuten ab.

Auswertung   Wie fühlten sich die Betroffenen?
Ist die Deeskalation gelungen?
Wie geht es in der Klasse weiter?

- Verwendet den Text „Markus – vom Schwulen zur Heulsuse" als Grundlage einer
  Schlichtung. Stellt euch vor, ihr seid Paten in der Klasse von Markus, der sich
  inzwischen zur „Heulsuse" entwickelt hat. Wie würdet ihr eingreifen?

- Spielt ein Gespräch zwischen Markus, Oliver und zwei ModeratorInnen. Versucht
  eine Schlichtung.

Mobbing stoppen

Die Situation

In der 5-Minuten-Pause der 8. Klasse ist viel los. Mike und Kevin bauen sich vor Maximilian auf. Sie „machen ihn fertig", nennen ihn „Muttersöhnchen", „Weichei" und „Streberleiche". Sie verlangen, dass er ihnen seine Brille überreicht, ohne die er nichts sehen kann. Da wird es Jan zuviel. Er greift ein und fordert sie auf, Maximilian endlich in Ruhe zu lassen.

Rollenanweisung Maximilian

Du stehst den ständigen Angriffen von Mike und Kevin hilflos gegenüber. Sie haben dich sehr eingeschüchtert. Deine Brille willst du ihnen aber nicht geben. Deshalb freust du dich, als Jan eingreift. Gleichzeitig hast du Angst, dass jetzt noch alles schlimmer wird.

Rollenanweisung Mike

Dir macht es Spaß, dieses Kindchen Maximilian lang zu machen. Der Jan soll sich da bloß raushalten. Das geht den nichts an. Etwas Sorge hast du allerdings, dass sich Jan an die LehrerInnen wendet.

Rollenanweisung Kevin

Du bewunderst Mike. Der hat tolle Sprüche drauf. Aber manchmal übertreibt er auch, wie bei Maximilian. Der ist ja eigentlich ganz harmlos und tut keinem etwas.

Rollenanweisung Jan

Du hast langsam die Nase voll von den beiden. Seit langem sorgen Sie für schlechte Stimmung in der Klasse. Das soll jetzt aufhören.

Durchführung

Jan soll auf jeden Fall deeskalierend vorgehen, also nicht pöbelnd wie Mike und Kevin, sondern Ich-Botschaften verwenden und versuchen, auf der Basis von win-win zu handeln.

Auswertung

- Wie fühlten sich die Beteiligten in ihren Rollen?
- Weshalb gelang es Jan, hier das Mobbing zu unterbrechen oder weshalb gelang es nicht?
- Welche Strategien wären noch sinnvoll gewesen?

Mobbing in der Klasse

Die Situation Zwei ModeratorInnen stehen vor der Klasse, hier dargestellt durch die Gesamtgruppe. Eine Schülerin, Anna, hat sich ihnen offenbart. Sie wird in der Klasse gemobbt und ausgeschlossen. Sie ist einverstanden, dass die ModeratorInnen ihren Fall öffentlich darstellen. Das ist geschehen. Jetzt herrscht Schweigen in der Klasse. Niemand sagt etwas. Die Übung beginnt damit, dass die ModeratorInnen den Fall der Klasse berichten.

Rollenanweisung zwei ModeratorInnen Ihr seid euch sicher, dass die Darstellungen des Opfers stimmen. Die Klasse reagierte vorher betreten. Nur die Stille während eures Vortrags und besonders die danach irritieren euch. Ihr versucht das Schweigen zu brechen.

Rollenanweisung die Klasse Die Situation ist euch unheimlich. Ihr habt ein schlechtes Gewissen, ihr habt Angst, selbst beschuldigt zu werden und ihr habt Angst davor, als Erstes zu sprechen, weil euch dann vielleicht auch Angriffe wie Anna drohen.

Rollenanweisung Anna Du hast große Hoffnungen auf die ModeratorInnen gesetzt. Jetzt, wo niemand etwas sagt, hast du Angst, dass nachher alles schlimmer wird.

Auswertung
- Weshalb ist es den ModeratorInnen gelungen oder nicht gelungen, das Schweigen zu brechen?
- Wo verhielten sich die ModeratorInnen überzeugend, wo riefen sie Widerstand hervor?
- Wie wird sich die Situation in der Klasse weiterentwickeln? Äußert eure Vermutungen.

Ein Mobbingfall

Wenn aus Opfern
Täter werden:
Marius, Timm,
Alex

Eigentlich lief schon vom ersten Tag an alles schief. Die Klassenlehrerin Frau Böhlmann signalisierte den frischen GymnasiastInnen, dass sie eigentlich die Klassenleitung nicht habe übernehmen wollen und dies nur auf Drängen der Schulleitung getan habe. Die Klasse solle ihr bitte nicht zuviel Arbeit machen. Und tatsächlich führte Frau Böhlmann lediglich routiniert ihren Unterricht durch, verwaltete, was zu verwalten war und verhielt sich distanziert. Diese Distanz zeigte Herr Schmidt, dem Alkoholprobleme nachgesagt werden, weniger; er lebte seine Aggressionen in der Klasse aus, beschimpfte SchülerInnen, die Fehler machten, als dämlich und niveaulos und verlangte andererseits anständiges Verhalten und totale Disziplin.

Schnell entwickelten sich aggressive Strukturen in der Klasse, unter denen besonders die drei leistungsstärksten Jungen, Marius, Timm und Alex, zu leiden hatten. Sie wurden als Streber denunziert, ständig angefeindet, ihnen wurden Hefte weggenommen, sie wurden von Geburtstagsfeiern ausgeschlossen und heftig verlacht, wenn ihnen etwas misslang. Zwar wurden auch die guten Schülerinnen in der Klasse angefeindet, jedoch konzentrierten sich die Aggressionen auf die drei. Den alltäglichen Druck konnten sie nur durch ihre enge Freundschaft aushalten. Erst nach zwei Jahren, also zu Beginn der Klasse 7, änderte sich die Situation: Ein Neuer kam in die Klasse – Raphael. Raphael hatte einen Sprachfehler. Er lispelte und wenn er erregt war, stotterte er auch noch. Raphael war ein sanfter, stiller Junge, seine Leistungen waren mittelmäßig. Er kam aus der Parallelklasse und war dort so heftig ausgegrenzt worden, dass er auf Wunsch seiner Eltern und auf sein eigenes Betreiben die Klasse gewechselt hatte. Nun wurden nicht nur die drei Streber, sondern auch der Stotterer ausgegrenzt.

Schon nach kurzer Zeit führten die drei die Attacken gegen Raphael an und verschärften sie sogar. Sie beschlossen, dass niemand in der Klasse ein privates Wort an Raphael richten dürfte, sonst gäbe es Druck. Mit Erleichterung nahmen Marius, Timm und Alex wahr, dass die Angriffe gegen sie nachließen. Bald stand Raphael alleine im Mittelpunkt der Feindseligkeiten.

Vermutlich um ihre neue Rolle zu sichern, erdachten sich die drei einen Vertrag. In ihm legten sie fest, dass Raphael ihr Diener sein müsste, ihnen aufs Wort zu gehorchen, alle Pausenbrote auszuhändigen habe und das fressen müsste, was sie von ihm forderten – also auch Papier und Gras. In einer verlängerten 5-Minuten-Pause – Herr Schmidt kam wie gewohnt zu spät – lasen die drei der Klasse den Vertrag vor. Einige SchülerInnen klatschen und johlten, andere, besonders einige Mädchen, waren entsetzt, reagierten aber nicht mit offenen Protesten.

„So, Raphael, jetzt musst du unterschreiben, denn sonst gilt der Vertrag ja nicht." Raphael hatte sich in die Ecke des Raumes geflüchtet und schüttelte stumm den Kopf. „Er weigert sich. Das ist ja unglaublich." Alex hatte irgendwoher einen Besen besorgt und prügelte auf Raphael ein, der sich abgewendet hatte, ein, bis der Stock zerbrach. Erst da griffen Anke und Kerstin ein, stellten sich vor Raphael und brüllten, dass es jetzt genug sei. Kerstin schnappte sich den Vertrag, zerriss ihn und

wollte ihn in den Papierkorb werfen, als Herr Schmidt in die Klasse kam. Kerstin besann sich in der Stunde, besprach sich mit ihrer Nachbarin und suchte in der Pause mit dem zerrissenen Vertrag die Schulleitung auf. Diese reagierte sofort. Die nächste Stunde fiel aus. Stattdessen sprachen die Schulleiter mit der Klasse.

Es gelang ihnen, die Vorfälle in der Klasse zu klären. Die Klasse war erleichtert, dass der Spuk endlich vorbei war. Sie entwickelte ein Abkommen, in dem sich die SchülerInnen verpflichteten, auf Gewalt und Ausgrenzungen untereinander zu verzichten. Ebenfalls verpflichteten sich zehn SchülerInnen namentlich – falls neue Attacken gegen Raphael erfolgen sollten – ihn zu unterstützen und, wenn diese fortgesetzt werden sollten, die Schulleitung zu informieren. Die Klasse erhielt zudem eine neue Klassenleitung.

Aufgabenstellung für Kleingruppen

Die Ergebnisse der Aufgaben 1–3 sollen auf Flipchartbogen, Aufgabe 4 sollte in Form eines Rollenspiels dargestellt werden.

- Stellt dar, wieso es zu diesem Mobbingprozess kommen konnte.
- Überlegt euch, weshalb Marius, Alex und Timm erst gemobbt und dann selbst zu Mobbern wurden.
- Folgert, welche Auswirkung das Mobbing auf Raphael haben könnte.
- Zwei ModeratorInnen stellen die Schulleitung dar, der Rest der Gruppe die Klasse. Die Szene beginnt damit, dass beide die Klasse betreten, nachdem sie von Kerstin informiert worden sind.

Inhaltsbereich „Kommunikation"

Hinweise für LehrerInnen und TrainerInnen

Die Ausbildung zum Themenbereich „Kommunikation" orientiert sich eng an den Arbeiten des Kommunikationswissenschaftlers Friedemann Schulz von Thun. Wenn Sie Ihr Wissen vertiefen wollen, sollten Sie die Bände „Miteinander reden" lesen. Seine Ausführungen werden hier im Hinblick auf die Aufgaben der ModeratorInnen nur knapp dargestellt und so modifiziert, dass ihr unmittelbarer Gebrauchswert für SchülermoderatorInnen erkennbar wird.

Um die ModeratorInnen einen ersten Einblick in die Kommunikationspsychologie nach Schulz von Thun gewinnen zu lassen, sind die folgenden Seiten als Arbeitsmaterial entwickelt worden. Wenn Sie mit Ihrer Gruppe den Text erschließen, bietet sich der konventionelle Dreischritt der Textarbeit an:

- Unverstandenes klären
- Grundaussagen reproduzieren
- Textaussagen auf konkrete Erscheinungen anwenden

Wenn in Ihrer Gruppe viele SchülerInnen sind, die Schwierigkeiten mit dem Verstehen theoretischer Texte haben, sollten Sie sich auf die „Ich- und Du-Botschaften" konzentrieren. Sie sind für ein kompetentes Konfliktverhalten unerlässlich. Ebenso wichtig ist für Schlichtungen ein förderliches Gesprächsverhalten. Der dem Theorieteil vorhergehende Test motiviert die Gruppe, sich mit eigenen Kommunikationsstrategien und eigenen Kommunikationsfehlern auseinander zu setzen. Allerdings sollten auch hier die Gesprächsförderer und -hemmer nicht dogmatisch eingesetzt werden und sie sollten auf keinen Fall ständig benutzt werden. Ritualisierte Gesprächsmuster sind unpersönlich – das wird vom Gegenüber negativ wahrgenommen.

In diesem Themenbereich finden Sie nur wenige Übungen. Sie sind unmittelbar mit bestimmten Theorieteilen verknüpft, sodass die selbstständige Zuordnung leicht fällt. Einüben lassen sich beispielsweise die Ich- und Du-Botschaften auch mit den Konfliktrollenspielen (Seite 78–85). Ein gutes Training für ModeratorInnen sind auch die Stundenvorschläge zum Thema Kommunikation, die später vorgestellt werden (Seite 192). Wenn diese gemeinsam auf Sitzungen durchgespielt werden, erhöhen sie das Verständnis für kommunikative Prozesse und erleichtern den ModeratorInnen die Arbeit in den Klassen.

Das im folgenden vorgestellte Vier-Ohren-Modell Schulz von Thuns hilft den ModeratorInnen in kritischen Situationen, Distanz zu gewinnen und aggressive Verhaltensmuster nicht zwangsläufig auf sich selbst zu beziehen. Es kann auch eine Hilfe sein, schwierige SchülerInnen in den Patenklassen besser zu verstehen und Empathie für sie zu entwickeln. Allerdings zeigte sich immer wieder, dass die ModeratorInnen zwar das Modell verstanden hatten, aber sich in konkreten Situationen nicht vorstellen konnten, worin die Ich-Offenbarung oder die Beziehungsbotschaft bestand. Die Übung „Wir hören mit vier Ohren" auf Seite 99 soll helfen, die Anwendung dieser Kategorien einzuüben.

Grundlegendes zur Kommunikation

Ein Großteil eurer praktischen Arbeit als ModeratorInnen besteht aus Gesprächen – mit Einzelnen, mit kleinen Gruppen oder mit ganzen Klassen. Wir alle haben erfahren müssen, dass ein Gespräch nicht immer gelingt. Wir missverstehen oder werden missverstanden, wir erleben zur eigenen Überraschung, dass harmlos gemeinte Aussagen Zorn oder Betroffenheit hervorrufen, und manchmal sind wir erstaunt, dass jemand anders von einer Kränkung, die er oder sie uns verbal zugefügt hat, nichts wissen will. Wir erfahren auch immer wieder, dass derselbe Gesprächsverlauf von verschiedenen Menschen ganz unterschiedlich dargestellt wird, wobei die Beteiligten oft ganz energisch darauf bestehen, dass jeweils sie das Richtige und die Wahrheit sagen und die anderen sich irren oder gar lügen würden.

Unter vielen Facherörterungen, die sich mit den Schwierigkeiten beim Kommunizieren befassen, haben die von Schulz von Thun uns besonders bei unserer Arbeit geholfen, weil sie sowohl viele der oben genannten Probleme verstehen lassen als auch helfen, besser zu kommunizieren.

Kreislauf und Quadrat sowie die vier Münder und vier Ohren des Herrn Schulz von Thun

Schulz von Thun geht davon aus, dass menschliche Eigenschaften nicht starr und ein für alle Mal unveränderlich fixiert sind, sondern dass sie sich im Wechselspiel mit anderen entwickeln, zeigen und auch verändern können. Um also AußenseiterInnen aus der Isolation zu führen, ist es weniger notwendig – und sowieso kaum möglich – ihre Persönlichkeitsstrukturen zu verändern, als auf die Formen des Umgangs einzugehen, die sie zu AußenseiterInnen machen.

In einer Schulklasse fällt ein bestimmter Junge sofort auf. Man könnte ihn einen verträumten Sonderling nennen, weil er unter anderem auch eigenartigen Hobbys nachgeht wie dem Auswendiglernen von Fahrplänen. Er lebt in seiner eigenen Welt und bekommt vieles nicht mit. Trotzdem ist es nicht selbstverständlich, dass er in seiner Klasse ein belachter und ausgegrenzter Außenseiter wird. Er könnte ebenso gut als ein besonderer Mensch von allen geschätzt werden. Das jeweilige Verhalten der Klasse wird sich auf das des Sonderlings auswirken. Wird er verlacht und ausgegrenzt, wird er sich in sich selbst zurückziehen, vielleicht auch aggressiv werden. Sieht er sich akzeptiert, wird er vielleicht mit Begeisterung von seinen Fahrplänen erzählen oder sich sogar für die Hobbys seiner MitschülerInnen interessieren. Verhaltensweisen entwickeln und verändern sich also auch durch Kommunikation. Ein Schüler – Hermann –, der sich ständig über andere lustig machen muss, der meint, immer aggressive und ironische Kommentare gegenüber anderen abgeben zu müssen, muss nicht unbedingt ein schlechter Mensch sein. Es ist ebenso gut möglich, dass er Opfer bestimmter kommunikativer Erwartungen und Muster geworden ist, aus denen er sich nicht mehr lösen kann. Schulz von Thun nennt dies „Kommunikationskreislauf".

Ein weiterer Grundbegriff Schulz von Thuns ist das Nachrichtenquadrat. Der Begriff „Quadrat" veranschaulicht, dass jede Nachricht, jede Mitteilung, die wir an andere geben oder von ihnen bekommen, vier unterschiedliche Seiten hat:

Der Sachinhalt:
Er sagt aus, worum es inhaltlich geht.

Die Selbstoffenbarung:
Hier zeigt der oder die Sprechende bewusst oder unbewusst die eigene Persönlichkeit.

Die Beziehungsseite:
Mit ihr drückt der oder die Sprechende aus, wie sie oder er die Beziehung zu dem oder der Angesprochenen sieht.

Der Appell:
Mit diesem Begriff wird zusammengefasst, was der oder die Sprechende bei dem oder der Hörenden erreichen will.

Bei der zwischen Schülern gängigen Beschimpfung „Du Hurensohn!" kann man eigentlich davon ausgehen, dass der Sachinhalt keine Rolle spielt. Hier geht es nicht um die Berufsbezeichnung einer Mutter. Der Appell, der sich hier verbirgt, muss nicht unbedingt auf den direkten Kommunikationspartner zielen. Er kann wahrscheinlich als Wunsch gelten, von anderen anerkannt oder gefürchtet zu werden. Er kann auch eine Herausforderung zu einer Konfrontation mit dem Beschimpften sein. Der Sprecher kann auch das Ziel verfolgen, sein Gegenüber vor der Gruppe abzuwerten. Auch die Selbstoffenbarung ist nicht so eindeutig dingfest zu machen. Wahrscheinlich ist, dass der Sprecher eine gewisse Hemmungslosigkeit und Rücksichtslosigkeit gegenüber anderen an den Tag legt. Wahrscheinlich ist auch, dass er versucht, mithilfe von aggressivem Verhalten Anerkennung zu finden. (Wir nehmen hier an, dass die Beschimpfung mehr oder weniger aggressiv vorgebracht wird.) Auch die Beziehungsdefinition lässt sich selbst nach einer so massiven Beschimpfung nicht eindeutig festlegen. Es ist möglich, dass der Sprecher im Gegenüber einen Rivalen sieht, den er demütigen und herausfordern möchte. Möglich ist auch, dass er den Beschimpften verachtet, sich ihm überlegen fühlt und keinen Anlass sieht, seine Aggressionen ihm gegenüber zurückzuhalten.

Überlegen wir abschließend, dass wir zugleich mit vier Mündern reden und mit vier sehr unterschiedlichen Ohren hören, so können wir folgern, dass es mit der Wirklichkeit in einer Konfliktsituation gar nicht so einfach ist und dass Missverstehen an der Tagesordnung ist. Hören wir nur die Angst in einer Selbstoffenbarung und teilen wir unseren Eindruck dem Sprecher mit, so kann es sein, dass er uns völlig entgeistert anschaut und auf die Sachaussage verweist. Zwei Menschen können also ein und dasselbe Gespräch ganz unterschiedlich wahrnehmen.

Wir hören mit vier Ohren

- Die Gesamtgruppe wird in 4er-Gruppen aufgeteilt.

- Jede Gruppe einigt sich auf einen „schlimmen" Satz aus dem Schulleben und schreibt ihn auf den Flipchartbogen.

- Unter dem Satz wird dann formuliert, worin die Sachaussage, worin der Appell besteht, welche Annahmen zur Beziehung und welche zur Selbstdarstellung gemacht werden können.

- Danach geht es um mögliche Reaktionen des Empfängers des „schlimmen" Satzes. Die Gruppe formuliert in Stichpunkten, wie er reagieren könnte, wenn er mit dem Appellohr, wenn er mit dem Sachohr, wenn er mit dem Beziehungsohr und wenn er mit dem Selbstoffenbarungsohr hört.

- Im Plenum werden die Ergebnisse vorgestellt und diskutiert.

Ich-Botschaften und Du-Botschaften

Missverständnisse oder die fehlende Bereitschaft, sich mit den Motiven des anderen auseinander zu setzen, sind nicht die einzigen Ursachen, die Konflikte entstehen lassen können oder dazu beitragen, dass sich Konflikte verschärfen. Oft sind es bestimmte sprachliche Mittel, die ähnlich Negatives bewirken, ohne dass es – im Gegensatz zu Beschimpfungen – gewollt ist. Auf diese sprachlichen Mittel verweisen mehrere Kommunikationspsychologen, indem sie unterscheiden zwischen Ich-Botschaften und Du-Botschaften. Man könnte fast sagen, dass sich diese unterschiedlichen Mitteilungsformen jeweils dem Gewinner-Gewinner- und dem Gewinner-Verlierer-Konfliktverhalten zuordnen lassen. Es handelt sich also nicht nur um bestimmte sprachliche Mittel, sondern mit ihnen verbindet sich, besonders im Konfliktfall, eine bestimmte Sichtweise. Die Unterschiede zwischen den beiden Kommunikationsformen lassen sich folgendermaßen zusammenfassen:

Du-Botschaften ...
- ... sagen dem anderen, wie er angeblich ist („Du bist frech.") und bewerten ihn;
- ... geben dem anderen die Verantwortung („Du kannst nicht erklären.");
- ... verbergen die eigenen Gefühle und Haltungen („Du hast dich schlecht benommen.");
- ... verhindern in Konflikten Klärungen (Worüber soll der „Verurteilte" denn noch sprechen?);
- ... geben dem anderen die Schuld an dem Konflikt („Du willst mich nicht verstehen.").

Ich-Botschaften ...
- ... drücken die eigene Befindlichkeit aus („Ich ärgere mich über ...");
- ... zeigen die eigene Verantwortung („Das habe ich nicht verstanden.");
- ... zeigen Gefühle und Haltungen („Ich bin wütend über das Verhalten.");
- ... ermöglichen Kommunikation in Konflikten (Die eigene Position wird deutlich gemacht, ohne den anderen anzugreifen.);
- ... lassen die Schuldfrage offen („Ich habe das nicht verstanden." Weshalb nicht, bleibt offen.).

Die Funktion von Du-Botschaften

„Die Du-Botschaft ist ein durchaus taugliches Kampfmittel. Sie hat nicht nur den ‚Vorteil', dass die eigene Innenwelt unkenntlich bleibt, sondern auch, dass der andere in Bedrängnis gerät." (Schulz von Thun)

Nun sollte man sich davor hüten, Du–Botschaften als etwas moralisch Schlechtes zu etikettieren. Wir alle benutzen sie immer wieder, oft auch unbewusst. Wichtig ist vielmehr, dass man sich klar macht, dass Du-Botschaften Konflikte verschärfen und das Gegenüber zu aggressivem Verhalten provozieren. Es ist eben ein Unterschied, ob jemand sagt: „Ich ärgere mich über die Unordnung, die in deinem Zimmer herrscht." Oder ob er sagt: „Du bist einfach ekelhaft unordentlich, da muss man ja wütend werden."

Schulz von Thun vergleicht Du-Botschaften mit einem Eisberg, von dem die größten Teile nicht sichtbar sind – unsere Eigenanteile an dem Konflikt. Das Problem liegt nur beim Gegenüber. Die Ich-Botschaft dagegen thematisiert in der Regel nicht, wer an einem missliebigen Zustand die Schuld trägt, sondern zeigt auf, dass der Sprecher bereit ist, für sein Handeln einzustehen.

Verstehen wir beispielsweise jemanden nicht, so lautete die Du-Botschaft: „Kannst du dich nicht vernünftig ausdrücken?" Die Schuld liegt so beim anderen, der Konflikt kann beginnen. Als Ich-Botschaft formuliert stellt sich dieselbe Situation so dar: „Mir ist nicht klar, worauf du hinauswillst." Hier steht das eigene Empfinden im Vordergrund, die Schuldfrage bleibt offen. Denn weshalb wir den anderen nicht verstehen, wird nicht angesprochen. Das Nichtverstehen kann seine Ursachen darin haben, dass der andere sich nicht klar ausdrückt. Es ist aber auch möglich, dass ich selbst zu geringe Vorkenntnisse habe oder beim Zuhören nicht konzentriert war.

Dieses Beispiel zeigt, dass die beiden Kommunikationsformen den Konfliktmustern entsprechen: Wenn ich den anderen besiegen oder demütigen will (win-lose), bieten sich die Du-Botschaften an, will ich mit ihm einen Konflikt lösen, dann helfen Ich-Botschaften (win-win).

Ich-Botschaften sind kein Allheilmittel in Konflikten, sie geben aber dem Gegenüber die Möglichkeit zu reagieren, ohne sich angegriffen zu fühlen. Zugleich können sie dem Gegenüber klar machen, welche Motive man hat, welche Gefühle usw., sodass er oder sie angemessen auf mich reagieren kann.

Allerdings können Ich-Botschaften auch missbraucht werden, wenn sie in einer sachbezogenen Erarbeitung wieder und wieder benutzt werden und damit einen Arbeitsprozess unmöglich machen oder eine Verständigung erschweren. Wird man nach dem Weg gefragt, sollte man nicht unbedingt mit der Ich-Botschaft antworten: „Ich freue mich sehr, dass Sie gerade mich fragen ..." Auch ein Oberstufenschüler, der während einer Mathematikstunde pausenlos Ich-Botschaften über seine Befindlichkeit aussendet – „Ich fühle mich durch die Form dieser Hyperbel sehr angesprochen" –, wirkt nicht authentisch, sondern komisch. Grob vereinfacht lässt sich sagen, dass Ich-Botschaften besonders in den Kommunikationssituationen einen Sinn machen, in denen es um Beziehungen und die Klärung von Beziehungen geht – und damit gerade auch in Konflikten.

Zur Unterscheidung von Ich- und Du-Botschaften

Kommunikationstricks und -fallen stellen die so genannten verdeckten Du-Botschaften dar, die besonders gerne von angeblich sensiblen, kommunikativ Geschulten ausgesendet wären. Der Trick besteht grundsätzlich darin, dass scheinbar eine eigene Befindlichkeit oder ein Gefühl dargestellt werden, im Grunde aber das Gegenüber angegriffen wird. Das Tückische an diesen Angriffen ist, dass sie verhüllt erfolgen und häufig Schuldgefühle auslösen.

Vor einiger Zeit arbeitete ich mit einer Gruppe von LehrerInnen. Wir hatten die Aufgabe, ein Konzept für eine Schulfortbildung zu entwickeln. Herbert, ein engagierter Soziologe, schlug vor, die Veranstaltung nach der Begrüßung mit einer Kartenabfrage zu beginnen: Jedes Kollegiumsmitglied sollte auf drei Karteikarten jeweils knapp ein Statement zur eigenen Einschätzung der Schule formulieren. Ich äußerte Bedenken: „Wir wissen, dass es im Kollegium starke Konflikte gibt. Die könnten durch die anonym geschriebenen Karten überdeutlich aufbrechen. Auch meine ich, dass wir in eine sehr langwierige Auswertung kämen. Das Kollegium hat 83 Mitglieder. Wir müssten also 249 Karteikarten aufhängen und ordnen. Das könnte dann langwierig und unübersichtlich werden." Zu meiner Verblüffung antwortete Herbert: „Ich empfinde hier eine deutliche Verletzung."

In dieser Kommunikationssituation war die Botschaft klar, sie bezog sich in erster Linie auf die Beziehungsebene: „Du hast mich verletzt." Der Appell könnte etwa lauten. „Sei lieb zu mir und nimm meinen Vorschlag an." Die Selbstoffenbarung sollte wohl darin bestehen, dass Herbert mir und den anderen TeilnehmerInnen seine Sensibilität signalisieren wollte. Ich sah darin eher den Hinweis auf eine Persönlichkeit, die sich hochgradig mit eigenen Positionen identifiziert und deren Kritik nicht ertragen kann. Die Beziehungsaussage, die sich hinter dieser Aussage versteckte, sollte wohl die Charakteristik meines Verhaltens sein: „Du bist ein unsensibles Wesen und nicht nett zu mir."

Herberts Gesprächsverhalten zeigt auf, dass allein der Gebrauch des Wortes „Ich" keinesfalls bedeutet, dass es sich um eine Ich-Botschaft handelt, denn entscheidend ist die Haltung, nicht die Wortwahl. Ich-Botschaften dürfen nicht mit Kommunikationstricks verwechselt werden.

- Sammelt in einer Kleingruppe fünf typische Du-Botschaften, die ihr aus alltäglichen Konflikten kennt. („Du kannst das nicht!")

- Schreibt sie auf einen Flipchartbogen.

- Formuliert die Du-Botschaften zu Ich-Botschaften um.

- Stellt die Ergebnisse im Plenum vor und arbeitet dabei besonders heraus, worin die Unterschiede bestehen (Sprache, Haltung, Selbstoffenbarung, Folgen für die Beziehung, usw.).

Anmerkung für LehrerInnen und TrainerInnen

Der folgende Test und die anschließende Einordnung kommunikativen Verhaltens zielen in erster Linie auf die Reflexion eigener Kommunikationsmuster. Die Erfahrungen mit dem Test zeigen, dass LehrerInnen und ModeratorInnen in Problemsituationen besonders zu zwei typischen Fehlern neigen: Sie geben vorschnell Ratschläge und sie spielen häufig die Probleme des Gegenübers herunter. Der Test, der auf der Basis des anschließenden Textes ausgewertet werden sollte, kann eine Hilfe sein, diese Fehler ins Bewusstsein zu heben. Allerdings sollten Sie Ihre Gruppe unbedingt darauf hinweisen, dass die Ausführungen Weisbachs auf keinen Fall mechanisch übernommen werden dürfen. Sie sollten als allgemeine Orientierung und Hilfe dienen. Wenn Sie oder die ModeratorInnen Ihrer Gruppe in einem Beratungsgespräch ständig „die Gefühle des Gegenüber ansprechen", wird er/sie sich nicht ernst genommen fühlen und die mechanische Gesprächstechnik durchschauen. Verweisen Sie stattdessen auf das Grundmuster, das hinter den verschiedenen Gesprächsförderern steht, nämlich sich zunächst auf das Gegenüber einzulassen, ihm zuzuhören und zunächst die eigene Person zurückzustellen. Nur so macht die Erarbeitung der „Gesprächsförderer und -störer" einen Sinn.

Kommunikationstest

Im Folgenden findest du Äußerungen, die ein Mitschüler oder eine Mitschülerin in einer bestimmten Situation dir gegenüber machen könnte. In allen Äußerungen wird der Wunsch nach Hilfe oder Unterstützung deutlich. Den verschiedenen Beispielen sind jeweils sechs unterschiedliche Antworten zugeordnet. Lies sie in Ruhe durch und entscheide dich dann für die Antwort, die du als die deiner Meinung sinnvollste geben würdest.

„Gerade hatten wir eine Doppelstunde Mathematik. Ich habe überhaupt nichts verstanden von dem, was Herr Kamp erzählt hat. Und in einer Woche schreiben wir eine Klausur."

a) Hast du dich schon einmal bei deinem Klassenlehrer über den Matheunterricht beschwert?

b) Ach, weißt du, das geht doch vielen in der Klasse so, und hinterher ist die Klausur halb so schlimm.

c) Du hast Angst vor der Mathearbeit und weißt nicht, wie du den Stoff noch begreifen sollst?

d) Du, den Kamp habe ich selbst in Mathe. Mir geht es genauso. Da versteht keiner was.

e) Am besten, du schnappst dir dein Mathebuch, sprichst einen Guten aus der Klasse an und dann wiederholt ihr gemeinsam den Stoff.

f) Es ist einfach unmöglich, welche Typen unterrichten dürfen. Ich kann gut verstehen, wenn du einfach sauer auf deinen Mathematiklehrer bist.

„Mit meiner Patenklasse habe in letzter Zeit richtige Probleme. Die sind nur laut, wenn wir mit denen etwas Vernünftiges arbeiten wollen. Ich weiß gar nicht, ob meine Arbeit da noch einen Sinn macht."

a) Jetzt gibt bloß nicht so schnell auf. Das wäre ja wohl das Letzte. Ein bisschen Stress muss man als Pate schon aushalten können.

b) Du bist traurig, weil du im Augenblick mit deiner Patenklasse keine Arbeitsbasis findest.

c) Das habe ich auch schon einmal erlebt, dass meine Klasse so laut war. Aber keine Sorge, das geht von alleine wieder vorbei.

d) Die Typen sind doch richtig gemein zu dir. Die ahnen gar nicht, wie viel Mühe du dir gibst. Denen sollte man mal ganz deutlich die Meinung sagen.

e) Du bist wohl sehr enttäuscht, dass die Klasse so laut ist. Hast du mal daran gedacht, dass das mit deiner Vorbereitung der Klassenbesuche zusammenhängen könnte? Vielleicht trittst du zu lehrerhaft auf.

f) Du nimmst das zu persönlich. Wahrscheinlich haben die vorher eine Arbeit geschrieben und sind jetzt einfach nicht konzentriert oder wollen ihren Frust an jemandem abladen.

„Früher habe ich mich mit Marianne gut verstanden. Aber seit dem neuen Schuljahr hat sich das geändert. Wir bereiten nichts mehr zusammen vor, wir reden in den Pausen nicht mehr und in der Klasse hat sie sich einer komischen Clique angeschlossen."

a) Ich habe dir doch immer gesagt, dass die Marianne nicht zu dir passt. Die ist einfach komisch. Aber du hast mir ja nie geglaubt.

b) Wenn dir wirklich etwas an der Freundschaft mit Marianne liegt, musst du unbedingt das Gespräch mit ihr suchen. Nur so lassen sich eure Probleme lösen.

c) Du hast gemerkt, dass eure Beziehung nicht mehr klappt und das macht dir etwas aus.

d) So etwas Ähnliches ist mir im letzten Jahr mit Claudia auch passiert. Erst wollte ich mit ihr ein großes Gespräch führen, aber dann habe ich das doch gelassen. Zum Glück. Denn plötzlich hat sich alles von selbst wieder eingerenkt und wir sind wieder ganz eng befreundet. Also, wenn du meinen Rat willst: Warte erst noch ein bisschen ab, bevor du überstürzt handelst.

e) Ist Marianne denn besonders abweisend, wenn sie mit ihrer neuen Clique zusammen ist?

f) Das liegt nur an der Clique. Sie hat Angst, ausgeschlossen zu werden, wenn sie sich mit jemandem gut versteht, der nicht zur Clique gehört. Das ist oft so bei Cliquen.

„Jochen hat die letzte Lateinarbeit komplett von mir abgeschrieben. Frau Freise hat das gemerkt. Und jetzt will sie uns wegen einer Täuschung beiden eine Sechs geben. Dabei habe ich so viel für die Arbeit gepaukt."

a) Die spinnt doch. Das ist eine himmelschreiende Ungerechtigkeit. Da musst du dich sofort beschweren. Das ist doch rechtlich gar nicht zulässig. Die muss erst einmal beweisen, wer von wem abgeschrieben hat.

b) Der Fall liegt doch klar. Wenn Jochen von dir abgeschrieben hat, muss er sich auch melden. Dann kann dir nichts passieren.

c) Ich habe mal etwas Ähnliches erlebt. Da hat der Lehrer am Anfang ganz wild gedroht, und nachher ist nichts passiert. Du musst dir da keine Sorgen machen.

d) Hat Jochen denn auch dieselben Fehler wie du gemacht?

e) Du hast jetzt Sorgen, weil dir trotz deiner guten Vorbereitung eine Sechs droht?

f) Ich meine, wenn man abschreiben lässt, muss man auch mit den Konsequenzen leben. Du wirst mir doch nicht einreden, dass du während der Arbeit nicht gemerkt hast, dass Jochen gemogelt hat. Dann brauchst du dich jetzt nicht zu wundern.

Dieser Kommunikationstest für ModeratorInnen entstand nach einer Idee von Dr. Wolfgang Wildfeuer.

Gesprächsförderer in alltäglichen Gesprächen

Im Folgenden sollen Verhaltensweisen beschrieben werden, die Interesse am anderen und dem, was er sagt, bekunden. Ein Gespräch wird damit gefördert und kommt infolgedessen erst richtig zustande. Die Äußerungen beziehen sich auf die Person des Gegenübers mit seinen Anliegen – der Gesprächspartner stellt sich mit seinen Ansichten, Meinungen und Bewertungen zurück:

(1) Zuhören / Zeit lassen
Indem der Gesprächspartner ohne Unterbrechung aufmerksam zuhört und dem Gegenüber Zeit lässt, alles zu erzählen und zu berichten, was mit seinem Anliegen verbunden ist, wird diesem die Möglichkeit gegeben, zuerst einmal alles „loszuwerden", was ihn bedrückt. Durch minimale Ermutigungen zum Sprechen (Kopfnicken, Hm, Ja) signalisiert der Gesprächspartner seinem Gegenüber, dass er das Erzählte aufnehmen, verstehen und nachvollziehen kann.

(2) Wiederholen / Umschreiben / Klären
Durch das Wiederholen und Umschreiben wird dem Gegenüber signalisiert, dass der Gesprächspartner zuhört, das Gesagte verstanden hat und bereit ist, mit ihm darüber zu sprechen. Dem Gegenüber wird darüber hinaus die Möglichkeit gegeben, über das Gesagte noch einmal nachzudenken, es zu präzisieren, zu konkretisieren oder zu korrigieren. Durch Verständnisfragen können unklare Sachverhalte geklärt werden. Das Gegenüber hat die Möglichkeit, zusätzliche Informationen für das Verständnis zu geben und das Anliegen konkreter zu beschreiben. Missverständnisse im Gespräch werden so frühzeitig ausgeräumt.

(3) Zusammenfassen / In-Beziehung-Setzen
Indem der Gesprächspartner das Gesagte noch einmal zusammenfasst, wird beiden Seiten die Möglichkeit gegeben, sich das Wesentliche noch einmal bewusst zu machen. Dem Gegenüber werden Widersprüche im Geschilderten deutlich.

(4) Weiterführen / Denkanstoß geben
Weiterführende Denkanstöße helfen dem Gegenüber in der Regel, in seinem Anliegen weiterzudenken und Entscheidungen zu suchen bzw. zu konkretisieren. Der Gesprächspartner unterstützt das Gespräch durch an Inhalt und Anliegen orientierte Gedanken und Äußerungen.

(5) Gefühle ansprechen
Der Gesprächspartner zeigt, dass er im Gespräch mit dem Gegenüber mitfühlt und dessen Gefühle zu erfassen versucht. Die gefühlsmäßige Seite des Anliegens wird angesprochen und geklärt.

Gesprächsstörer in alltäglichen Gesprächen

Wenn zwei Menschen miteinander reden, kommt dieses Gespräch in den meisten Fällen zustande, weil einer der beiden ein Anliegen hat, etwas besprechen möchte oder Rat und Hilfe von dem anderen erwartet. Der Gesprächspartner ist dann gezwungen, im Gespräch zu reagieren bzw. auf das Anliegen einzugehen. Im Folgenden sollen die alltäglichen Gesprächsstörer beschrieben werden, die ein Gespräch in der Regel behindern oder gar abwürgen und kurzfristig enden lassen können.

(1) Von sich reden
Indem der Gesprächspartner nicht bei den Äußerungen des Gegenübers bleibt und nicht zuhört, sondern lediglich auf eine Möglichkeit wartet, seine eigenen Erfahrungen, Meinungen und Ansichten mitzuteilen, fühlt sich das Gegenüber in seiner Person in seiner Person unberücksichtigt und übergangen.

(2) Bewerten / Stellungnahmen abgeben / Überreden
Das Abgeben von Meinungen und Wertungen ist meistens eine an den Bedürfnissen des Gegenüber vorbeigehende Reaktion, da sie vom eigentlichen Inhalt ablenkt. Das Gegenüber hat oft das Gefühl, in eine Schublade gesteckt zu werden. Er gerät unter Druck, die Wertungen zu übernehmen, spürt einen Rechtfertigungszwang und fühlt sich kritisiert oder belehrt.

(3) Ursachen aufzeigen / Diskutieren / Hintergründe deuten
Wenn der Gesprächspartner für sich in Anspruch nimmt, dem Gegenüber aufgrund seines Wissens und seiner Erfahrungen vermeintliche Ursachen bzw. Hintergründe für dessen Anliegen aufzeigen zu können, fühlt sich dieser nicht ernst genommen. Dieses Verhalten, gerade wenn Lebensweisheiten zum Besten gegeben werden, führt häufig zu Diskussionen auf rein rationaler Ebene, die vom eigentlichen Anliegen des Gegenübers wegführen. Das Gespräch gerät in Gefahr, im oberflächlichen Phrasendreschen zu enden.

(4) Ausfragen
Der Gesprächspartner folgt ausschließlich seiner Neugier und seinen Interessen und lenkt damit das Gespräch in eine für ihn wichtige Richtung. Das Gegenüber wird in seinen Möglichkeiten, sich seinem Anliegen entsprechend zu äußern, eingeschränkt, fühlt sich unter Umständen missverstanden und in seinen Bedürfnissen übergangen.

(5) Vorschläge machen / Ratschläge geben / Lösungen anbieten
Voreilige Ratschläge und Lösungsangebote des Gesprächspartners erzeugen häufig den Eindruck, dass dieser sich nicht näher mit dem Anliegen des Gegenübers beschäftigen will. Diesem wird dadurch die Möglichkeit genommen, eigene Lösungen zu entwickeln und damit wird ihm das Gefühl der eigenen Unfähigkeit vermittelt.

(6) Vorwürfe machen

Jeder Vorwurf lässt sich auf den einfachen Nenner: „Warum bist du nicht so, wie ich dich haben will?" reduzieren. Diese für das Gegenüber schmerzhafte Frage hinterlässt immer das Gefühl, nicht so akzeptiert zu werden, wie es ist. Vorwürfe werden häufig wie Waffen im Gespräch benützt. Dem Gegenüber bleibt meist nur, sich zu rechtfertigen, um mit heiler Haut aus dem Gespräch herauszukommen.

(7) Befehlen / Warnen / Drohen

Befehle, Warnungen bzw. Drohungen werden in Gesprächen häufig eingesetzt, um eigene Unsicherheiten zu verstecken. Dem Gesprächspartner gibt es auch die Möglichkeit, sich bequem der wirklichen Auseinandersetzung mit dem Gegenüber und seinem Anliegen zu entziehen. Die Gespräche werden durch Befehle, Warnungen bzw. Drohungen in der Regel abgewürgt und schnell beendet.

(8) Herunterspielen / Verspotten / Ironisieren

Wenn der Gesprächspartner das Anliegen oder die Person des Gegenübers herunterspielt, klein macht, ironisiert und damit nicht ernst nimmt, fühlt sich dieser unverstanden und verspottet. Das Anliegen wird kurz abgehandelt und das Gespräch damit in vielen Fällen vorzeitig beendet

C. Weisbach u.a.: Zuhören und Verstehen, Reinbeck 1984

Zur Erprobung von Gesprächsförderern und Gesprächsstörern

Übung 1:
Gesprächs-
fördererprüfung

Die Übung sollte immer wieder gezielt wiederholt werden, damit sich in Beratungs-gesprächen oder Schlichtungen ein förderndes Gesprächsverhalten automatisiert.

Es bilden sich Paare. A erzählt ungefähr 5 Minuten einen Vorfall, der ihm/ihr wich-tig ist. B wendet in dieser Zeit einen der fünf oben genannten Gesprächsförderer immer wieder an. Er/Sie konzentriert sich für dieses Gespräch nur auf einen bestimm-ten Förderer und versucht ihn so einzubringen, dass sein/ihr Verhalten nicht geküns-telt wirkt. Nach dem Gespräch teilt A ihm/ihr den Eindruck mit, den er/sie als GesprächspartnerIn hinterlassen hat.

Dann wechseln die Aufträge: B berichtet, während A fördernd zuhört.
Nach und nach sollten alle fünf Gesprächsförderer ausprobiert werden.
Dann kann die Gruppe im Plenum darüber diskutieren, welche Förderer sich für ihre Zwecke besonders eignen, was zu verändern, zu ergänzen, was untauglich ist und wie oft Gesprächsförder benutzt werden sollen.

„Weihnachten im Auto" (nach einem Seminar mit Jutta Prinz)

Übung 2:
Einüben des
Paraphrasierens

Hier wird ein Förderer in Kommunikationssituationen, das Wiederholen (= Paraphra-sieren) geübt: Ungefähr acht MitspielerInnen bilden einen Kreis. Der/Die Erste beginnt mit einer Aussage, die der/die Folgende zunächst wiederholen muss. Diese Wiederholung muss vom ersten Sprecher bestätigt werden, danach kann der Nächste eigene Aussagen formulieren. Gut geeignet sind dafür Nonsensthemen – wie „Weih-nachten im Auto".

Das sieht dann konkret so aus:
A. „Ich bin gegen Weihnachten im Auto, weil der Weihnachtsmann nicht durch den
     Auspuff passt, der ist ja sehr schmal und endet im Motorenraum. Dann würde ich
     auch keine Geschenke kriegen. Und das fände ich nicht schön."
B. „Du bist gegen Weihnachten im Auto, weil du befürchtest, dass der Weihnachts-
     mann nicht durch den Auspuff kommt und du dann keine Geschenke kriegst?"
A. „Ja."
B. „Ich bin für Weihnachten im Auto, weil ich dann endlich mal meine Ruhe habe
     und keine Hausaufgaben zu machen brauche ..."

Weitere Nonsensthemen: „Deutschland braucht einen Kaiser", „Biertrinken fördert die Intelligenz", „Strickkurse in der Oberstufe"

Inhaltsbereich „Empathie und Selbstverantwortung"

Wenn es gelingt, die Bedürfnisse des Gegenübers zu erkennen und ihm das auch zu zeigen, verhält man sich empathisch. Empathie ist nicht in erster Linie Ausdruck einer bestimmten Technik oder einer bestimmten Sprache, sondern die grundsätzliche Haltung gegenüber einem anderen: seine Bedürfnisse zu verstehen, auf der Basis einer ihn akzeptierenden Grundhaltung, ohne ihn zu bewerten und ohne ihn zu verurteilen.

Empathie ist besser möglich, wenn zwischen Handlung und Person, zwischen Tat und TäterIn getrennt werden kann. Das mag zwar akademisch klingen, ist aber eine Möglichkeit, dem/der anderen akzeptierend zu begegnen. Wohl jeder Mensch hat schon etwas getan, für das er/sie sich schämt, das er/sie nachträglich als Unrecht bewertet, und womit er/sie nicht identifiziert werden möchte. Oder, um es mit einem Beispiel zu veranschaulichen: Man kann sich entschieden gegen das Schlagen aussprechen und dies auch dem Betreffenden deutlich machen, ohne ihn/sie als SchlägerIn zu beschimpfen. Eine bestimmte Handlung abzulehnen bedeutet eben nicht, auch die Person abzulehnen, von der diese Handlung ausgeht.

Hinweise für LehrerInnen und TrainerInnen

Empathie ist die Fähigkeit, sich in das Gegenüber zu versetzen, dessen Motive und Verhaltensweisen wahrzunehmen und zu verstehen – was jedoch nicht mit der Billigung dieses Verhaltens gleichzusetzen ist. Empathietraining hat unsere ModeratorInnen-AG zum ersten Mal intensiv im Zusammenhang mit Seminaren zur „Gewaltfreien Kommunikation" durchgeführt. Dieses in sich geschlossene Konzept geht auf Marshal Rosenberg zurück. Interessierte können sich über www.gewaltfrei.de und die E-Mail-Adresse Berlin@gewaltfrei.de zum Konzept detailliert informieren. Obwohl wir durch die Seminare zur gewaltfreien Kommunikation viele Anregungen erhalten haben, wird hier auf die Darstellung des Gesamtkonzepts verzichtet, weil es von Grundannahmen ausgeht, die hier nicht geteilt werden. Deshalb konzentriert sich die folgende Darstellung auf den Zusammenhang von Konflikten und Bedürfnissen, auf den Bereich der Eigenverantwortung sowie auf Äußerungen und Übungen zur Empathie.

Konflikte und Bedürfnisse

Arbeitstext

Ein Ziel einer erfolgreichen Konfliktlösung besteht darin, die Menschen mit ihren Bedürfnissen zu verbinden. Es wird davon ausgegangen, dass wir auf der Ebene von geklärten Bedürfnissen Verständnis füreinander erreichen und Konflikte lösen können. Erreichen wir so eine Einigung, ist sie in den seltensten Fällen ein Kompromiss, wie allgemein angenommen wird, sondern es berücksichtigt diese Form der Lösung die Bedürfnisse beider Konfliktparteien angemessen.

Ein Beispiel aus dem konfliktträchtigen Alltag von Eltern und Kindern kann dies veranschaulichen: Es basiert auf Ausführungen von Laurence Reichler-Benoit, einer Trainerin der „Gewaltfreien Kommunikation":

Eltern sorgen sich besonders oft um ihre Tochter. Sie haben Angst, dass ihr nachts etwas zustoßen könnte. Deshalb legen sie fest, wann sie zu Hause zu erscheinen hat: „Also, du bist spätestens um 22.00 Uhr zurück." Die Tochter ihrerseits will dazugehören: „Alle dürfen länger bleiben, nur ich nicht. Immer muss ich früher gehen. Ich komme erst, wenn die Party aufhört, und das kann viel später werden." Handeln jetzt Eltern und Tochter die Rückkehrzeit 23.00 Uhr aus, einen Kompromiss also, werden beide nicht wirklich zufrieden sein und immer wiederkehrendes Feilschen dürfte die Folge sein.

Nehmen wir an, um den Fall zu vereinfachen, dass das Bedürfnis der Eltern sich ausschließlich um die Sicherheit der Tochter drehen würde und das Bedürfnis der Tochter das nach Zugehörigkeit zu ihrer Gruppe wäre, ergäbe sich auf dieser Basis die Möglichkeit zur Einigung:

Eltern und Tochter könnten gemeinsam organisieren, dass die Tochter sicher nach Hause gebracht wird (Mitnahme, Taxi ...). Ginge es den Eltern wirklich nur darum, ihr Sicherheitsbedürfnis zu erfüllen, könnte sich die Tochter auch dazu bereit erklären, einen Kampfsport auszuüben, sodass sie dazu in der Lage wäre, sich gegen Übergriffe zu verteidigen, um so den Eltern die Sorge um ihr leibliches Wohl zu nehmen.

Für ModeratorInnen bedeutet dies, dass Konfliktlösungen sich in der Regel nicht nach der simplem mathematischen Gleichung ergeben, dass jeder dem anderen um 50 % entgegenkommt, sodass beide zufrieden sind, sondern dass eine Lösung erreicht werden kann, wenn die Bedürfnisse der Beteiligten geklärt sind.

Aufgabenstellung

Die Gesamtgruppe wird in Paare aufgeteilt, die zusammenarbeiten und Folgendes in Stichpunkten darstellen: Stellt euch einen beliebigen Konflikt vor. Ihr sollt ihn so schlichten, dass nicht unbedingt ein Kompromiss erzielt wird, sondern dass die Bedürfnisse beider Konfliktparteien befriedigt werden.

Zwei Beispiele dafür, dass es nicht so leicht ist, Empathie zu geben

I. M. Rosenberg, der Begründer der von ihm so genannten „Gewaltfreien Kommunikation", hat in einem Interview selbst ein Beispiel für empathisches Handeln dargestellt: Ein Palästinenser, dem Rosenberg in einem Flüchtlingslager begegnete, rief ihm „Mörder!" zu, als er hörte, dass der ein Amerikaner sei. Die meisten würden so reagieren, dass sie zurückweisen würden, Mörder genannt zu werden – und das mit gutem Gewissen. Wäre man höflich, entgegnete man in dieser Situation: „Das ist nicht fair, dass sich mich derart beschimpfen." Die Fronten wären klar.

Rosenberg dagegen versuchte, die Bedürfnisse des Palästinensers zu verstehen, die hinter der Attacke standen. Aus dessen Blickwinkel war die amerikanische Politik, die Israel unterstützte, verantwortlich für seine elende Lage. Rosenberg nahm den Ärger des anderen darüber wahr und zugleich dessen Wunsch, dass die mächtigen USA ihre Mittel anders einsetzten.

Um dem Palästinenser Empathie zu geben, also ihm zu zeigen, dass er ihn verstehen wollte und interessiert daran war, was in ihm vorging, antwortete Rosenberg folgendermaßen: „Sind Sie ärgerlich und wünschen Sie, dass die Geldmittel meiner Regierung anders angewandt würden?" Rosenberg beschreibt den Fortgang der Szene dann so: „Nun schien der Mann ziemlich betäubt zu sein, denn wenn Menschen so sprechen wie er, erwarten sie nicht, dass jemand ernsthaft versucht, ihre Gefühle und Bedürfnisse zu verstehen. Und nach einer kurzen Pause öffnete er sich und begann zu erzählen, welch entsetzliche Bedingungen im Lager herrschten."

II. Für ein Rollenspiel über den Schulalltag wurde folgender Dialog zwischen einer Patin und einer Schülerin der Klasse 5 ziemlich frei erfunden:

Schülerin (die wirklich dick ist): „Herr P. hat in der letzten Stunde zu mir gesagt, als ich mich während der Gruppenarbeit nach hinten umdrehte, um mit Leonie zu sprechen: ‚Dreh gefälligst deinen fetten Arsch nach hinten, ich will mir den nicht ansehen müssen.'"

Patin: „Und du bist traurig, weil du eigentlich respektiert werden willst?"

Schülerin: „Ja." (Sie beginnt zu weinen.)

Patin (nimmt sie in den Arm): „Weinst du, weil du gekränkt wurdest und dich niemand unterstützte?"

Schülerin: „Ja, in der Klasse haben viele gelacht, und keiner hat sich über Herrn P. beschwert. Zu Hause werde ich auch ausgelacht. Da werde ich auch nur Elefant genannt. Und jetzt auch noch in der Schule ..."

Patin: „Wenn ich dich richtig begreife, hat dich besonders traurig gemacht, dass du von deinen MitschülerInnen allein gelassen worden bist?"

Schülerin: „Ja, in der Klasse hat mir keiner geholfen. Alle haben gelacht."

Patin: „Komm, wir überlegen einmal gemeinsam, wie es dir gelingen kann, Zuneigung in der Klasse zu bekommen."

Schülerin: „Gerne ..."

Gewaltarme Kommunikation durch Empathie

Ein gewaltarmer Kommunikationsprozess – so nennen wir ihn in Anlehnung und Abgrenzung an das Denkmuster der „Gewaltfreien Kommunikation" – zeichnet sich dadurch aus, dass ...

- ... wir in Kontakt zu unseren eigenen Bedürfnissen treten;
- ... wir die Bedürfnisse unserer GesprächspartnerInnen akzeptieren;
- ... wir – so gut es geht – vermeiden, unsere GesprächspartnerInnen (und auch uns selbst) zu bewerten, auch dann nicht, wenn sie uns beschimpfen oder angreifen;
- ... wir unseren GesprächspartnerInnen die Akzeptanz ihrer Bedürfnisse mithilfe von Empathie vermitteln;
- ... wir Empathie nicht gleichsetzen mit der Billigung eines bestimmten – aggressiven – Verhaltens. Empathie geben heißt auch nicht, dass wir in bestimmten Situationen nicht intervenieren dürfen;
- ... wir davon ausgehen, dass auf der Basis von Bedürfnissen eine Deeskalation des Konfliktes und unter Umständen auch Einigung möglich ist. Diese Einigung ist nicht ein Kompromiss im üblichen Sinne, in dem jede Seite etwas nachgibt, sondern baut auf der Berücksichtigung der Bedürfnisse der Beteiligten auf und erfordert kreative Konfliktlösungen;
- ... wir, um erfolgreich einen Kommunikationsprozess zu gestalten, unseren GesprächspartnerInnen auch unsere Bedürfnisse zumuten;
- ... wir unsere Bedürfnisse in Form einer Bitte äußern können, die konkret, positiv und erfüllbar ist.

Beschreibung eines Konfliktes

(in Anlehnung an Seminare von Laurence Reichler-Benoit)

Zunächst wird in einer Gruppendiskussion erarbeitet, worin die Unterschiede zwischen Bewertung und Wahrnehmung liegen. Dann wird die Gruppe in Arbeitspaare eingeteilt oder – bei kleinen Gruppen – zur Einzelarbeit gebeten. Jedes Gruppenmitglied oder jedes Paar erhält einen Flipchartbogen und einen Filzschreiber.

„Schreibt in 15 Minuten auf dem Flipchartbogen einen Konflikt auf, den ihr in der letzten Zeit selbst hattet oder beobachtet hattet. Eure besondere Aufgabe dabei ist, dass ihr auf jede Form einer Bewertung verzichten sollt."

Anschließend werden die Flipchartbogen im Raum aufgehängt. Die Mitglieder der Gruppe werden aufgefordert, die Bögen durchzulesen und jede Form einer Bewertung, die sie wahrnehmen, mit einem Filzschreiber zu kennzeichnen. Anschließend einigt sich die Gruppe auf fünf (bei Bedarf mehr) Bögen, die in aller Ausführlichkeit besprochen werden. Die „MarkiererInnen" äußern zunächst, worin ihrer Meinung nach die Bewertung lag, die VerfasserInnen dürfen antworten.

Anschließend formuliert die ganze Gruppe einige Darstellungen um, sodass alle einüben, den Konflikt ausschließlich zu beschreiben und dabei realisieren, wie oft sie beides, nämlich Bewertung und Beschreibung, vermengen.

Hinweis zur Auswertung   Es ist erstaunlich, wie selten eine wirklich nicht bewertende Darstellung von Konflikten gelingt. Das hängt sicher auch damit zusammen, dass wir bei Konflikten besonders emotional beteiligt sind. Deshalb empfiehlt es sich auch nicht, auf einen anderen Inhalt auszuweichen, um die Trennung von Beschreibung und Bewertung zu verdeutlichen. Für die Auswertung sollte besonders die Wortwahl angeschaut werden. Begriffe wie „meckern", „zornig werden" „mich ärgern" oder „immer" und „ständig" enthalten ja schon Bewertungen.

Empathie mit unserem Feind

Zunächst wählt jede Dreiergruppe jemanden aus der Gruppe, der oder die im folgenden Spiel eine Rolle zu spielen hat (A). Anschließend einigt sich die Gruppe auf eine Person – einen „Feind" –, jemanden, den die Gruppe nicht leiden kann (B). Es kann ein Bekannter, eine LehrerIn usw. sein.

Den TeilnehmerInnen wird die folgende Geschichte erzählt: Auf einer Schiffsreise durch die Südsee triffst du den/die FeindIn. Er oder sie hat dieselbe Reise gebucht. Das Schiff geht unter, du rettest dich mit deinem/deiner FeindIn auf eine einsame Insel. Der/Die FeindIn wird nie mehr nach Europa zurückkehren, ihr werdet euch also nach der erhofften Rettung nie mehr sehen. Um aber bis dahin die Situation erträglicher zu gestalten, bittet dich dein/deine FeindIn, der/die euer Verhältnis auch als gespannt einschätzt, dass ihr euch gegenseitig erzählt, was euch an dem/der anderen stört. Dein/Deine FeindIn bittet dich anzufangen.

Folgende Anweisung wird den TeilnehmerInnen vorgelesen: „Die in der Gruppe als A ausgewählte Person spielt sich zunächst selbst, die ältere der beiden anderen Personen zunächst den ‚Feind', die jüngere Person beobachtet. Wichtig: Die Teilnehmer-Innen sollen sich so in die Person versetzen, deren Rolle sie übernommen haben, dass sie nicht nur deren Meinung, sondern auch deren Tonfall und Haltung möglichst genau nachspielen. Wenn niemand mehr Fragen hat, beginnt jetzt das Spiel. Der erste Durchgang dauert ungefähr zwei Minuten."
Nach ungefähr zwei Minuten folgende Anweisung: „Stopp – bitte unterbrecht das Spiel. Jetzt setzt die Person aus, die A war, sich also selbst gespielt hat. B wird jetzt zu A. Die bislang beobachtende Person übernimmt die Rolle von B. Bitte spielt die Rollen wieder so realistisch wie möglich."
Nach wiederum ungefähr zwei Minuten folgende Anweisung: „Stopp – bitte unterbrecht das Spiel. Jetzt setzt die Person aus, die A war. B wird jetzt zu A. Die beobachtende Person übernimmt die Rolle von B. Bitte spielt die Rollen wieder so realistisch wie möglich."
Das Spiel fortsetzen und noch fünf- bis achtmal wechseln lassen. Jetzt aber die Spielzeit auf eine Minute verkürzen, sodass der Wechsel schneller geschieht.

Auswertung
- Klappte der Rollenwechsel?
- Was fiel schwer, was gelang gut? Wann fühlte ich mich unbehaglich?
- Wie habe ich mich in der Rolle der Feindin/des Feindes gefühlt?
- Was habe ich über mich, über meine Feindin/meinen Feind und über unseren Konflikt gelernt?

Das Spiel macht einfach Spaß. Viele reagieren sich richtig ab, weigern sich jedoch, sich in den/die FeindIn zu versetzen. Hier bietet sich die Zusatzauswertung an: „Was bringt es mir, dass ich mich weigere, in die Rolle meines/meiner FeindIn zu schlüpfen?"

Die Übung kann auch als Paarübung durchgeführt werden, ist dann aber anstrengender, weil ohne Pausen gewechselt werden muss.

Techniken zur Konfliktlösung: „Fallberatung"

Hinweise für LehrerInnen und TrainerInnen

Auch in den alltäglichen Gruppensitzungen sollten Sie von Zeit zu Zeit die Methode der Fallberatung einsetzen, um schwierigere Konflikte zu lösen. Die Fallberatung ist eine Methode zur Analyse sozialer Prozesse. Sie basiert auf der empathischen Rollenübernahme und trägt gleichzeitig dazu bei, diese Fähigkeit weiterzuentwickeln und so die soziale Kompetenz derjenigen zu fördern, die mit ihr arbeiten. Allerdings sollten Sie die Fallberatung nur dann einsetzen, wenn in Ihrer Gruppe ein entsprechender Bedarf entstanden ist, wenn also ModeratorInnen vor einem Problem stehen, das sie nicht selbst lösen können und das ihre Arbeit in der Klasse behindert. Ritualisiert man diese Methode, verführt sie zur Selbstdarstellung und zur Produktion von Scheinverständnis.

Weil die Fallberatung durch ihre Methodik verhindert, dass Verhalten oder Personen bewertet oder kritisiert werden, ist sie auch dazu geeignet, Ängste abzubauen und den Gruppenzusammenhalt zu fördern. Der klare Aufbau der Fallberatung macht den Prozess, den sie auslöst, auch für Laien transparent und verleiht den Beteiligten Sicherheit. Im Rahmen unserer Arbeit hat uns die Fallberatung wiederholt große Hilfe geleistet, besonders wenn ModeratorInnen in persönlichen Konflikten mit LehrerInnen oder SchülerInnen standen. Die Methode der Fallberatung funktioniert auch bei AnfängerInnen und weniger Geschulten. Vom Einsatz der Fallberatung im Rahmen der Arbeit in den Klassen ist jedoch abzuraten, da dort für die notwendigen Rahmenbedingungen, wie Vertraulichkeit und Ernsthaftigkeit, nicht garantiert werden kann.

LehrerInnen oder TrainerInnen sollten darauf achten, dass die einzelnen Arbeitsschritte genau eingehalten werden und sofort korrigierend eingreifen, wenn die Gruppe zu oberflächlich agiert, zu wenig nachfragt, zu schnell zufrieden ist. Erst genaues Nachfragen ermöglicht eine wirkliche Erkenntnis des Problems.

Wenn Sie selbst noch nie mit der Fallberatung oder ähnlichen Methoden gearbeitet haben, empfehlen wir, diese zunächst nur zusammen mit jemandem einzuführen, der oder die in der Fallberatung erfahren ist. Als Muster einer Fallberatung, die sich jedoch mehr auf spezifische Probleme von Lehrerinnen bezieht, ist ein Aufsatz von Norbert Posse und Botho Priebe zu empfehlen:

Wie kommen wir da bloß raus, Lehrerkollegien bearbeiten Unterrichtsstörungen gemeinsam. In: Unterrichtsstörungen, Friedrichs Jahresheft 1987, S. 128–133.

Die Arbeitsschritte einer Fallberatung

1. Einstieg   Vor jeder Fallberatung sind Klärungen zu treffen, die das Grundverständnis des Prozesses festlegen und ihm einen Rahmen setzen.

- Welcher Zeitrahmen steht zur Verfügung?
- Die Vertraulichkeit muss gewährleistet werden durch den Hinweis, dass das Gesagte in der Gruppe bleiben soll.
- Wer moderiert/leitet die Sitzung?
- Wie groß ist die Zahl derjenigen, die aktiv teilnehmen? (Nicht mehr als acht Personen.)
- Wer trägt sein/ihr Problem vor? (Dieser letzte Punkt wird oft schon im Vorfeld der eigentlichen Fallberatung geregelt, wenn sich der Anlass der Fallberatung herausstellt. Wer ein Problem hat, das in der Fallberatung gelöst werden soll, trägt es auch vor.)

Beispiel   Bei einer AG-Sitzung stellte Christiane ihr Problem mit einem Schüler aus ihrer Patenklasse 6b dar, das auch ihren Mitpaten Stefan anging, der jedoch weniger betroffen war. Wir beschlossen die nächste Sitzung darauf zu verwenden, mithilfe der Fallberatung das Problem anzugehen. Da sich die ModeratorInnen noch unsicher fühlten, wurde ich gebeten, die Fallberatung zu leiten. Um die zeitlichen Vorgaben einhalten zu können, einigten wir uns darauf, dass sechs ModeratorInnen als BeraterInnen fungieren sollten und der Rest als BeobachterInnen. So bildeten wir mit den neun Beteiligten einen Innenkreis, um den sich die übrigen ModeratorInnen der AG gruppierten.

2. Bericht   Ein Gruppenmitglied stellt ein Problem oder Vorhaben dar. Die anderen unterbrechen nicht. Sie wissen, dass die Darstellung nicht objektiv sein kann, sondern immer nur den Blick des/der Betroffenen wiedergibt. Hier ist der/die Moderierende gefordert, denn gerade spontane Schülerinnen und Schüler neigen dazu, schnell Verständnisfragen zu stellen oder Äußerungen zu kommentieren. Beides wirkt sich störend auf den Bericht aus. Nachfragen sind später möglich.

Beispiel   Christiane und Stefan hatten als ModeratorInnen an der Klassenfahrt der 6b teilgenommen. Eigentlich war alles prima gelaufen, wenn nur Mike nicht dabei gewesen wäre. Christiane stellte dar, wie Mike auf der Klassenfahrt immer wieder durch aggressives Verhalten der Klasse und ihr auf die Nerven gegangen sei. Manchmal habe sie richtige Wut auf Mike gehabt, der sie auch bei jeder sich bietenden Gelegenheit „zugetextet" habe. Besonders ausführlich schilderte sie, wie Mike Spiele sabotiert habe. Zum Beispiel sei Mike beim Großschach auf das Spielfeld gelaufen, habe zwei Figuren umgestoßen, den weißen König ein paar Schritte mitgeschleift und sei dann kichernd weggerannt. Die sechs BeraterInnen hatten trotz der vorherigen Aufforderung Mühe, zunächst nur zuzuhören und Kommentare zu unterdrücken.

3. Blitzlicht   Mit nur einem Satz und ohne weitschweifige Erklärungen stellen die anderen Gruppenmitglieder dar, welchen Eindruck der Bericht bei ihnen hinterlassen hat. Das Blitzlicht ist keine Diskussionsrunde.

Beispiel   Ich musste unsere BeraterInnen davon abhalten, zu ausführlich zu reden oder gar Aussagen abzugeben, die Christianes Verhalten bewerteten. Es fiel ihnen schwer, eigene Gefühle statt eigener Urteile darzustellen, wie es beispielsweise André gelang: „Ich empfinde die Situation, in der Christiane und Stefan als ModeratorInnen gesteck haben, als sehr belastend."

4. Nachfragen und Klärungen   Die anderen Gruppenmitglieder wenden sich an den Berichtenden, bzw. die Berichtende, um noch offene Fragen klären oder Unklarheiten zu dem Bericht ausräumen zu lassen. Unter Umständen kann es sinnvoll sein, eine Kernszene – z. B. einen besonderen Konflikt – mithilfe eines Rollenspiels zu veranschaulichen. Helfen können Fragen nach den Interessen der Beteiligten, wie z. B.: „Was willst du mit der Darstellung erreichen?" – „Welches Ziel verfolgst du mit der Klasse?" – „Was bedrückt dich in der Auseinandersetzung mit deinem Kontrahenten besonders?" – „Wie hast du dich in dieser Situation gefühlt?" Der/Die Moderierende muss verhindern, dass die Klärung zu schnell erfolgt und die Gruppe aktivieren, selbst nachzufragen. Erst genaues Nachfragen ermöglicht Empathie und Verständnis. Auch bei Denkpausen sollte nicht sofort zum nächsten Arbeitsschritt übergeleitet, sondern unbedingt Zeit gegeben werden, die Klärung gründlich durchzuführen. Auch in der Klärung geht es nicht um die Diskussion von Verhaltensweisen oder um deren Bewertung, sondern um das Verstehen.

Beispiel   Die Gruppe hatte Schwierigkeiten, sich Mike und sein Verhalten vorzustellen. Auch mir ging das so. Deshalb bat ich Stefan, das „merkwürdige" Verhalten Mikes vorzuspielen. Stefan spielte uns Mikes Angriff beim Figurenschach vor. Unsicher, linkisch lief da jemand durch den Raum, der zwei Figuren umstieß. Stefan erledigte das mit Stühlen, wobei er einen dritten mit sich trug, diesen fallen ließ und sich dann wieder eilig entfernte, nicht ohne schiefe Blicke auf Christiane zu werfen. Diese bestätigte auf unser Nachfragen, dass es Stefan gelungen sei, sehr realistisch den Störenfried Mike darzustellen. Damit änderten sich meine Vorstellungen von dem Konflikt deutlich. Hatte ich zunächst vage vermutet, dass Mike ein flinker, überaktiver Junge sei, der seine Aggressionen nicht beherrschen konnte, erschien mir Mike nur hilflos und unsicher zu sein.
Eingreifen musste ich als Moderator auch hier wieder, um Bewertungen – „Meinst du nicht, dass du besser …" – zurückzuweisen.

5. „Ich als du …" Die BeraterInnen versuchen sich in die Rolle des/der Berichtenden zu versetzen. Hier findet also eine empathische Rollenübernahme durch die BeraterInnen statt, die sich mit der Person des/der Berichtenden identifizieren und darstellen, wie sie an seiner/ihrer Stelle die Situation empfänden. Alle Beratenden beginnen ihren Satz mit „Ich als du …"

Beispiel Nur anfangs zeigten sich Probleme, die sprachliche Vorgabe zu befolgen. Genau dieser Vorgabe war es wohl zu verdanken, dass alle BeraterInnen glaubhaft versuchten, sich in Christiane hineinzuversetzen:

- „Ich als du, Christiane, hätte vor Wut dem Mike in den Hintern getreten."
- „Ich als du hätte meine Wut unterdrückt und Mike gefragt, woran er denn Spaß hätte."
- „Ich als du wäre sehr enttäuscht gewesen, dass meine Arbeit und meine Vorbereitungen so wenig gewürdigt werden."

6. „Ich als …" Jetzt wechseln die Gruppenmitglieder die Perspektive und versuchen die Situation so darzustellen, wie sie der Konfliktpartner oder Gegnerin des/der Berichtenden empfinden könnte. Es ist klar, dass es sich um Mutmaßungen handelt, die ihre Basis in der subjektiven Darstellung des/der Berichtenden haben. Deshalb verlangt diese Phase der Fallberatung von den TeilnehmerInnen besonders viel. Oft müssen sie sich in die Rolle von jemandem versetzen, der/die zuvor eher als unsympathisch oder problematisch beschrieben wurde. Der/Die Moderierende sollte auch hier nicht treiben, sondern den BeraterInnen Zeit lassen, sich in ihr Gegenüber einzufühlen. Wichtig ist wieder, dass die sprachliche Formel: „Ich als …" eingehalten wird, um die BeraterInnen zu erinnern, sich mit der betreffenden Person zu identifizieren und nicht über sie zu reden.

Spielen in einem Konflikt mehrere Personen eine Rolle, sollte der/die Moderierende in Abstimmung mit dem/der Berichtenden eine Person auswählen.

Beispiel Anfangs taten sich die BeraterInnen schwer, in die Person von Mike zu schlüpfen. So entschloss ich mich einzugreifen, als der erste Berater sagte: „Ich als Mike bin ein verwöhntes Bürschchen." Mein Einwurf war: „Meinst du wirklich, dass Mike so über sich selbst denkt? Versuch es bitte noch einmal." Das Einfühlen gelang immer besser, und schließlich äußerte ein Berater: „Ich als Mike möchte, dass Christiane mich mehr beachtet. Ich habe immer das Gefühl, dass sie sich nicht für mich interessiert. Deshalb verhalte ich mich auch manchmal so komisch." Gerade diese Bemerkung eines Beraters war wichtig für das weitere Verstehen des Falls.

7. Rückmeldung des/der Berichtenden

In dieser Phase spricht nur die/der Berichtende. Er/Sie reagiert auf die Darstellung der BeraterInnen, indem er/sie zeigt, welche Gefühle und Erkenntnisse die wechselnden Identifikationen in ihm/ihr hervorgerufen haben. Er/Sie muss nicht auf alle Beiträge eingehen, sondern nur auf die, auf die er/sie eingehen will. Unter Umständen kann er/sie auch zeigen, welche der vorgetragenen Darstellungen seine/ihre Gefühle besonders ausgedrückt haben.

Beispiel

Christiane wurde recht genau klar, dass sie Mike wiederholt ihre Ablehnung hatte spüren lassen und dass sie ihn öfter als lästig empfunden hatte. Auch konnte sie sich gut vorstellen, dass es auch mit ihrer Ablehnung zusammenhing, dass Mike sich immer wieder auffällig und störend verhielt. Sie machte deutlich, dass das gespannte Verhältnis zu Mike wohl aufgrund einer Wechselbeziehung zustande gekommen war und keinesfalls ausschließlich Mikes Schuld war. Außerdem zeigte sie sich erleichtert, denn nun, so war sie sich sicher, könnte sie Mike besser verstehen.

8. Sachliche Klärungen

Der oder die Moderierende weist die Gruppe darauf hin, dass es nun darum gehe, Lösungen zu erzielen. Die Fallberatung verwendet Einfühlung als Mittel der Erkenntnis. Auch jetzt soll dieses Mittel weiter verwendet werden. Der/Die Moderierende soll dafür sorgen, dass Verstehens- und Lösungsschritte durch Empathie und nicht durch Belehrung erfolgen.

- Jetzt müssen Moderierende und Gruppe klären, welche Informationen noch fehlen, damit kompetente Lösungsvorschläge gemacht werden können. Es kann auch Sinn machen, wenn der/die Moderierende noch einmal alle Informationen, die zur Lösung des Problems beitragen können, sammelt und ordnet.
- Auch hier macht es Sinn, dass der oder die Moderierende der Gruppe Zeit gibt und vorschnelle Lösungen verhindert. Mit der Frage: „Was müsst ihr noch wissen, um zu einer angemessenen Lösung zu kommen?" können übereilte Vorschläge verhindert werden.

Beispiel

Hier gab es anfangs nur eine Nachfrage, nämlich: „Ist Mike eigentlich ein guter Schüler?" Stefan und Christiane waren beide nicht ganz sicher, glaubten aber, dass er im Fach Mathematik Schwierigkeiten hatte. Erst später wurde weiter nachgefragt: Wie die MitschülerInnen auf Mikes Verhalten reagierten, welche Reaktionen die LehrerInnen zeigten, ob Christiane der Meinung sei, dass Mike sie gezielt ärgern wollte und ob sie ihm ihre Wut gezeigt habe?

9. „Ich als du ..."
– Lösungsvor-
schläge

Jetzt bieten die BeraterInnen Lösungsvorschläge an, indem sie sich jeweils in die Rolle des/der Berichtenden versetzen. Der oder die Moderierende selbst sollte sich mit Lösungsvorschlägen zurückhalten, aber darauf achten, dass die BeraterInnen sich daran halten, sich mit dem/der Berichtenden zu identifizieren und ihm/ihr nicht stattdessen gute Ratschläge erteilen. Er/Sie hat auch darauf zu achten, dass der/die Berichtende nicht durch zu weit reichende Lösungsbeiträge persönlich belastet wird. Auch hier ist wieder auf die Einhaltung der sprachlichen Form zu achten: „Ich als du ..."

Beispiel

Unsere Lösungsvorschläge zielten in dieselbe Richtung: Christiane sollte sich ausführlich Zeit für Mike nehmen, ihm eventuell in Mathematik Nachhilfe geben oder mit ihm spielen und die anderen ins Spiel integrieren. Vielleicht sollte sie Mike auch freundlich klar machen, dass er es Christiane und anderen schwer mache, mit ihm zu reden oder zu spielen, wenn er immer so agiere, dass es als störend empfunden würde.

10. Rückmeldung

Wenn es möglich ist, stellt der/die Berichtende dar, mit welcher Strategie er/sie das Problem lösen will. Er/Sie kann natürlich auch feststellen, dass ihm/ihr die Lösung selbst noch nicht klar ist. Manchmal wird auch deutlich, dass das ursprüngliche Problem gar nicht so gravierend ist, sondern sich hinter anderem verbirgt.

Beispiel

Christiane wiederholte noch einmal, dass sie zumindest mittelbar am Verhalten Mikes beteiligt war und nahm sich vor, ihm nicht mehr ablehnend zu begegnen. Sie hatte sich auch vorgenommen, vor einem geplanten Spielenachmittag Mike anzusprechen und ihn zu fragen, welche Spiele er denn wünsche.

11. Abschließen-
des Blitzlicht

Das Schlussblitzlicht hat nicht die Funktion, das Problem weiter zu bearbeiten, sondern es rundet die Sitzung ab. Alle Anwesenden, also auch die bisher stummen BeobachterInnen, sollen deutlich machen, wie sie die Fallberatung erlebt haben. So kann der oder die Moderierende auch erkennen, ob der Fall geklärt worden ist oder ob die TeilnehmerInnen noch Belastendes empfinden.

Beispiel

Die Rückmeldungen der Zuschauenden bezogen sich fast ausschließlich auf die Methodik der Fallberatung selbst. Man habe es als sehr angenehm empfunden, dass einerseits ein Problem geschildert und gelöst worden, andererseits aber keine Kritik an einem Beteiligten gefallen sei. Deshalb wolle man sich gerne selbst einer Fallberatung unterziehen. Die BeraterInnen äußerten, dass es Spaß gemacht habe und man Schwierigkeiten gehabt hätte, sich mit Mike zu identifizieren, dass allerdings Stefans Darstellung eine große Hilfe gewesen sei. Christiane sagte, dass ihr die Beratung für ihre Arbeit in der Klasse geholfen habe.

12. Vereinbarung
zur Weiterarbeit
und Abschluss

Die Sitzung wird durch den oder die Moderierende beendet. Eventuell wird organisiert, wie die Lösung eines Problems durch Gruppenaktivitäten zu erreichen ist. Abschließend wird gefragt, welches Problem in der nächsten Fallberatung zu klären ist.

Techniken zur Konfliktlösung: „Moderation"

Hinweise für LehrerInnen und TrainerInnen

Das Thema „Moderation" hat zwei Aspekte – einen, der sich auf die ethischen Grundlagen moderativen Handelns und einen anderen, der sich auf die Technik des Moderierens selbst bezieht. Trennen lassen sich beide Aspekte nicht. Wenn Sie diesen Bereich mit Ihrer Gruppe erarbeiten, sollten Sie breiten Raum für die inhaltliche Diskussion des Themas lassen. Für die Arbeit mit Klassen oder größeren Gruppen sind moderative Kenntnisse und Fähigkeiten unerlässlich.

So haben unsere ModeratorInnen anfangs bei der Arbeit mit den Klassen erfahren müssen, dass sie Widerstand provozierten. Ohne Kenntnisse von Moderation kopierten sie das klassische Verhalten von LehrerInnen. Das führte zu Irritationen. Den ModeratorInnen wurde oft Spott, direkte Ablehnung oder Ironie entgegengebracht, denn Schülerinnen und Schüler, die wie typische LehrerInnen auftreten, werden von den Klassen als bevormundend empfunden. Hielten sich die PatInnen daran, zu moderieren statt belehrend zu arbeiten, wurden sie in der Regel von den Klassen akzeptiert.

Vermittelt man Moderation nur als bloße Technik, droht die Gefahr, dass die ModeratorInnen und PatInnen in alte Muster zurückfallen. Auch deshalb ist es notwendig, dass sich die ModeratorInnen mit den eigenen ethischen Motiven auseinander setzen. Solche Diskussionen sind für das erfolgreiche Arbeiten in der AG ebenso wichtig wie praktische Hinweise. Nur wenn sich die SchülerInnen die ethischen Dimensionen ihres Handels bewusst gemacht haben und auf dieser Basis agieren, handeln sie als ModeratorInnen glaubwürdig. Der folgende Text soll die SchülerInnen motivieren, sich mit den Grundlagen moderativen Handelns auseinander zu setzen.

Wenn PatInnen in Klassen moderieren, sollten sie davon ausgehen, dass die Klasse Expertin in eigener Sache ist. Darin drückt sich bereits eine bestimmte Achtung für die Gruppe aus. Die Klassen wissen selbst am besten, welche konkreten Probleme sie haben. Die Aufgabe der ModeratorInnen besteht also nicht darin, Urteile über eine Klasse abzugeben, sondern sie zu ermutigen, Prozesse zu beginnen, die es der Klasse ermöglichen, selbst aktiv das Klassenleben zu gestalten.

Moderation sollte von einer Grundhaltung aus geschehen, die von zwei Leitsätzen bestimmt ist: „Die Würde des Menschen ist unantastbar." (Grundgesetz) und: „Die Menschen stärken, die Sachen klären." (Hartmut von Hentig)

Ein wichtiges Ziel jeder Moderation besteht darin, Prozesse zu verstehen, zu strukturieren und zu begleiten. Daraus resultiert eine Vielzahl unterschiedlicher Techniken und Methoden, die hier nicht alle dargestellt werden können. Gute Hinweise bietet die „Methodensammlung" des nordrhein-westfälischen Landesinstitutes für Schule und Weiterbildung in Soest von P. Brauneck, R. Urbanek, F. Zimmermann (Nachfragen sollten direkt an das Landesinstitut gestellt werden). Auch die folgenden Bücher bieten einen guten Einstieg in das Thema „Moderation":

- Nissen, Iden: Kurskorrektur Schule, Hamburg 1995.
- M. Neuland: Neuland Moderation, Eichenzell 1995.

Eine wichtige Moderationstechnik: Die Kartenabfrage

Die Kartenabfrage ist eine Technik, um Einstellungen, Wünsche, Probleme, Ziele und Vorstellungen von Klassen zu einem bestimmten Thema zu erkennen und darzustellen. Kartenabfragen können offen oder anonym durchgeführt werden. Bei einer anonymen Abfrage ist durch die Fragestellung zu verhindern, dass andere Gruppenmitglieder bloßgestellt oder beschimpft werden, wie es einmal unerfahrene ModeratorInnen mit der Frage: „Was stört dich in deiner Klasse am meisten?" provoziert haben. Geht es um die Aufdeckung von Konflikten, sollte unbedingt darauf hingewiesen werden, dass keine Namen genannt werden und keine persönlichen Angriffe erfolgen dürfen. Solcherlei Karten müssten von den ModeratorInnen aussortiert werden. Auch hier sind die ModeratorInnen für die Sicherheit jedes und jeder Einzelnen verantwortlich. Wie eine Kartenabfrage durchgeführt werden kann, zeigt das folgende Beispiel: Die ModeratorInnen Claudia und Bastian waren in eine 9. Klasse eingeladen worden, weil viele SchülerInnen die Stimmung in der Klasse bedrückend empfanden. Die ModeratorInnen entschlossen sich zu einer Kartenabfrage, weil sie fürchteten, dass eine Diskussion über die Klasse schnell zu heftigen Streitereien führen würde. Um die SchülerInnen nicht auf das Negative zu fixieren, stellten sie folgenden Arbeitsauftrag: „Alle erhalten zwei Karten, eine grüne und eine rote. Die Karten werden alleine ausgefüllt und nicht mit Namen versehen. Schreibt bitte auf die grüne, was euch an eurer Klasse besonders gefällt, schreibt auf die rote eine Idee, einen Wunsch, einen Vorschlag, was unternommen werden kann, damit sich die Situation in der Klasse bessert. Bitte greift auf den Karten keinen persönlich an, nennt auch keine Namen, auch nicht mit versteckten Andeutungen."
Bastian erläuterte noch, dass möglichst nur ein Begriff oder eine kurze Wortfolge auf eine Karte geschrieben werden sollten und auch so groß, dass alle in der Klasse alle Karten später lesen könnten, wenn sie aufgehängt werden.
Die ausgefüllten Karten wurden dann in einem zweiten Arbeitsschritt nach Inhalten gruppiert (Szenariotechnik). Ein Ordnungsaspekt war der Begriff „Aktivitäten". Unter ihm wurden die Vorschläge gesammelt, die zur Verbesserung des Klassenklimas verschiedene gemeinsame Unternehmungen anregten, wie Klassenfeten, Gestaltung des Klassenraumes oder der gemeinsame Besuch einer Ausstellung. Eine andere Überschrift lautete „Umgangsformen". Allerdings dauerte es recht lange, bis die 50 eingesammelten Karten vorgelesen und sortiert waren. Mehr als 50 Karten sollten im Allgemeinen nicht ausgehängt werden, weil sonst zu viel Zeit verloren geht und die Übersichtlichkeit des Szenarios leidet. Um das zu verhindern, können auch Kleingruppen gebildet werden. Damit die Kartenabfrage auch wirklich funktioniert, sind folgende Grundsätze zu beachten: Die Karten nur mit Filzschreiber beschriften, pro Karte nur einen kurzen Satz oder einen Schlüsselbegriff notieren. Die Karten sind mit so großer Schrift zu beschreiben, dass sie aus mehr als sechs Metern Distanz zu lesen ist.
Bei Claudia und Bastian hatte die Szenariotechnik Erfolg. Auf der Basis von vielen Vorschlägen, bei denen sich jedes Mitglied der Klasse wiederfand, diskutierten die SchülerInnen sachlich und zielgerichtet, wie weiter zu verfahren sei. Am Ende der Stunde beschlossen sie, ein gemeinsames Klassenfest zu feiern und Beschimpfungen zu vermeiden, die sich auf die Familien der SchülerInnen bezogen. Dies hielten sie auf einem Plakat fest, das in der Klasse aufgehängt und von allen unterschrieben wurde.

Techniken zur Konfliktlösung: „Schlichtung"

Hinweise für LehrerInnen und TrainerInnen

Die Schlichtung ist eine der wichtigsten Aufgaben von ModeratorInnen oder Peergruppen. Sie ist gleichzeitig Methode und Ziel. Wenn ModeratorInnen schlichten, bauen sie auf den vorher dargestellten Konzepten auf. Als ModeratorInnen haben sie keine Macht, jemanden zu bestrafen. Schlichtungen basieren folglich auf der Freiwilligkeit und der Einsicht der Beteiligten. Damit ist eine Schlichtung durchaus ein optimistisches Verfahren, das von der Bereitschaft und der Fähigkeit der Beteiligten ausgeht, sich zu einigen. Das Ziel einer Schlichtung besteht demnach darin, den Konfliktparteien die Erkenntnis zu ermöglichen, wie der Konflikt beigelegt werden kann und wie die Streitenden künftig miteinander auskommen könnten. Wie eine Schlichtung funktioniert, sollten die LeiterInnen und die Gruppe auf jeden Fall der Schulöffentlichkeit bekannt machen. Einmal verlieren so Schülerinnen und Schüler die Angst, in einer Schlichtung bloßgestellt oder bestraft zu werden. Andererseits können Lehrerinnen und Lehrer, die über das Schlichtungsvorhaben genau informiert worden sind, Streitende in ihren Klassen ebenfalls auffordern, einen Schlichtungsprozess anzugehen. Sie sollten durch Ihre Darstellung auf einer Lehrerkonferenz auf jeden Fall verhindern, dass Ihre KollegInnen SchülerInnen unter Androhung von Sanktionen zwingen, an einer Schlichtung teilzunehmen – wie es schon in einigen Schulen vorgekommen ist. Geschieht das, ist die Schlichtung schon gescheitert, bevor sie begonnen hat. Ein Vertrag, der unter Zwang geschlossen wird, kann sich als elegantes Druckmittel herausstellen, wenn die Parteien in Wirklichkeit nicht bereit sind, ihren Konflikt zu beenden.

Eine Schlichtung ...

- ... basiert auf den Grundannahmen der Moderation und der Freiwilligkeit aller Beteiligten;
- ... beruht auf der Zielvorstellung, Lösungen zu erreichen, statt Schuldige zu ermitteln;
- ... verlangt von allen Teilnehmenden, sich an Regeln zu halten;
- ... verlangt von allen Teilnehmenden, sich verbindlich an die getroffenen Vereinbarungen zu halten;
- ... ist ein nichtstrafendes Verfahren.

Eine Schlichtung ist gelungen, wenn ...

- ... die Beteiligten eine machbare, dauerhafte Lösung erreicht haben, mit der sie sich einverstanden erklären und die sie auch langfristig einhalten;
- ... die Beteiligten die Lösungen für sich als angemessen und verbindlich akzeptieren;
- ... die TeilnehmerInnen ihre Bedürfnisse berücksichtigt sehen.

Die Elemente einer Schlichtung

Allgemeine Regeln

In Klassen und in Schlichtungsgesprächen sollten Regeln aufgestellt und auch durchgesetzt werden. Sie helfen Ängste bei den TeilnehmerInnen abzubauen und sorgen für einen klaren, übersichtlichen Gesprächsverlauf.

Es geht sowohl um Regeln, die für uns als ModeratorInnen wichtig sind, also Regeln, an die wir uns selbst halten müssen und die wir bei MitschülerInnen oder Streitenden nicht einfordern können, als auch um Regeln, die wir mit den GesprächsteilnehmerInnen festlegen, auf deren Einhaltung wir während der Arbeit mit der Klasse und während einer Schlichtung achten.

Allgemeine Gesprächsregeln, ohne die eine Schlichtung nicht durchgeführt werden kann (evtl. kann man die Regeln auf einem Flipchartbogen in der Klasse oder im Schlichtungsraum für alle sichtbar aufhängen):

- Ausreden lassen
- Keine Drohungen
- Keine Beschimpfungen
- Sich zu Wort melden (bei einer größeren Gruppe)
- Keine Vorwürfe oder Anklagen, stattdessen Beschreibung
- Vertraulichkeit, Freiwilligkeit, Verbindlichkeit
- Einverständnis über das Verfahren herstellen lassen: nicht strafen, sondern Lösungen suchen, Klärungen anstreben, keine Schuld zuweisen
- Die ModeratorInnen als Gesprächsleitung akzeptieren.

Regeln für ModeratorInnen

- Vorher eine gemütliche Atmosphäre schaffen
- Bewertungen von Personen und Verhalten vermeiden
- GesprächspartnerInnen als gleichberechtigt und gleichwertig akzeptieren
- Auch körpersprachlich Interesse an den Problemen und den Personen zeigen
- Schuldzuweisungen verhindern. Darauf achten, dass die Konfliktparteien beschreiben und nicht bewerten
- Klärung der Moderationsrolle: Hilfe, Lösungen zu finden. Keine Lösungsvorgabe
- Klarheit über das Ziel geben: Einigung. Nicht darstellen, wer schuldig ist; keine Bestrafung
- Neutral bleiben
- Sich gründlich vorbereiten
- Auf die Einhaltung der Gesprächsregeln achten
- Auf die Machbarkeit von Lösungen achten: Wünsche oder Vertragsinhalte machbar und vorstellbar gestalten lassen. Also nicht: „Ich will nicht, dass Karl mich immer ärgert …", sondern: „Ich möchte nicht, dass Karl mich vor anderen als Streber bezeichnet …"
- Lösungen gelingen nur, wenn alle Beteiligten sich ohne Zwang mit ihnen einverstanden erklären
- Sich selbst nie überfordern. Nur schlichten, wenn man sich eine Schlichtung zutraut (gilt besonders bei Schlichtungen mit LehrerInnen)
- Versuchen, bei Schlichtungen das Gewinner-Gewinner-Prinzip durchzuhalten
- Die Schlichtungen sollten nur im Team, also mit zwei ModeratorInnen durchgeführt werden, die sich vorher absprechen

**Schlichtungs-
schrittfolge**

1. Vorweg
- Vorher möglichst allein mit Beteiligten sprechen und sich gründlich informieren.
- Prüfen, ob man sich die Schlichtung zutraut.
- Rücksprache mit der AG halten.
- Raum organisieren.
- Zeitpunkt festhalten.

2. Bedingungen klären
- Sich vergewissern, ob die Konfliktparteien freiwillig erschienen sind und die Schlichtung wünschen – hier ist der Wunsch, den Konflikt beizulegen, entscheidend.
- Gesprächsregeln festlegen.
- Ziele der Schlichtung nennen (Lösung, nicht Verurteilung).
- Die eigene Rolle klären.
- Hinweise auf Vertraulichkeit und Verbindlichkeit der Schlichtung geben.

3. Bericht und erste Stellungnahme
- Die Konfliktparteien sachlich berichten lassen, dabei Anklagen und Beschimpfungen verhindern.
- Jede Partei hört der anderen zu, ohne zu unterbrechen.
- Die ModeratorInnen paraphrasieren oder reflektieren, die Darstellungen der Konfliktparteien und Fragen dazu nach deren Zustimmung.
- Die Parteien nehmen zu den Aussagen des Gegenübers Stellung.

4. Klärungen
- Die ModeratorInnen gehen auf Widersprüche ein – nicht im Sinne von Anklagen, sondern um sich ein klares Bild zu machen.
- Sie versuchen zudem, die gemeinsamen Interessen der Konfliktparteien herauszufinden. (Sie können zum Beispiel darin bestehen, einfach keinen Stress mehr mit dem Konfliktpartner haben zu wollen oder das Klassenleben zu normalisieren.)
- Wenn es möglich ist, sollten die ModeratorInnen die Bedürfnisse klären, deren Befriedigung für die Konfliktparteien hier wichtig ist.
- Wenn die Schlichtung positiv verläuft und wenig Aggressionen zwischen den KontrahentInnen auftreten, macht es Sinn, die Parteien aufzufordern, sich jeweils in ihren Konfliktpartner zu versetzen und den Konflikt und das eigene Verhalten aus dessen Sicht wahrzunehmen.

5. Lösungen
- Die ModeratorInnen fragen die Konfliktparteien, welches Verhalten, welche Lösung sie jeweils von dem Konfliktpartner erwarten.
- Sie achten darauf, dass die Ziele konkret und machbar sind.
- Anschließend fragen sie die Parteien, ob sie bereit sind, die Wünsche des Gegenübers zu erfüllen.

- Falls sie nicht einverstanden sind, sollte geklärt werden, weshalb das nicht der Fall ist. Eventuell können die ModeratorInnen auf dieser Basis mit den KontrahentInnen neue Wünsche formulieren lassen oder sich auf eine Minimalübereinstimmung einigen.

6. Vertragsabschluss
- Jeweils eine ModeratorIn formuliert mit einer Konfliktpartei die Wünsche an die andere Partei.
- Beide Parteien lesen sich in Ruhe den Vertrag durch und überlegen sich, ob sie einverstanden sind.
- Ist dies der Fall, wird der Vertrag unterschrieben; sonst muss er geändert werden.

7. Im Nachhinein
- Überprüfen, ob die Schlichtung erfolgreich war.

Fallbeispiele für eine Schlichtung

Hinweise für LehrerInnen und TrainerInnen

Die folgenden Beispiele sind Trainingsgrundlagen für eine Schlichtung. Die Fälle sind bewusst schwierig ausgewählt und geben Konflikte wieder, die in der Praxis vorgekommen sind, denn es ist unsinnig, ModeratorInnen an Problemen trainieren zu lassen, die banal sind, konstruiert oder sich im Grunde von selbst lösen. Ein wesentlicher Teil von Schlichtung ist auch das Scheitern – nicht alle Konflikte sind wirklich beizulegen. SchlichterInnen, die diese Erfahrung nicht vorher durchgespielt haben, sehen sich dann im Ernstfall als VersagerInnen. So gehört es mit zum Training, dass eine Schlichtung nicht gelingen kann, obwohl die ModeratorInnen keinen Fehler begangen haben.

Ebenso ist es nicht immer klar, wer an den jeweiligen Konflikten die entscheidende Schuld trägt. So müssen sich die ModeratorInnen ein eigenes Urteil bilden. Die Offenheit der Situationen soll sie dazu anhalten, vorsichtig zu agieren und nicht vorschnelle Ratschläge zu erteilen, sondern Lösungen von den Beteiligten selbst erstellen lassen.

Die folgenden fünf Beispiele für eine Schlichtung sollten alle nach demselben Muster durchgeführt werden: Auch dieses Muster entspricht der Realität. Es ist davon auszugehen, dass die Streitenden mit der Situation, die die Schlichtung notwendig machte, vertraut sind. Ebenso kennen sie in der Regel nur ihre Sicht der Dinge und nicht die ihres Konfliktgegners. Die ModeratorInnen wiederum kennen oft nur die Situation nur aus der Sicht von Dritten, manchmal auch gar nicht.

Im Schlichtungsrollenspiel gibt es Situations- und Rollenkarten.
- Die ModeratorInnen erhalten weder die Situationskarten noch die Rollenkarten. Sie lernen den Fall nur durch die Darstellungen der Streitenden kennen.
- Die Streitenden kennen nur die Situationsdarstellung und ihre eigene Rollenkarten. Verständnis für ihr Gegenüber können sie so nur durch den Verlauf der Schlichtung selbst entwickeln.
- Die BeobachterInnen können mit allen Karten vertraut gemacht werden. Das ermöglicht ihnen mehr Distanz zu dem Geschehen und gibt ihnen Kriterien an die Hand, die Schlichtung zu beurteilen.

Die Auswertung sollte auf folgende Gesichtspunkte abheben:
- Fühlten sich die Streitenden fair behandelt und waren sie mit dem Ergebnis einverstanden?
- Wie empfanden sich die ModeratorInnen in ihrer eigenen Rolle?
- Für die Beobachtenden ergeben sich folgende Gesichtspunkte, unter denen sie die Schlichtung beurteilen können:
- War die Situationsklärung durch die ModeratorInnen gelungen (Regeln, Rollen, Ziele)?
- Achteten die ModeratorInnen auf die Einhaltung der Regeln?
- Von wem stammte die Lösung?
- Sonstiges: Körpersprache? Ich-Botschaften? Gesprächsförderer?

**Schlichtungs-
übung I**

Die Situation

Streit in der 9 a

Elisabeth und Mark sind das Liebespaar der Klasse, und zwar schon seit Jahren. Auf der letzten Klassenfete aber hatte Anna lang und eng mit Mark getanzt, bis es Elisabeth zu bunt wurde. Es kam zum Krach. Elisabeth warf Anna laut und öffentlich vor, sich an ihren Freund ranzumachen. „Du spinnst doch!", war deren Antwort. Die Fete war geplatzt. Elisabeth ging wütend weg, Mark rannte hinterher. Die beiden versöhnten sich schnell, doch der Krach zwischen Elisabeth und Anna ging weiter. Inzwischen haben sich die Mädchen der Klassen in zwei Cliquen aufgeteilt. Eine hält zu Anna, die andere zu Elisabeth. Die Stimmung in der Klasse ist schlecht geworden.

**Rollenkarte
Anna**

Du bist immer noch wütend auf Elisabeth. Wegen so einer Kleinigkeit einen solchen Aufstand zu machen. Mark gehört doch nicht ihr und schließlich wollte Mark unbedingt eng mit dir tanzen. Du findest den ja ganz nett, aber wirklich willst du nichts von ihm. Und wie Elisabeth dich angeschrieen hat. Das musst du dir nicht gefallen lassen. Und jetzt stellt sie dich noch als Männerjägerin dar und als Ausspannerin. Die spinnt ja. Schlimm findest du allerdings die miese Stimmung in der Klasse. Die ist bestimmt auch deshalb so schlecht, weil Elisabeth viele Mitschülerinnen gegen dich aufgewiegelt hat. Dir ist klar, dass das auf euren Streit zurückgeht. Das willst du ändern. Nur deshalb lässt du dich auf eine Schlichtung ein.

**Rollenkarte
Elisabeth**

Du bist immer noch wütend auf Anna. Die soll sich doch einen eigenen Freund suchen. Macht die vor allen mit deinem Freund rum und blamiert dich. Und dann tut sie, als ob nichts gewesen sei und du spinnen würdest. Zum Glück hast du dich mit Mark versöhnt. Er konnte nichts dafür, wie die sich an ihn rangeschmissen hat. Das hat er dir genau erzählt. Schade ist allerdings, dass die gute Klassengemeinschaft gelitten hat unter eurem Streit. So soll das nicht weitergehen. Allerdings muss Anna aufhören, andere gegen dich aufzuhetzen.

Schlichtungs-
übung II
Die Situation

Der gute und der schlechte Schüler

Mirko und Georg haben wenig miteinander zu tun. Sie haben nichts gegeneinander, mögen sich aber auch nicht besonders – bis zur letzten Mathearbeit. Da hat Herr Strewen, ein älterer Mathelehrer, der nicht mehr so gut sieht, die ganz Klasse umgesetzt, damit nicht so viel gemogelt wird. Mirko und Georg mussten nebeneinander in der letzten Reihe sitzen. Mirko ist ein Mathe-Ass, Georg kämpft um die Vier. Die Arbeit war sehr schwer. Georg hatte keinen Durchblick. Sofort begann er, Mirko nach einer Lösung zu fragen. Der antwortete erst gar nichts, dann brüllte er so laut, dass es sogar der alte Strewen hörte: „Jetzt halt doch endlich mal die Klappe!" Herr Strewen reagierte sofort und setzte Georg allein ans Pult. Schon vor der Abgabe wusste er, dass er die Arbeit danebengeschrieben hatte.

Nach dem Schellen rannte er wütend auf Mirko los. „Du blöder Streber!" Einige MitschülerInnen johlten. Mirko schimpfte zurück: „Nur weil du ein geborener Blödmann bist, musst du mich nicht anmachen." Von da an beschimpften sich die zwei. Viele MitschülerInnen übernahmen die Schimpfnamen, sodass Mirko immer wieder „Streber" und Georg „geborener Blödmann" genannt wurde. Die Sache belastet beide, sodass sie sich an die ModeratorInnen wenden.

Rollenkarte
Mirko

Eigentlich hast du gar nichts gegen Georg. Aber der ist zu dämlich. In der Klassenarbeit wusste er rein gar nichts. Die ganze Zeit hat er dich mit Fragen bombardiert. Er hat dich völlig durcheinander gebracht. Du konntest dich nicht konzentrieren. Immer wollte er was von dir wissen. Deshalb hast du aus Verzweiflung laut gesagt, dass er endlich die Klappe halten sollte. Du findest es ungerecht, dass er dich Streber nennt, nur weil du besser bist. Die anderen ärgern dich auch schon. Aber das lässt du dir nicht gefallen. Schlagen willst du Georg nicht, aber du wirst ihn weiter blamieren, weil er so doof ist.

Rollenkarte
Georg

Dieses langweilige Musterkind Mirko ist dir eigentlich egal; war dir egal – bis zur letzten Mathearbeit. Dich einfach hängen zu lassen! Der hätte doch merken müssen, wie sehr du in Panik warst. Und statt dir zu helfen, brüllt der los, dass der alte Strewen dich allein ans Pult gesetzt hat. Die Fünf kam dann ja auch. Das ist nur Mirkos Schuld. Beleidigt ist er, weil du ihn Streber genannt hast. Aber selbst ist er nicht besser. Nennt dich „geborenen Blödmann" und macht sich bei jeder Gelegenheit über deine angebliche Dummheit lustig. Das Schlimme daran ist, dass die anderen mitmachen. Wenn das mit der Schlichtung nicht klappt, wirst du Mirko verprügeln, und zwar so gründlich, dass er dich nie mehr beschimpfen wird.

**Schlichtungs-
übung III
Die Situation**

Die Basketballmannschaft

Kevin ist vom Sportlehrer Kreisel zum Kapitän der Basketballmannschaft ernannt worden, weil er der beste Spieler in der Klasse ist. Er soll für das große Schulturnier sechs weitere Spieler auswählen. Diese Mannschaft soll dann die Klasse vertreten. Als Kevin zum Ende der Sportstunde seine Auswahl bekannt gab, entstand Unruhe. Besonders Fabian war empört: „Das ist ungerecht. Du gehst doch gar nicht nach der Leistung, du hast doch nur deine Freunde ausgewählt." Teile der Klasse unterstützen Fabian. In die Unruhe hinein brüllt Kevin: „Ihr habt doch von Basketball keine Ahnung. Eine Mannschaft muss zusammenpassen, und so habe ich ausgewählt." Die Klasse brüllt durcheinander. Schließlich wird es Herrn Kreisel zu bunt: „Ihr habt bis morgen Zeit, euch zu einigen. Wenn es nicht klappt, nimmt eure Klasse eben nicht am Turnier teil. Ich bin diese Kindereien und Streitereien nämlich satt." Um die Teilnahme am Turnier nicht zu gefährden, wurde in der Klasse beschlossen, Kevin und Fabian zu den ModeratorInnen zu schicken.

Rollenkarte Kevin

Du hast die Mannschaft so aufgestellt, wie sie am besten zusammenpasst. Dein Trainer sagt auch immer: „Eine Mannschaft muss zusammenpassen; eine Mannschaft, das sind nicht nur Einzelspieler." Fabian passt deiner Meinung da nicht rein, auch wenn er kein schlechter Spieler ist. Er ist so brav und so langweilig. Du bist ärgerlich, weil er vor Herr Kreisel diesen Aufstand gemacht hat und weil er dich nicht als Mannschaftskapitän respektiert. Du hast aber auch große Sorgen, dass Herr Kreisel deine Mannschaft vom Turnier abmeldet. Du weißt, dass er da sehr konsequent ist; wenn er sich einmal festgelegt hat, zieht er das auch durch. Irgendwie muss es zu einer Einigung kommen. Du hoffst, dass die ModeratorInnen Fabian zur Einsicht bringen. Komisch ist allerdings, dass so viele aus deiner Klasse diesen Typ unterstützt haben.

**Rollenkarte
Fabian**

Du bist richtig wütend auf Kevin. Diese ewige Cliquenwirtschaft! Christian und Tim, die beispielsweise zur Mannschaft gehören, spielen viel schlechter als du – das sagt auch fast jeder in der Klasse. Aber die sind halt Kevins Freunde, während du mit Kevin nichts zu tun hast, obwohl du genauso gern Basketball spielst wie er. Der hält sich für cool, kann aber außer Basketball spielen nicht viel. Vielleicht mag er dich auch nicht, weil du ein besserer Spieler bist und bei den Mädchen in der Klasse besser ankommst.
Du würdest sehr gerne für deine Klasse spielen und eure Chancen für einen Turniersieg sind nicht schlecht. Deshalb bist du auch bereit, zu den ModeratorInnen zu gehen, denn wenn ihr euch nicht irgendwie einigt, da bist du dir sicher, wird Herr Kreisel deine Klasse nicht am Turnier teilnehmen lassen.

Schlichtungs-
übung IV
Die Situation

Die Neue oder Der Diebstahl

Katja ist seit einem Monat neu in der Klasse. Sie hat sich gut eingelebt und gehört zu derselben Clique wie Marianne, die allerdings weniger begeistert von der Neuen ist. Zusammen mit Kerstin, die auch Klassensprecherin ist, bestimmte Marianne immer ein bisschen, wo es langging. Katja scheint das nicht zu passen. Wenn Marianne etwas vorschlug, war sie oft dagegen, und manchmal brachte sie die anderen Mädchen der Clique dazu, ihr zu folgen. Marianne wiederum kommentierte Katjas Verhalten immer wieder mit spitzer Zunge. Da passierte etwas Außergewöhnliches: Nach der großen Pausen kam Marianne an ihren Platz zurück und starrte entsetzt auf ihre Federmappe. Sie war umgestürzt worden. Der teure Füller lag auf dem Fußboden und der Zehneuroschein, der vorher in der Federmappe war, fehlte. Da fiel ihr ein, dass Katja in der Pause den Schulhof verlassen hatte und ins Schulgebäude zurückgegangen war. Für Marianne war der Fall klar: Katja hatte sie bestohlen. „Spinnst du?", war ihre Antwort. „Es stimmt, dass ich noch einmal im Flur war. Mir war kalt, ich habe nur meine Jacke geholt. Ihr habt doch alle gesehen, dass ich mit meiner Jacke zurückgekommen war, die ich vorher nicht anhatte. Ich habe nicht gestohlen. Das ist gemein, mich so zu verdächtigen." – „Du kannst mir erzählen, was du willst. Ich werde den Fall unserem Klassenlehrer melden und ich werde ihm sagen, dass du ganz allein im Flur gewesen bist. Du Diebin!" Kerstin schaltete sich ein: „Bevor du zum Lehrer gehst, könntet ihr beiden doch vorher mit den Moderatoren sprechen." Es dauerte einige Zeit, bis beide einwilligten, aber schließlich trat man den Weg zur Schlichtung an.

Rollenkarte
Katja

Bis auf einigen Ärger mit Marianne, die du immer als zu beherrschend wahrgenommen hast, fühltest du dich in der neuen Klasse richtig wohl. Auch wenn du noch oft traurig an Dortmund zurückdenkst. Und jetzt dieser blöder Ärger. Klar warst du auf dem Flur, um deine Jacke zu holen; dir war wirklich kalt. Und jetzt beschuldigt dich diese Marianne. Vermutlich hat sie selbst das Geld versteckt oder es war gar kein Geld in der Federmappe. Die will dich nur anschwärzen, damit sie die anderen besser herumkommandieren kann. Aber du hast auch Angst. Wenn man dich wirklich wie eine Diebin behandelt oder dich für eine Diebin halten sollte, würde kein Mensch aus der Klasse mehr etwas mit dir zu tun haben wollte. Und Freundinnen willst du in der neuen Stadt unbedingt haben.

Rollenkarte
Marianne

Katja ist dir mit ihrer andauernden Meckerei bei allen deinen Vorschlägen schon lange auf den Geist gegangen. So eine Neue sollte sich erst einmal anpassen. Komisch, dass ausgerechnet Kerstin sie noch zu unterstützen scheint. Und jetzt hat dich diese Neue auch noch bestohlen. Sie kann leugnen, wie sie will: Ist doch ganz klar, dass das Katja war. Erstens war sie vorher auf dem Flur und zweitens ist ja auch vorher, bevor die Neue gekommen war, nichts in der Klasse gestohlen worden. Die soll wieder nach Dortmund gehen, wo sie auch hin gehört, hier hat die doch nichts verloren. Aber wenn sie dir das Geld zurückgibt und sich entschuldigt, gehst du nicht zum Lehrer. Brauchst du auch nicht, denn Katja ist dann sowieso bei allen unten durch.

Hinweise für LehrerInnen und TrainerInnen

Wenn Sie sich entschließen, eine ModeratorInnengruppe zu gründen, die ihren Schwerpunkt auf die Betreuung von Klassen legt, wird Ihre Gruppe immer wieder vor die Aufgabe gestellt werden, sich mit Sonderformen der Schlichtung auseinander zu setzen. Häufiger werden die ModeratorInnen improvisieren und öffentliche Schlichtungen durchführen müssen, an denen die ganze Klasse oder Teile der Klasse beteiligt sind. Hier lässt sich das Vorgehen nicht so eindeutig systematisieren. Das folgende Textbeispiel veranschaulicht, wie in solchen Fällen vorgegangen werden kann. So soll auch den ModeratorInnen Angst vor einer komplexen, offenen Schlichtung genommen werden.

Literaturtipps

Weitere praxisnahe Beispiele und Trainingsvorschläge bieten besonders die folgenden Bücher:

- Walker, Jamie (Hrsg.): Mediation in der Schule. Cornelsen Scriptor, Berlin 2001.
- Walker, Jamie: Gewaltfreier Umgang mit Konflikten in der Sek. I. Cornelsen Scriptor, Berlin 1995.

Lioba Pott
Hoppie macht Spaß – Eine Schlichtung zwischen Lehrer und Klasse

In einer großen Pause umringte uns Moderatorinnen aus der Stufe 12 gleich ein ganzer Pulk von SchülerInnen aus der 7: „Der Herr Hoppe macht sich dauernd über uns lustig. Der verulkt zum Beispiel oft unsere Namen und singt Lieder über die Mädchen aus der Klasse. Manchmal finden wir das ja ganz witzig, aber der wird oft so persönlich", sagte Sebi. „Stimmt", fügte Sarah hinzu, „der nimmt uns überhaupt nicht ernst. Gestern mussten wir ihm alle in Musik Kasatschock vortanzen und der Hoppe hat sich kaputtgelacht."

Ich hatte Hoppie, wie er genannt wird, selbst über mehrere Jahre in verschiedenen Fächern genießen dürfen und so konnte ich meine MitschülerInnen verstehen. Hoppie konnte mit seinen „Scherzen" sehr danebenhauen. Auf der anderen Seite kannte ich Hoppie auch sonst gut, da ich in der Schul-Big-Band, die er leitete, schon seit einiger Zeit mitspielte. Ich wusste, dass seine Sprüche und Scherze, so übel sie wirken konnten, eigentlich nicht böse gemeint waren. Chrissy, die Moderatorin, mit der ich gemeinsam die Klasse betreute, sah das ähnlich.

Als wir zwei Tage später in die Klasse kamen, war das Chaos groß, denn jeder wollte uns die neuesten Schoten von Hoppie mitteilen, und ich muss zugeben, dass wir uns, neugierig, wie wir auf die neuen Geschichten von Hoppie waren, auch nicht allzu große Mühe gaben, den Wortschwall einzudämmen: „Und die Liselotte ärgert er dauernd, indem er das Lied von der schönen Lilofee singt." Lotte ist stark übergewichtig und leidet darunter. „Wir trauen uns manchmal schon gar nicht mehr, uns zu melden, weil wir denken, dass wir dann einen Spruch abkriegen", beschwerte sich Miriam.

Klar wurde schließlich, dass die Klasse die Situation ändern wollte. „Habt ihr denn schon mit Hoppie gesprochen?" – „Klar haben wir ihm manchmal gesagt, dass wir seine Sprüche blöd finden, aber mit dem Hoppie kann man ja nicht reden."

Wir wussten selbst, wie flapsig-locker Hoppie über Beschwerden hinweggehen konnte – darin war er ein Meister. Also versuchten wir die Klasse zu überzeugen, dass Hoppie doch gar nicht so übel war. Wir hätten auch die Erfahrung gemacht, gut mit ihm reden zu können. Hier meldete sich Fabian: „Könnt ihr denn dann nicht für uns mit Herrn Hoppe reden?"

Uns erschien es sinnvoller, dass die SchülerInnen selbst – mit unserer Unterstützung – mit Hoppie redeten. Wir schlugen der Klasse also ein „Schlichtungsgespräch" mit Herrn Hoppe vor, bei dem wir als Moderatorinnen anwesend wären und das wir auch mit ihnen vorbereiten würden. So wird zunächst einmal den SchülerInnen klar gemacht, dass sie sich selbst um ihre Angelegenheiten kümmern müssen und dies auch können. Außerdem müssen sie so noch einmal genau überlegen, was sie an dem Konfliktpartner stört und ob die Beschwerde fundiert ist. Dem Lehrer wird die Ernsthaftigkeit der Probleme ebenfalls besonders deutlich, wenn er sieht, dass sich die SchülerInnen einem Gespräch mit ihm stellen, anstatt die ModeratorInnen vorzuschicken und ihm so die Chance lassen, auf ihre Vorwürfe direkt zu reagieren. Gleichzeitig bekommt ein solches Gespräch für alle Teilnehmenden – auch durch unsere Anwesenheit – einen offiziellen Charakter.

Wir empfahlen der Klasse drei oder vier VertreterInnen zu bestimmen, die in ihrem Namen mit Hoppie reden sollten. Nina sagte: „Lasst uns die KlassenvertreterIn-

nen, die mit Hoppie reden sollen, wählen, damit ganz deutlich wird, dass sie eine Klassenangelegenheit und nicht ihre Privatmeinung vertreten." Auch damit waren alle einverstanden.

Am Montag trafen wir uns mit den vier gewählten Vertretern der Klasse. Zuerst sollten sie konkret beschreiben, was sie an Hoppies Verhalten störte und welches Verhalten sie sich stattdessen wünschten. Sie sollten ihre Wünsche als konkrete und erfüllbare Bitten formulieren und den anklagenden Ton vermeiden, was sich als gar nicht so einfach herausstellte. So lasen wir oft Sätze wie: „Sie machen sich dauernd über uns lustig und nehmen uns nicht ernst."

Gemeinsam formulierten wir schließlich Bitten, mit denen alle zufrieden waren. So stand dort: „Wenn Sie unsere Namen verändern und darüber lachen, fühlen wir uns nicht ernst genommen. Könnten Sie uns demnächst einfach mit unseren richtigen Namen ansprechen?"

Als Nächstes verteilten wir die einzelnen Bitten auf die vier SchülerInnen und übten mit ihnen SchülerInnen den freien Vortrag.

Am nächsten Tag fing ich Hoppie nach unserer Big-Band-Probe ab: „Herr Hoppe, haben Sie einen Moment Zeit? Ich würde gerne mal kurz mit Ihnen sprechen. Wie Sie wissen, betreue ich mit der Christiane die 7b, und Ihnen ist bestimmt auch schon aufgefallen, dass es in der Klasse nicht immer so gut läuft. Ich kenne Sie und Ihre lockere Zunge ganz gut und weiß, wie Sie vieles meinen, aber für manche Leute ist das auch schwierig. Deshalb möchten vier SchülerInnen in Vertretung für die ganze Klasse ein Gespräch mit Ihnen führen und ein paar Bitten an Sie richten. Auch Christiane und ich werden dabei sein. Vielleicht bringt das Gespräch ja was für Ihre Unterrichtsatmosphäre. Sind Sie bereit dazu?"

Herr Hoppe war sofort einverstanden. Es zeigte sich, dass er den Widerstand der Klasse gegen seinen Unterricht sehr wohl wahrgenommen hatte und ihn die Ablehnung und Disziplinlosigkeiten seitens der Klasse trafen. Wir einigten uns auf einen Termin. Hoppie plante von sich aus eine Stunde für das Gespräch ein. Er nahm es also ernst.

Sowohl die SchülerInnen als auch Herr Hoppe erschienen pünktlich im Schülercafé. Wir ModeratorInnen übernahmen die Gesprächsleitung. Es war uns wichtig, noch einmal allen Beteiligten klar zu machen, dass es hier darum ging, die Klassenatmosphäre zu verbessern und nicht darum, einen persönlichen Konflikt auszutragen. Ebenso stellten wir die bewährten Gesprächsregeln dar. Als Nächstes forderten wir die SchülerInnen auf, ihre Anliegen vorzutragen. Hoppie hörte sich erst schweigend alles an. Als die SchülerInnen geendet hatten, erklärte er ihnen sehr freundlich, dass doch ein gut durchdachtes pädagogisches Konzept hinter seinen Sprüchen stecke. Im Grunde seien die „kleinen Neckereien" doch nur zum Besten der SchülerInnen. Es war für uns ModeratorInnen gar nicht so einfach, Hoppie ab und zu zu stoppen, um auch den SchülerInnen Gelegenheit zu bieten, sich wieder zu Wort zu melden. Am Ende des Gespräches versprach Hoppie jedoch, über die Probleme der Klasse nachzudenken und ihre Bitten so weit es ging zu erfüllen. Damit waren die SchülerInnen sehr zufrieden.

In den nächsten Wochen fragten wir öfter in der Klasse nach, wie es mit Hoppie lief. Wir durchgehend hörten wir, dass Hoppie sich sehr bemühte. Er unterließ zum Beispiel bis auf wenige Ausrutscher die Namensverulkung, zumindest in dieser Klasse. Wir hatten den Eindruck, dass auch auf der Seite der Klasse sich ein Schlichtungs-

erfolg eingestellt hatte: Viele sahen Hoppie jetzt als einen Lehrer, der mit sich reden lässt und seine Sprüche meist nicht böse meint. Die Antihaltung gegen seinen Unterricht, die Störungen, Disziplinlosigkeiten und entsprechende Gegenreaktionen produzierte, wurde aufgegeben. Die Klasse agierte offener mit Hoppie, auch wenn Hoppie natürlich der „Alte" geblieben ist. Und das ist ja auch irgendwie gut so.

Auswertung

- Überlegt, welche „Fallen" auf SchlichterInnen lauern können.
- Stellt dar, wie die Ziele der Schlichtung, nämlich eine Konfliktlösung zu erreichen, mit den Methoden der Schlichtung zusammenhängen.
- Diskutiert, welches Vorgehen und welches Verhalten der Schlichterin euch kritikwürdig erscheinen und was ihr übernehmen möchtet.

Zur Bedeutung der Körpersprache

Hinweise für LehrerInnen und TrainerInnen

Viele LehrerInnen schrecken schon vor dem Begriff „Körpersprache" zurück. Landläufige Meinungen zum Thema sind, dass das irgendwie mit Pantomime zu tun habe, dass das eine Kunst sei, für die man nicht ausgebildet sei und dass das Thema auch so abseitig sei, dass man sich nicht mit ihm zu beschäftigen brauche. So jedoch ist der Begriff „Körpersprache" viel zu eng gefasst, nämlich als das bewusste Gestalten und Darstellen von Vorgängen mithilfe nonverbaler Signale. Wir senden aber alle ständig Signale aus, die nicht sprachlicher Art sind, ohne sie bewusst zu gestalten, und die trotzdem entscheidend dafür sind, wie die Umwelt auf uns reagiert.

Körpersprache ist aber viel mehr – sie umfasst alle Verhaltensbereiche eines Menschen, bis auf das unmittelbar Sprachliche selbst. Damit zählen zur Körpersprache auch die Bereiche, die eng mit einer sprachlichen Darstellung selbst verknüpft sind – wie beispielsweise Lautstärke und Betonung im Reden. Ebenso gehören zur Körpersprache andere bewusste oder unbewusste Verhaltensweisen wie Gesten und Mimik und der Gesamteindruck, den jemand vermittelt.

Körpersprachlich bedeutsam ist auch die Position, die wir im Raum und gegenüber anderen einnehmen. Zur Körpersprache zuzurechnen sind auch die unwillkürlichen Reaktionen eines Menschen, die sich häufig genug seiner Kontrolle entziehen, wie Erröten oder Erhöhung der Atemfrequenz usw.

Weil Körpersprache ein Bereich ist, der so vieles umfasst, und weil viele Prozesse, die Körpersprache formen, unbewusst ablaufen, ist es auch so schwer, sie gezielt zu trainieren. Es macht wenig Sinn, bestimmte Gesten einzuüben, die Zuversicht oder Selbstbewusstsein ausdrücken. Häufig wirken sie aufgesetzt oder werden als künstlich durchschaut, weil die Entschlossenheit signalisierende Faust durch den ängstlich verzogenen Mund widerlegt wird.

Um nicht vor der Komplexität des Bereiches zu kapitulieren, soll die Ausbildung der ModeratorInnen darauf beschränkt werden, dass sie erkennen können, welche Wirkungen die eigene Körpersprache vor der Klasse auslösen kann und wie dabei besonders grobe Fehler zu vermeiden sind. Wenn Sie mit Ihrer Gruppe zur Körpersprache arbeiten und dabei auch das Auftreten Einzelner besprechen, sollten Sie darauf achten, dass die Kritik an „Fehlverhalten" nicht auf die Persönlichkeit selbst bezogen wird. Hier sollte man mit den Jugendlichen sehr vorsichtig umgehen, denn es kann einschüchternd wirken, wenn man hört, dass man unsicher und langweilig auf die Gruppe wirke. Deshalb wurde die folgende Übung „Der neue Musiklehrer" so entwickelt, dass sie aufgrund von konstruierten Vorgaben einer albernen fiktiven Selbstdarstellung Kritik und Bewertungen erträglicher werden lässt und zugleich die Möglichkeit eröffnet, das Repertoire an Ausdrucksmöglichkeiten zu erweitern. Es hat sich zudem als sinnvoll für die Stärkung der ModeratorInnen erwiesen, einen Katalog von Verhaltensmustern aufstellen zu lassen, die Selbstsicherheit anzeigen.

Die dem nachstehenden Informationstext folgenden Übungen zur Körpersprache verfolgen zwei Ziele: Sie wollen einerseits veranschaulichen, wie wichtig die Körpersprache für alle Kommunikationsprozesse ist und andererseits dazu beitragen, das Ausdrucksrepertoire zu erweitern. Die Übungen sind so konzipiert, dass sie von den betreuenden LehrerInnen oder TrainerInnen keine Vorkenntnisse verlangen. Außerdem machen sie, so die Erfahrungen, den TeilnehmerInnen Spaß.

Während der unterschiedlichsten Rollenspiele im Verlauf der ModeratorInnenausbildung, die gar nicht speziell zum Thema „Körpersprache" inszeniert werden, sollten Sie immer wieder mal den Arbeitsauftrag stellen, auch gesondert die Körpersprache der Spielenden zu beobachten. Dabei sollte besonders auf Sprechweise, Blickkontakt, Bewegungen, Gesichtsausdruck, Hände und Arme der Spielenden geachtet werden. Lassen Sie die Gruppe auch interpretieren, welchen Gesamteindruck die Körpersprache jeweils vermittelte.

Was ModeratorInnen über die Körpersprache wissen sollten

Ob du es willst oder nicht: Deine Körpersprache kannst du nicht zum Schweigen bringen. Selbst das Lügen kannst du ihr kaum beibringen.

Immer sagen wir auch über uns etwas aus, selbst wenn wir nur über andere sprechen wollen. Wie wir etwas über uns offenbaren, wenn wir nur die Schönheit unseres Hundes beschreiben – wir sind dann deutlich als Hundeliebhaber zu erkennen –, so liefert auch unsere Körpersprache fortwährend Informationen über uns. Selbst wenn du dich umdrehst, um beispielsweise deinen Gesichtsausdruck nicht zu zeigen, sagst du damit „Kein Interesse" oder „Langeweile" oder „Angst, durchschaut zu werden".

Damit wird die Körpersprache genauso wichtig wie das Gesprochene selbst – manchmal sogar wichtiger. Welcher von beiden Sprachen glaubt man: Du sagst deinem Freund oder deiner Freundin: „Ich habe dich wirklich lieb." Wenn du aber dabei an die Decke starrst, den Mundwinkel nach unten ziehst und dein Bekenntnis monoton runterleierst, wird er oder sie das Gegenteil glauben – wohl zu recht.

Zur Körpersprache gehört alles, womit ich mich anderen mitteile – bis auf die rein sprachliche Botschaft selbst.

Damit zählen zur Körpersprache auch die Bereiche, die unmittelbar mit einer sprachlichen Darstellung selbst verknüpft sind, wie beispielsweise Lautstärke, Tonfall, Sprechgeschwindigkeit, Deutlichkeit der Aussprache, Betonung, aber auch Sprechpausen. Es macht einen Riesenunterschied, ob ich das Wort „Ruhe" herausbrülle, was wie ein Befehl klingt, oder ob ich es leise flüstere, so als drücke ich ein Gefühl aus.

Ebenso gehören zur Körpersprache andere bewusste oder unbewusste Verhaltensweisen wie Gesten (Nicken, den Kopf schütteln, lächeln …), Mimik und die Art und Weise des Blickkontaktes. Es ermutigt uns beispielsweise, wenn uns jemand freundlich zunickt, während wir etwas erzählen, und es irritiert uns, wenn in derselben Situation unser Gegenüber keine Miene verzieht und starr an uns vorbeisieht. Hier wird schon deutlich, wie sehr unsere Körpersprache die Reaktionen anderer auf uns beeinflusst. Viele Gesten sind in ihrer Bedeutung klar, sie sind gesellschaftlich festgelegt. Nicken heißt „ja", Kopfschütteln „nein"; tippe ich mit meinem Finger an die Stirn, ist jedem klar, was ich damit meine.

Eigentlich gibt unsere gesamte Motorik über uns Auskunft, wie die Aktivitäten der Hände, die Körperhaltung, ob jemand sitzt oder steht, der Gesamteindruck, den jemand vermittelt: angespannt oder entspannt, freundlich oder aggressiv. Wenn jemand uns versichert, er oder sie sei ganz ruhig und entspannt, zugleich aber die Hände hektisch hin und her bewegt und nervös von einem Fuß auf den anderen steigt, können wir das nicht so recht glauben.

In den erweiterten Bereich der Körpersprache können wir auch die Kleidung, die Frisur und das so genannte Outfit aufnehmen, denn zumindest in unserem Kulturkreis sind sie auch Mittel, um die eigene Persönlichkeit auszudrücken und lösen damit bei anderen eine bestimmte Erwartungshaltung aus. Einem Punk mit orangefarbenem Bürstenschnitt und dazu passender Kleidung begegnen wir anders als einem korrekt gescheitelten Gleichaltrigen im Anzug.

Auch die Position, die ich gegenüber anderen einnehme, mein Standort, ist Teil meiner Körpersprache. So erzähle ich körpersprachlich einiges, wenn ich mich in ein Zwiegespräch so einmische, dass ich mich zwischen die Sprechenden stelle und einem von beiden den Rücken zukehre. Letzterer wird von meiner Körpererzählung in der

Regel nicht begeistert sein. Auch Nähe und Distanz gegenüber meinem Kommunikationspartner sind wichtige Mittel der Körpersprache. Es macht einen großen Unterschied, ob ich als Lehrer eine Schülerin in der letzten Reihe vom Pult her auffordere, sich ruhig zu verhalten, oder ob ich mich neben sie stelle, um von dort aus mit ihr zu reden.

Zur Körpersprache zuzurechnen sind auch die unwillkürlichen Reaktionen eines Menschen, die sich häufig genug seiner Kontrolle entziehen – wie Erröten, Stottern, Atemlosigkeit, Schwitzen, Kichern, nervöses Zucken oder Schwitzen. Wenn uns versichert wird, dass uns die reine Wahrheit berichtet werde, und der- oder diejenige, von dem oder der diese Aussage stammt, errötet, führt das bei uns zu skeptischen Reaktionen.

Unsere Körpersprache, ob sie bewusst oder unbewusst erfolgt, nimmt in hohem Maße auf die Reaktionen unserer Kommunikationspartner Einfluss – und deshalb macht es auch Sinn, sich mit diesem Bereich näher zu beschäftigen.

Arbeitsauftrag　Stell dir einen Streit mit einem Mitschüler/einer Mitschülerin vor, auf den oder die du wirklich wütend bist. Lies diesen Text noch einmal durch und notiere, welche „Sprachen" dein Körper dabei spricht. Vergleiche deine Ergebnisse mit einem Partner/einer Partnerin, macht euch die Unterschiede klar und überlegt, ob ihr Wichtiges vergessen habt.

Die folgende Fehlerliste zeigt euch, was ihr vermeiden könnt und sollt, wenn ihr als ModeratorInnen arbeitet.

Fehlerliste Körpersprache
- Kein Blickkontakt zur Klasse.
- Nervosität, schnelles Sprechen, Konfusion, hektisches Bewegen.
- Sichtbares Desinteresse, das sich in einer gelangweilten Sprechweise zeigt oder darin, dass der Klasse der Rücken zugedreht wird, oder die Hände in den Taschen versteckt werden oder Kaugummi gekaut wird.
- Extreme, offen zutage tretenden Unsicherheit, Zittern, fahrige Gesten, hektisches Hin-und-her-laufen.
- Leise und undeutlich reden, schnell sprechen.
- Stures Ablesen – besonders peinlich, wenn man einen winzigen Zettel hervorkramt, der unleserlich ist.
- Jede Form von Verstellung, wie beispielsweise künstliche Fröhlichkeit, die sofort durchschaut wird, oder dass ihr den Coolen spielt, der scheinbar alles im Griff hat.
- Lehrerimitation. Die Klasse weiß genau, dass ModeratorInnen keine LehrerInnen sind. Imitieren wird als peinlich empfunden und ruft Ablehnung hervor.

Im Umkehrschluss wird die Körpersprache immer dann als gelungen empfunden, wenn die ModeratorInnen Blickkontakt zur Gruppe halten, wenn Sie aufmerksam gegenüber der Gruppe agieren und sich natürlich verhalten, wenn sie offen auftreten und z. B. Nervosität nicht überspielen.

Wer lügt denn hier?

Verlauf 1 Zwei ModeratorInnen, die sich gut verstehen, bilden jeweils ein Paar.
Sie beginnen einen Dialog, in dem sie sich gegenseitig Nettes, Freundliches oder sogar Liebevolles sagen. Dabei soll ihre Körpersprache genau das Gegenteil zum Ausdruck bringen. Sie sollen also, während sie Nettes sagen, gelangweilt die Augen rollen, den Mund verziehen, angeekelt aussehen, die Arme vor den Körper verschränken, sich zurücklehnen usw.
Die beiden sollen ungefähr fünf Minuten miteinander auf diese Art und Weise kommunizieren.

Auswertung ■ Gelang es, die Widersprüchlichkeit zwischen Sprache und Körpersprache durchzuhalten?
■ Wie empfanden Sender und Empfänger die widersprüchliche Darstellung?
■ Was wirkte auf den Partner stärker: die sprachliche Zuwendung oder die körpersprachliche Ablehnung?

Verlauf 2 Im Anschluss an die Auswertung wird die Übung unter umgekehrten Vorzeichen wiederholt.
Nun sagen sich dieselben PartnerInnen Unangenehmes, Boshaftes, Ablehnendes, Gemeines, Aggressives usw. Dabei soll die Körpersprache positive Zuwendung ausdrücken.
Die PartnerInnen können sich anlächeln, tief in die Augen schauen, sich öffnen, der Stimme einen sanften Klang verleihen usw.
Die beiden sollen ungefähr fünf Minuten miteinander auf diese Art und Weise kommunizieren.

Auswertung ■ Gelang es jetzt besser, die Widersprüchlichkeit zwischen Sprache und Körpersprache durchzuhalten?
■ Wie empfanden Sender und Empfänger nun die widersprüchliche Darstellung?
■ Was wirkte auf den Partner stärker: die sprachliche Zuwendung oder die körpersprachliche Ablehnung?
■ Wie sehen die ModeratorInnen den Zusammenhang von Körpersprache und der Sprache selbst?

Was du sagst, interessiert mich nicht (Nach einem Seminar mit Jutta Prinz)

Verlauf Die Gruppe bildet Paare – A und B. A erzählt zunächst B drei Minuten etwas, was ihm/ihr wichtig erscheint, was er/sie interessant findet oder etwas, von dem er/sie annimmt, dass es B interessiert. B hört nur zu. Er/Sie darf nicht sprechen, soll aber mit seiner/ihrer Körpersprache deutlich machen, dass ihn/sie das, was A erzählt, total langweilt. Aber: Er/Sie darf nicht weggehen und A nicht berühren – umgekehrt auch nicht. Nach drei Minuten wechseln die Rollen. Nun erzählt B, während A sich langweilen muss.

Auswertung
- Wie haben wir uns in der Rolle als sprechende, wie als gelangweilte zuhörende Person gefühlt?
- Was fiel uns besonders schwer?
- Wie schätzen wir jetzt die Bedeutung der Körpersprache ein?
- Welche Reaktionen störten uns als Sprechende besonders?

Anmerkung Die Übung verdeutlicht, welch großen Einfluss Körpersprache auf unser kommunikatives Verhalten ausübt. Fast alle SprecherInnen halten es nicht durch, drei Minuten gegen demonstrative Ablehnung zu kommunizieren. Der Stress wird jedoch aufgewogen durch den Spaß, den die Gruppe hat, wenn sich die Ablehnenden untereinander beobachten.

Nähe aushalten

Verlauf   Zwei ModeratorInnen, die sich gut verstehen, bilden jeweils ein Paar. Sie wählen sich ein Sachthema aus, über das sie gut miteinander sprechen können.

Sie setzen sich in ca. 1 m Abstand direkt gegenüber. Nach ungefähr einer Minute bricht der/die Moderierende ab und fordert die Paare auf, näher zusammenzurücken, sodass die Stühle nur noch 50 cm voneinander entfernt stehen. Die Paare diskutieren weiter. Jetzt werden die Stühle so verschoben, dass sich die Knie der Paare berühren. Sie sitzen aufrecht und lehnen sich an. Das Gespräch wird wieder aufgenommen.

Nach ungefähr einer Minute bricht der/die Moderierende wiederum ab. Jetzt sollen sich die Paare vorbeugen, sodass zwischen beiden Gesichtern nur noch 10 cm Abstand herrscht.

Das Gespräch wird wieder aufgenommen.

Zum Abschluss lässt der/die Moderierende die Paare zwei Minuten in der ungewohnte Nahdistanz reden.

Auswertung   ▪ Spontane Äußerungen zur Übung sammeln.

▪ Wie hängen Gesprächsverhalten und körperliche Distanz voneinander ab?

▪ Was kann ich von dieser Übung für meine Arbeit als ModeratorIn übernehmen?

Der neue Musiklehrer

Verlauf   Die Ausgangssituation für diese Übung ist einfach: Die Gesamtgruppe stellt eine Klasse 10 dar. Ein Gruppenmitglied stellt sich ihr als neuer Musiklehrer vor. Die Übung beginnt damit, dass eine Freiwillige oder ein Freiwilliger die Tür öffnet, sich vor die Klasse stellt und folgenden Text so spricht und darstellt, dass die neue Klasse ihn unter Garantie ablehnen wird; er soll also den Text „in den Sand setzen".

„Guten Tag, mein Name ist Hase. Ich möchte mich euch vorstellen. Ich bin euer neuer Musiklehrer. Wir werden ein Jahr lang gemeinsam arbeiten. Was ich erwarte, ist klar: Ruhe, Fleiß, Pünktlichkeit und besonders Liebe zur Musik. Sonst werde ich unangenehm. Und damit ihr mich besser kennen lernt: Meine Hobbys sind alles über ‚Gute Zeiten, schlechte Zeiten', Versteckspielen im Freien und das Malen von Elefanten. Ich bin 35 Jahre alt und habe die Welt gesehen. Mir kann man nichts vormachen. Ach ja, ein schöner Mensch bin ich außerdem. Ich freue mich auf die Zusammenarbeit."

Auswertung
- ... durch die Gruppe: Weshalb hat unser Kandidat so erfolgreich seinen Auftrag in den Sand gesetzt?
- ... durch den Vortragenden: Wie habe ich mich als „Versager" gefühlt?

Ergänzung   Versucht jetzt einmal, vernünftig, überzeugend und glaubwürdig aufzutreten, sodass euch die Klasse trotz des albernen Textes akzeptiert.

Auswertung
- ... durch die Gruppe: Was war an der Darstellung überzeugend, wo wirkte der Sprecher nicht glaubwürdig und wieso?
- ... durch den Vortragenden: Gelang es mir, die Vorgaben umzusetzen? Wo sehe ich noch Schwächen?

Das doppelte Lottchen

Die folgende Übung verlangt ein paar Vorbereitungen. Sie wird in Paaren gespielt, die möglichst gleichgeschlechtlich sein sollten, damit die Hinweise des Moderierenden auf beide SpielerInnen gleich bezogen werden können. Die Gruppe beobachtet die SpielerInnen, wie weit sich deren Körpersprache gleicht.

Übungsaufbau   Zwei TeilnehmerInnen (T1 & T2) sitzen nebeneinander, zwischen ihnen eine Sichtblende (z. B. eine aufgeklappte Schultafel). Die Spielleitung sitzt an der Seite, lässt den Blick auf T1 und T2 frei. Die Gruppe soll Sicht auf beide TeilnehmerInnen haben. Stühle oder Tische müssen beiseite geräumt werden. Die Beobachtenden sollten sich Notizen machen. Die Spielleitung erläutert vorbereitend, dass nun Situationen vorgeben werden, auf die T1 und T2 – ohne zu sprechen und ohne sich von ihrem Platz zu erheben – möglichst spontan reagieren sollten. Sie benennt ein Gruppenmitglied, das möglichst zentral sitzt, auf das sich T1 und T2 konzentrieren und mit ihm Blickkontakt halten sollen. Wenn die Spielleitung das Kommando „Halt" gibt, sollten T1 und T2 versuchen, ihre jeweilige Bewegung, Gestik und Mimik einzufrieren. Die Gruppe soll Gemeinsamkeiten und Unterschiede notieren und beschreiben, auf was beim Deuten der Körpersprache besonders zu achten ist. Die Auswertung sollte nach jeder Situation erfolgen.

Vorgabe   Folgende Situationen gibt die Spielleitung vor – in ausführlicherer sprachlicher Ausgestaltung des hier nur kurz Angerissenen:

- Tanzstunde: Dein Traummann/Deine Traumfrau nähert sich. Du möchtest unbedingt aufgefordert werden. Verhalte dich entsprechend.

- Tanzstunde: Der Ekel persönlich nähert sich. Du hast Angst, dass er/sie dich auffordert.

- Familienfest: Dein Vater hält eine peinliche Rede. Du schämst dich für ihn mit und möchtest, dass er aufhört.

- Familienfest: Dein Vater hält eine begeisternde Ansprache. Du bist sehr stolz.

- Familienfest: Dein Vater spricht prima, ist aber unsicher. Du willst ihn ermutigen.

- Du bist nachts allein im Haus, hörst hinter der Tür deines Zimmers ein Geräusch und fürchtest, dass jemand hereinkommt.

- Schule: Eine sehr strenge Lehrerin fordert auf, die Hausaufgaben vorzulesen. Niemand meldet sich. Du hast geschludert und möchtest auf keinen Fall drankommen.

- Schule: Du hast gründlich wie nie gearbeitet, meldest dich aber nicht, die Hausaufgaben vorzulesen, weil es keiner macht und du nicht als StreberIn gelten willst. Du möchtest aber gerne von der Lehrerin aufgerufen werden.

- Schule: Ein Lehrer spricht und spricht. Du langweilst dich total.

- Schule: Eine Lehrerin erklärt etwas sehr Wichtiges, was du nur teilweise verstehst.

- Schule: Eine Lehrerin behandelt eine Mitschülerin sehr ungerecht. Du bist wütend.

Weitere Situationen, die eindeutige Gefühle hervorrufen, können dazu genommen werden.

Auswertung   Die Situationen sollten der Reihenfolge nach im Hinblick auf typische Gesten ausgewertet werden. Beschrieben werden soll auch, mit welchen Mitteln – Blickkontakt, Kopf- und Körperhaltung usw. – Zuneigung, Ablehnung, Scham, Stolz, Ermunterung, Angst, Nicht-auffallen-Wollen, Aufmerksamkeit-Erregen, Langeweile, Nichtverstehen, Zorn in Körpersprache ausgedrückt werden.

Bemerkung   Die Übung wirkt, gerade wenn die Gruppe etwas müde ist, sehr belebend.

Ich bin du

Die Übung dient dazu, Wahrnehmungen eigener und fremder Körpersprachen zu verfeinern und zu erleben, wie uns andere Gruppenmitglieder wahrnehmen.

Übungsaufbau Es werden Karteikarten ausgeteilt, von den Teilnehmenden mit dem eigenen Namen beschriftet, gemischt und ausgeteilt, und zwar so, dass jeder die Karte eines anderen Teilnehmenden erhält, ohne den anderen zu verraten, welche Namenskarte gezogen wurde.
Die Person, dessen Namen gezogen wurde, soll bei dem folgenden Gespräch sorgfältig und möglichst unauffällig beobachtet werden.

Anschließend führt die Gruppe ungefähr fünf Minuten ein Gespräch zu einem beliebigen Thema, etwa: „Was ich mir vom Seminar erwarte" oder: „Ist der Papst Katholik?" oder: „Die Bundesligaergebnisse vom Wochenende" ...

Nach einer kurzen Pause wird dasselbe Gespräch wieder aufgenommen, allerdings so, dass jetzt jeder die Körpersprache seines Kartenpartners kopiert. Er übernimmt seine Mimik, seine Art zu gehen und bemüht sich, seinen Tonfall zu imitieren. Gleichzeitig soll man beobachten, durch wen man selbst imitiert wird. Ist man sich sicher, nimmt man denjenigen bei Seite und nennt ihm seine Vermutung. Liegt man falsch, geht die Suche weiter; trifft man es richtig, imitiert man gemeinsam dessen Kartenpartner. Das wird fortgesetzt – bis schließlich alle dieselbe Rolle spielen.

Zur alltäglichen ModeratorInnenarbeit mit Klassen

Hinweise für LehrerInnen und TrainerInnen

Ein wichtiges Ziel der ModeratorInnenausbildung ist, dass die ModeratorInnen ihre Arbeit in den Klassen selbstbewusst und ohne Angst ausführen können. Die folgenden Tipps sollen Hilfen bereitstellen, die den ModeratorInnen Verhaltenssicherheit vor der Klasse oder Gruppe geben können. Diese Vorschläge ergänzen die Hinweise zur Moderation und stehen teilweise in engem Zusammenhang mit ihnen. Sie sollten die folgenden Tipps am besten mit PatInnenpaaren einüben, die auch zusammen in den Klassen arbeiten. Geben Sie ihnen den Auftrag, ihre nächsten Klassenstunde gemeinsam so vorzubereiten, dass sie sich besonders auf die folgenden Tipps und Hinweise konzentrieren und sie, soweit es ihnen möglich ist, in ihrem Konzept berücksichtigen. Anschließend präsentieren sie ihr Konzept wie eine Generalprobe vor der Gesamtgruppe, wobei die Mitglieder der AG die Rollen der SchülerInnen ihrer Patenklassen übernehmen. In der Regel genügt es, wenn Sie sich bei der „Generalprobe" nur auf die ersten fünf oder zehn Minuten der geplanten Stunde konzentrieren. Anschließend können Sie mit der gesamten AG reflektiert, was gelungen war und was besser zu ändern wäre.

Auf die Tipps bezogen lautet die Auswertungsfragen:
- Welche Vorschläge der Vorbereitungsliste waren besonders hilfreich?
- Was hat sich für euch als überflüssig erwiesen?

Dabei werden Sie feststellen, dass sich – je ModeratorInnenpaar – unterschiedliche Gewichtungen zeigen.

Die folgende Checkliste hilft besonders den unerfahrenen und nervösen PatInnen sehr. Damit die dort gesammelten Merkpunkte aber nicht in der alltäglichen Arbeit vergessen werden, sollten sie von Zeit zu Zeit als Teil der Vorbereitung für Klassenbesuche mithilfe der Gesamtgruppe gezielt eingeübt werden.

Checkliste und Tipps für Klassenbesuche

1. Vorbereitung

- Die Stunde als Teil der gesamten Arbeit mit der Klasse sehen. An bestehende Fragen und Probleme der SchülerInnen anknüpfen.
- Die Themen gemeinsam mit der Klasse entwickeln.
- Vorher die Moderationsunterlagen und Stundenbeispiele zum Thema durcharbeiten, Unterrichtskonzepte wenn möglich weiter- und neu entwickeln und eigene Vorstellungen in das Konzept einarbeiten.
- Hintergrundinformationen zur Klasse einholen – bei LehrerInnen, Mitgliedern der AG, Einzelnen aus der Klasse.
- Absprachen treffen zwischen dem ModeratorInnenteam, dem Klassenlehrer und der AG-Leitung.
- Materialien mit in die Klasse nehmen: Stifte, Flipchartbogen, Folien usw. – denn schriftlich Festgehaltenes gibt einer Diskussion Bedeutung und bleibt länger haften.
- Für ein sicheres Auftreten ist eine gewissenhafte Vorbereitung unerlässlich. Deshalb sollten die Ziele notiert werden, die man selbst als ModeratorIn erreichen will. Dabei sollte auch ein Hauptziel bestimmt werden. Bei einer genaueren Planung sind auch Ergänzungsziele sinnvoll.
- Wichtig für die Vorbereitung ist eine ungefähre Zeitplanung. Eine große Hilfe kann dafür ein Manuskript sein. Es sollte alle wichtigen Fragen, die ihr der Klasse stellen wollt, wörtlich enthalten. Gut eignen sich dafür Karten, die quer beschrieben werden. Im Falle eines Referates können sie so gestaltet werden: Rechts steht der gesamte Text, links sind in Großbuchstaben die wichtigsten Stichworte, die helfen, sich mit einem kurzen Blick zurechtzufinden.
- Wichtiger Teil der Vorbereitung sind auch die letzten fünf Minuten vor dem Klassenbesuch. Stress kann begegnet werden, indem man sich klar macht, dass Aufregung etwas Positives ist, weil sie die Wichtigkeit des Kommenden zeigt. Gegen Stress hilft auch „positives Denken": „Ich weiß, dass ich es schaffen werde."
- Die beiden ModeratorInnen zeigen sich schon vorher der Klasse als Team: Gemeinsam die vorbereiteten Karten durchsehen und sich gegenseitig Mut machen.
- Die entscheidenden Ziele der Vorbereitung sind, Klarheit und Sicherheit zu gewinnen, sodass auch der Klasse Sicherheit gegeben wird.

2. Stundenanfang   Ein gelungener Stundenanfang hilft, die ganze Stunde erfolgreich zu gestalten. Und den habt ihr selbst in der Hand.

- Man kann der Klasse sagen, wie man sich fühlt (aber nicht die eigene Angst zu sehr herausstreichen).
- Man kann auch sagen, weshalb man als ModeratorIn arbeitet (aber nicht zu ausführlich erzählen).
- Sich auf selbstbewusstes, ruhiges Auftreten konzentrieren.
- Sachlichkeit und Glaubwürdigkeit hängen eng zusammen. Probleme auf keinen Fall dramatisieren.
- Offen sein heißt, auf Anregungen und Fragen der Klasse einzugehen, wenn es sein muss, auch das sichere Konzept aufzugeben.
- Sich zu Beginn vorzustellen, wenn man der Klasse noch unbekannt ist, ist eine selbstverständliche Höflichkeit.
- Besonders am Anfang ruhig und langsam sprechen. HektikerInnen wirken unsicher. Und: So schnell läuft euch keiner weg.
- Die Situation der Klasse wahrnehmen (Unruhe, Aufregung, Streit, Neugier).
- Passt euer Konzept an die Situation an.
- Zeigt der Klasse, dass ihr Interesse an ihr habt, dass eure Aufgabe euch wichtig ist.

3. Allgemeines
- Daran denken, die Gruppe arbeiten zu lassen, nicht selbst und vorweg Ergebnisse zu präsentieren.
- Beobachtungen darstellen lassen und eventuell den Unterschied zwischen Beobachtung und Wertung klar machen; also: konkret fragen, was passiert ist.
- Schweigen aushalten (Pausen können sehr sinnvoll sein).
- Auch eigene Erfahrungen nennen; aber Vorsicht: Die Gruppe nicht zur Konsumentin machen.
- Fragen der Klasse, die man nicht beantworten kann, aufschreiben, eventuell auch unter dem Stichwort „Themenparkplatz" für alle sichtbar auf einem Flipchartbogen notieren. Ähnlich auch mit Problemen und Themen verfahren, die in der jeweiligen Stunde nicht mehr angegangen werden können.
- Die Ergebnisse, die mit der Klasse erzielt wurden, in der Klasse auf einem Flipchartbogen festhalten oder in einem Protokoll notieren.
- Absprachen, Themenwünsche und sonst Wichtiges unbedingt schriftlich festhalten.

Eine Stunde in den Sand setzen

Nachdem vorher trainiert worden ist, was alles zu bedenken ist, um erfolgreich mit den Klassen zu arbeiten, sollt ihr jetzt möglichst viel falsch machen.

Sucht euch einen Partner/eine Partnerin, mit dem/der ihr mal außer der Reihe zusammenarbeiten möchtet.
Überlegt euch ein Konzept für einen Klassenbesuch, das ihr danach mit der AG gemeinsam spielen werdet. Die anderen ModeratorInnen sind die SchülerInnen „eurer Klasse", ihr seid die ModeratorInnen.
Die „Klasse" soll möglichst realistisch reagieren.
Plant die Stunde so, dass sie unbedingt schief läuft. Macht alle Fehler, die irgendwie noch in der Praxis vorkommen. Übertreibt aber nicht – also kein Würgen von StörerInnen usw.
Falls ihr noch ein paar Anregungen braucht, um möglichst viel falsch zu machen:

- wie ein Lehrer sprechen und auftreten
- nur vom Zettel lesen
- arrogant sein
- moralisieren („Ihr Bösen, wir Guten")
- überhöhte Erwartungen an die Klasse stellen („Wie, nicht einmal das versteht ihr?")
- direkte Anschuldigen äußern
- aggressiv und ironisch und sarkastisch auftreten
- unsicher sein
- die Klasse in eine Richtung drängen
- zu viel sagen
- ständig das Thema wechseln
- lange und unleserlich an die Tafel schreiben
- auslachen und beschimpfen
- die Komoderatorin/den Komoderator auslachen, ignorieren oder fertig machen
- beleidigt schmollen

Auswertung
- Was hat euch als Klasse besonders genervt?
- Wie haben sich die ModeratorInnen gefühlt?
- Welche Fehler wollen die ModeratorInnen besonders vermeiden?

Was PatInnen mit ihren Klassen (5–7) spielen können

Gemeinsames Spielen hat sich als wichtiger Baustein unseres ModeratorInnenkonzepts herausgebildet. Sie sollten deshalb immer wieder die PatInnen ermutigen und erinnern, Spielaktivitäten anzuregen und zu begleiten. Wenn Klassen außerhalb der engen Vorgaben von Unterricht sich mit ihren PatInnen zum Spielen treffen, lernen sich die Schülerinnen und Schüler anders und intensiver kennen. Gemeinsames Spielen und gemeinsamer Spaß erhöhen auch die Identifikation mit der eigenen Klasse und bewirken so, dass sich das Sozialverhalten positiv weiterentwickelt. Ob sich LehrerInnen an diesen Aktivitäten beteiligen, muss vorher mit der Klasse abgesprochen werden. Bei einigen Spielen ist es sogar notwendig, dass LehrerInnen anwesend sind. Spielen wirkt sich auch positiv auf das Verhältnis von PatInnen und Klasse aus. Die einzelnen Schülerinnen und Schüler erleben ihren PatInnen als MitspielerInnen oder SpielleiterInnen, bauen Distanzen ab und entwickeln Vertrauen, sodass es ihnen leichter fällt, auch in unangenehmen oder schwierigen Situationen sich ihren PatInnen anzuvertrauen oder sie um Rat zu fragen.

Umgekehrt lernen auch die PatInnen die einzelnen SchülerInnen ihrer Klasse besser kennen. Sie wissen besser einzuschätzen, wie einige Äußerungen oder Beschwerden einzuschätzen sind und erkennen Konflikte oder gar Mobbingfälle, die im Schulalltag nicht auffallen. Und nicht zuletzt: Auch die ModeratorInnen haben großen Spaß, mit ihren Patenklassen zu toben und zu spielen.

Für die Vorbereitung der Spiele brauchten wir in der Gesamtgruppe meistens wenig Zeit. Das lag daran, dass die Spielnachmittage immer wieder positiv als Selbstläufer empfunden wurden. Einige Male haben die jeweiligen PatInnen dem AG-Plenum vorgestellt, was sie im Einzelnen planten und bekamen dann Anregungen. Nur einmal haben wir simuliert, wie der Spielnachmittag anzufangen sei. Aufgrund der positiven Erfahrungen gingen unsere ModeratorInnen sehr entspannt zu solchen Veranstaltungen.

Als sinnvoll und arbeitssparend hat sich herausgestellt, die Materialien aufzubewahren, die für die verschiedenen Spiele angefertigt werden mussten – sie konnten so wieder verwendet werden oder dienten als Vorlagen und Anregungen für weitere PatInnenspiele. Auch die Durchführung von Spielen kann in der Gruppe eingeübt werden. Man sollte sich jedoch hüten, Entertainer zu imitieren, sondern lieber den normalen Umgangston fortführen.

Spielvorschläge und Anregungen finden Sie in den Kallmeyer-Büchern von Ulrich Baer „666 Spiele", Rüdiger Gilsdorf und Günter Kistner „Kooperative Abenteuerspiele 1 + 2" und Eva-Maria Hofmann und Susanne Rodloff „Gespielt wird auf der ganzen Welt" sowie in der Zeitschrift „Gruppe & Spiel".

3 SchülerInnen arbeiten in und mit den Klassen: Stundenvorschläge

Symbolbedeutung im 3. Teil

wichtige Hinweise

Hintergrundinformationen

Einzelarbeit

Partnerarbeit

Gruppenarbeit

Rollenspiel

Folie

Sitzordnung

Zeit

Arbeitsmaterialien

Tafel/Flipchart

Ergebnis

Die folgenden Vorschläge für SchülerInnen, in und mit Klassen zum Thema „Klassenleben und Mobbing" zu arbeiten, sind in der Praxis erprobt worden. Den jeweiligen Besonderheiten der Schule und Klassen entsprechend können und sollen sie verändert werden.

Auch LehrerInnen können die Handreichungen für SchülerInnen verwenden – für Rollenspiele in der Peergruppenausbildung, als Rollenspielvorlagen oder für die eigene Anti-Gewalt-Arbeit in offenen Unterrichtssituationen, wenn (noch) keine Peergruppe an der Schule arbeitet.

Die Konzepte sind Handlungsgerüste für die Unterrichtsgestaltung. Schlüsselfragen, wichtige Impulse und Gelenkstellen der Stundenplanungen sind ausformuliert. Die möglichen Arbeitsergebnisse, die immer wieder dargestellt werden, sind nicht im Sinne eines vorgegebenen Lernziels unbedingt zu erreichen, sondern geben die Richtung an, die die Stundenarbeiten nehmen sollten.

Die Stundenvorschläge geben zunächst Anregungen, wie sich die PatInnen selbst und wie sie die gesamte ModeratorInnenarbeit an der Schule den SchülerInnen präsentieren können. Die inhaltliche Ausrichtung der sich anschließenden Vorschläge zielt zunächst auf die Analyse von Klassenprozessen, dann auf die Themen „Konflikt" und „Streit". Danach werden vielfältige Anregungen gegeben, wie auf Mobbing reagiert werden kann. Das Thema „Kommunikation" soll nicht nur theoretische Einblicke eröffnen, sondern auch die SchülerInnen in die Lage versetzen, kompetenter miteinander und mit Konflikten umzugehen. Auf die Klassen als soziale Einheit zielen schließlich die Stundenkonzepte, die unter der Überschrift „Gestaltung des Klassenlebens" zusammengefasst werden. Sie dienen vor allem der Prävention von Mobbing.

Vorbereitung eines Klassenbesuchs

Check in

Damit ihr die Klassen erfolgreich moderiert und nicht vor euren MitschülerInnen wie Lehrerkarikaturen agiert, solltet ihr unbedingt gemeinsam die Checkliste für den Klassenbesuch (Seite 148/149) durcharbeiten und überlegen, welche von den Tipps ihr umsetzen könnt und vor welchen Fehlern ihr euch besonders hüten müsst.

Kontakt zum Klassenlehrer/zur Klassenlehrerin

Trefft genaue Absprachen mit der Klassenlehrerin oder dem Klassenlehrer. Stellt ihnen vor, wie ihr eure Funktion in der Klasse seht und klärt ab, ob sie euch zukünftig z. B. als BegleiterInnen bei Wandertagen sehen möchten. Wenn ihr irgendwelche aufsichtspflichtigen Aktivitäten mit den Klassen schon geplant haben solltet, fragt sie, ob sie damit einverstanden sind. Sie sind zu Recht sauer auf euch, wenn sie sich unter Druck gesetzt sehen, weil ihr mit der Klasse ohne Rücksprache etwas verabredet, woran sie wohl oder übel teilnehmen müssen, um nicht als SpielverderberInnen zu gelten.

Es ist auch sinnvoll, wenn die KlassenlehrerInnen euren ersten Auftritt vor der Klasse vorbereiten und den SchülerInnen sagen, was sie erwartet, dass ihr keine ErsatzlehrerInnen seid und dass die Klasse selbst für Ruhe sorgen muss. Die Klassen sollten vorher wissen, dass Patenstunden Anforderungen an ihr Sozialverhalten und ihr Verantwortungsgefühl stellen. Je klarer das ist, desto leichter wird es euch fallen, mit der Klasse zu arbeiten. Wenn die Klasse vorher weiß, worum es bei PatInnenbesuchen geht, sind die Disziplinprobleme geringer. Wenn ihr euch nicht sicher fühlt, bittet die KlassenlehrerInnen, dass sie euch bei eurem ersten Auftritt begleiten. Vielleicht entwickelt ihr auch dann mit ihnen einen Verhaltenskatalog. Keinesfalls seid ihr jedoch bloße BefehlsempfängerInnen der KlassenlehrerInnen. Klärt vorher mit der AG, wie am besten zu verfahren ist, wenn an euch durch LehrerInnen Anforderungen gestellt werden, denen ihr nicht nachkommen wollt.

Die erste Stunde

 Ihr solltet für euren ersten Klassenbesuch mindestens 45 Minuten veranschlagen.

 Als Material benötigt ihr Flipchartbögen oder Tapete und dicke Filzschreiber. Notfalls reichen auch Tafel und Kreide.

 Wenn es möglich ist, bildet einen Stuhlkreis.

Ablauf Fangt die Stunde damit an, dass ihr euch der Klasse vorstellt.
Erzählt, wie alt ihr seid und etwas Persönliches.
Schreibt eure Namen an die Tafel.
Berichtet auch von eurer Peergruppenarbeit, werdet dabei aber nicht zu ausführlich.

Im nächsten Schritt solltet ihr in Anwesenheit des Lehrers/der Lehrerin Absprachen treffen, unter welchen Regeln die Klassenbesuche stattfinden werden. Erklärt, dass ihr keine ErsatzlehrerInnen seid und Patenstunden nur dann gelingen können, wenn ein Mindestmaß an Disziplin herrscht. Versucht euch in etwa auf folgende Regeln mit der Klasse zu einigen – wobei es nicht schlimm ist, wenn ihr die Ausführungen des Klassenlehrers/der Klassenlehrerin wiederholt:

- Wenn die Paten in unserer Klasse sind, ist die Klasse selbst für ihr Verhalten verantwortlich.
- Kein Brüllen, kein Stören.
- Jeden ausreden lassen.
- Niemanden auslachen.
  usw.

 Schreibt die Regeln auf – an die Tafel oder, besser, auf Tapete/Flipchartbogen, weil das dann in der Klasse hängen bleiben kann. Lasst so viele Regeln wie möglich von den SchülerInnen nennen. Das wirkt dann fast wie ein Vertrag zwischen Klasse und PatInnen.

 Wiederholt zum Schluss noch einmal, dass die PatInnen für die Klasse nur etwas bringen können, wenn sie sich verantwortlich verhält. Das ist nötig, um die Klasse aus der typischen Erwartungshaltung herauszuholen, die sie sonst LehrerInnen gegenüber zeigt. Nicht ihr seid für Ruhe und Disziplin verantwortlich, sondern die Klasse selbst ist es. Patenstunden sind keine Quatschmacherstunden. Verhindert bei dieser Klarstellung jedoch einen moralisierenden Ton.

 Im ersten Schritt habt ihr also die Bedingungen für eure Klassenbesuche erarbeiten lassen. Jetzt sollte die Klasse noch mehr Klarheit darüber gewinnen, worin eigentlich eure Funktion als PatInnen besteht.
Fragt also nun die SchülerInnen, ob sie wissen, was PatInnen sind und was die machen. Sammelt die Antworten an der Tafel oder auf einem Flipchartbogen. Notiert Unsinniges nicht.

Wenn nötig, könnt ihr Folgendes hinzufügen:

- AnsprechpartnerInnen und SchlichterInnen bei Streit in der Klasse mit LehrerInnen oder auf dem Schulhof
- VermittlerInnen
- BegleiterInnen bei Klassenfahrten
- MitorganisatorInnen von Klassenaktivitäten
- „Auskunftsbüro" bei Fragen des Schulalltags

Notiert nichts, was ihr später nicht tun oder unternehmen wollt. Danach sollte noch die Möglichkeit für Nachfragen gegeben sein, um eventuell noch vorhandene Unklarheiten über die PatInnen-/ModeratorInnentätigkeit auszuräumen.

Schließlich kann noch gemeinsam geplant werden, was die Klasse und die PatInnen unternehmen könnten – macht euch dabei Notizen!

Nachdem die Klasse mit euch zunächst Umgangsregeln bestimmte, lernte sie dann in einem zweiten Schritt kennen, was PatInnen sind und was genau sie machen. Dabei solltet ihr zunächst von den Vorkenntnissen der SchülerInnen ausgehen. Wenn ihr deren Äußerungen aufschreibt, sehen sie sowohl, dass ihr sie ernst nehmt, als auch, welche Vorstellungen über PatInnen richtig sind. Wenn ihr dagegen lediglich doziert, wozu PatInnen gut sind und was sie machen, denkt die Klasse nicht selbst nach und verfällt in die Haltung, sich berieseln zu lassen.

Wenn nach dieser Klärung noch einige Zeit übrig bleibt, könnt ihr nachfragen, was der Klasse an der neuen Schule bisher gut und was ihr nicht gefällt – was dann ebenfalls auf einem Flipchartbogen oder an der Tafel festgehalten werden sollte.

Im Anschluss daran kann gemeinsam überlegt werden, wie das „Gute" verbessert und das „Schlechte" vermieden werden könnte – was die mögliche Grundlage für eine weitere Stunde sein könnte.

Allgemeine Darstellung der Anti-Mobbing- oder ModeratorInnen-AG

Sprecht euren Klassenbesuch – wie immer – vorher mit dem Klassen- oder Fachlehrer ab und bemüht euch die Zeitvorgabe einzuhalten.

Zu Beginn der Stunde solltet ihr erklären, dass es jetzt nur um die Darstellung der AG und ihrer Angebote geht und nicht mit der Klasse etwas erarbeitet oder geplant werden soll. Erklärt dann zuerst, was SchülermoderatorInnen sind und tun: Dass ein Schülermoderator kein krankhaft guter Mensch ist, der nur für andere lebt und auch kein Guru, der alles weiß. Stellt hier eure eigene Motivation dar, weshalb ihr in der AG mitarbeitet. Ein Moderator hat aber mehr oder minder gut gelernt, dass ein schlechtes Klassenklima kein Schicksal ist und dass Klassen es ändern können, wenn sie wollen. ModeratorInnen können helfen, dies zu erreichen – zu Beginn ganz einfach dadurch, dass über das Klassenklima gesprochen wird. Da SchülermoderatorInnen neutral sind, können sie dazu beitragen, dass die Klasse eigene Lösungen findet.

Lest euch vor dieser Stunde die folgende Darstellung der AG noch mal gründlich durch: Ihr solltet sie auch in der Klasse aufhängen. Ihr könnt auch mit einem Folientext arbeiten, der so (ähnlich) wie der Folgende formuliert sein könnte:

Die ModeratorInnen-AG stellt sich vor

Ziel:
Die Klassen sollen mithilfe der ModeratorInnen selbst aktiv werden und ihr Klassenklima gestalten.

Dabei können wir zu folgenden Themen mit euch arbeiten:
- Außenseiter und Cliquenbildung in der Klasse (Rollenspiel)
- Verbesserung der Klassengemeinschaft (Brainstorming)
- Schlichtung von Konflikten mit MitschülerInnen oder LehrerInnen
- Wie kann ich durch bewusstes Kommunizieren Streit und Verletzungen vermeiden?
- Sich selbst verantwortlich machen für das Lernen und das Verhalten in der Schule
- Streitkultur
- Grundsätzliches zu Konflikten
- Klassenaktivitäten (gemeinsame Planung und Veranstaltung)
- Klassennormen (Welche Verhaltensweisen werden von mir erwartet, welche kann und will ich (nicht) erfüllen?)
- Analyse der Klassengemeinschaft („Klassenrucksack")
- Erstellung von Klassenregeln
- Was bedeutet Mobbing für die Einzelnen und die Klasse?

Möglich sind auch Gespräche mit Einzelnen und Gruppen.

Nach der Präsentation des Folientextes sollte Zeit zum Nachfragen sein.

Besprecht dann, zu welchem Thema Interesse besteht und fragt nach, was zum jeweiligen Thema genau erwartet wird. Lasst eventuell abstimmen, ob Interesse an einer weiteren Zusammenarbeit der Klasse mit der AG besteht. Wenn das so ist, könnten schon weitere Termine vereinbaren werden. Schreibt für alle sichtbar auf, worin das Interesse genau besteht.

Die Stunden, in denen AG-ModeratorInnen in den Klassen arbeiten, können nach Absprache mit Klassen- oder FachlehrerInnen während der Unterrichtszeit stattfinden; lasst nicht zu, dass Klassen Interesse heucheln, um sich von Unterrichtsstunden zu befreien. ModeratorInnen sollten nur mit Klassen arbeiten, die ernsthaft am Thema interessiert sind. Weist darauf hin, dass ihr auch mit einzelnen Schülerinnen und Schülern oder kleineren Gruppen aus der Klasse arbeitet, wenn das gewünscht wird.

Wenn die Klasse kein Interesse hat, sollten die ModeratorInnen nicht beleidigt sein, sondern erklären, dass sie auch bei später auftauchenden Problemen oder Zusammenarbeitsinteressen zur Verfügung stehen. Sollten Einzelne oder eine Gruppe Interesse an einer Zusammenarbeit äußern, sollten dazu konkrete Verabredungen getroffen werden.

Klassenrucksack oder: Was ist los in der Klasse?

Eine Stunde zur Analyse der Klassensituation mit der Methode „Klassenrucksack" passt am besten für die Klassen 5–8. Die Methode ist besonders geeignet, um die Probleme einer Klasse sichtbar zu machen. Durch das spielerische Element – Malen von kleinen Bildern – entsteht Neugier. Die Stillen werden ermutigt über ihre Probleme in der Klasse zu reden.

Eine „Rucksackstunde" kann der Beginn weiterer Arbeit mit der Klasse sein, weil die nun offenkundigen Probleme zur Bearbeitung anstehen.

 Diese Einheit dauert in der Regel 45 Minuten, je nach Auswertungsintensität womöglich auch länger.

 Als Material braucht ihr einen Rucksack, Kartonkarten und den Rucksackinhalt (siehe folgenden Text).

 Es gibt zwei Möglichkeiten der Sitzordnung: Entweder, ihr lasst einen Stuhlkreis bilden – dann müsst ihr die SchülerInnen bitten, sich eine Unterlage zum Zeichnen zu besorgen; oder die SchülerInnen bleiben an ihren Tischen auf den alten Plätzen, wo das bei dieser Methode notwendige Zeichnen sicher besser gelingt, jedoch das gemeinsame Reden sich eventuell schleppender entwickeln könnte.

Ablauf Die ModeratorInnen kommen mit einem Rucksack in die Klasse, sagen zunächst nichts und hängen den Rucksack für alle sichtbar auf. Tut ein bisschen geheimnisvoll und macht die Klasse neugierig.

Bittet die Klasse, einen Stuhlkreis zu bilden und teilt pro Schüler zwei Blankokarten aus.

Falls ihr keine Karten habt, behaltet die Sitzordnung bei und bittet die SchülerInnen stattdessen, sich je zwei Blatt Papier zu nehmen. Dann könnt ihr die Stunde ungefähr so einleiten:

„Eigentlich trägt jede und jeder von uns so einen Rucksack mit sich herum, in dem gute und schlechte Erlebnisse enthalten sind."

Eine Moderator greift in den Rucksack, holt eine Klausur oder Ähnliches heraus und sagt:

„Hier ist zum Beispiel meine letzte 5." Die andere Moderatorin holt ein Bild von einer Klassenfahrt heraus und sagt: „Und hier streite ich mich gerade mit meinem damaligen Freund."

Macht eine kleine Pause und fahrt dann fort:

„Wie jede und jeder Einzelne seinen, bzw. ihren Rucksack schleppt, so schleppt auch die Klasse ihren Rucksack mit sich herum. Darin sind schöne, erfreuliche und schlimme, unerfreuliche Erfahrungen. Malt das auf die Karten, die ihr bekommen habt. Hattet ihr zum Beispiel eine gute Klassenfeier, könntet ihr einige Noten malen, die zeigen, dass die Musik gut war und ihr gut getanzt habt. Ist jemandem dagegen etwas zerstört worden, was ihm wichtig war und weshalb er immer noch sehr ärgerlich ist, kann er zum Beispiel einen zerbrochenen Füller malen.

Wir bitten euch jetzt, die zwei Karten mit entsprechenden Zeichnungen zu bemalen – jeder und jede für sich. Jeder stellt also zwei Zeichnungen her: Auf die eine Karte malt ihr etwas Unerfreuliches aus euerem Klassenleben, auf die andere etwas, was ihr gut findet – ganz egal, was es ist. Nachher zeigen wir uns die Bilder gegenseitig." Achtet gut darauf, dass die SchülerInnen den Sinn und die Aufgaben des Spiels verstehen. Lasst sie nachfragen und lasst ihnen Zeit zum Zeichnen.

Auswertung I   Wenn alle fertig sind, fragen die ModeratorInnen, wer als Erster seine Karten zeigen möchte, und bitten ihn, möglichst genau zu erklären, was die Bilder für ihn bedeuten. Dann nehmen sie am besten diejenige dran, die ihnen am nächsten sitzt, jedoch ohne jemanden zu zwingen. Achtet darauf, dass niemand unterbrochen wird.

Auswertung II   Eine andere Möglichkeit ist eine gemeinsame Auswertung der Bilder:
„Wenn ihr die Bilder fertig gestellt habt, sammeln wir sie ein und stellen sie nacheinander vor; und zwar so, dass nicht klar wird, wer was gemalt hat. Der Betreffende kann sich selbst äußern, sonst versucht die Klasse gemeinsam zu deuten, worum es bei dem Bild jeweils gehen könnte." Mit dieser Auswertungsart kommt es gerade in Klassen, die starke Spannungen haben oder wo sich viele unsicher fühlen, besser zu Diskussionen über das Klassenklima. Außerdem kann so niemand bloßgestellt oder verlacht werden – was grundsätzlich möglich ist, wenn die Bilder jeweils eindeutig zugeordnet werden können.

Die Übung hat mehrere Vorteile: Vor allem macht das Malen den meisten SchülerInnen Spaß. Der Spaß nimmt oft auch die Hemmungen, sich zu äußern. Die fertigen Bilder offenbaren zudem oft mehr, als die Zeichnenden zunächst dachten. Nicht selten können ModeratorInnen so einiges zur Klassensituation erfahren.
Wenn viele erklären wollen, was sie gemalt haben, entsteht eine Diskussionsbeteiligung fast von selbst. Zudem entsteht dann Neugier auf die Beiträge der anderen. Im Ergebnis ist die Klasse meistens ruhig und aufmerksam.

Fortsetzung Auswertung   Bei der nun folgenden notwendigen Zusammenfassung und Interpretation der verschiedenen Aussagen zu den Bildern gilt der Moderationsgrundsatz: „Die Gruppe ist der Boss."
Fragt also die Klasse: „Nachdem wir jetzt eine Menge über die Klasse gehört haben: Was haltet ihr für besonders wichtig? Worüber wollt ihr reden?"

Schreibt wichtige Vorschläge in Stichpunkten an die Tafel.

Kommt auch nach einigem Zögern keine Antwort, so können die ModeratorInnen möglicher Weise auf Gegensätze verweisen und diese von der Gruppe klären lassen, z. B.:
„Ihr hattet einerseits eine tolle Klassenfahrt, wo ihr euch gut verstanden habt; im Schulalltag aber fühlen sich mehrere ausgestoßen und ausgeschlossen. Wie lässt sich das erklären?"

Möglich ist auch, das Hauptproblem – z. B. Auslachen von MitschülerInnen – zu benennen – aber ohne Einzelne anzugreifen, z. B.: „Mir ist aufgefallen, dass hier sehr oft ...“

Erarbeitet zum Stundenabschluss mit der Klasse, welches Problem sie als dringlichstes lösen möchte. Die Aufgabe, die sich dann ergibt, sollte lösbar sein. Ihr könnt schon erste Lösungsvorschläge diskutieren oder schlagt ein Thema für den nächsten Klassenbesuch vor. Richtet eventuell einen „Themenparkplatz“ ein.

Die Stunde eignet sich nur für erfahrene ModeratorInnen, die mit eventuellen Aggressionen in der Klasse umgehen können. Da die Zeichnungen Probleme in der Klasse aufgreifen, müsst ihr zu verhindern suchen, dass Einzelne bloßgestellt oder angegriffen werden. Wenn ihr merkt, dass in der Klasse eine sehr aggressive Grundstimmung herrscht, verzichtet lieber auf die Übung, da es sonst kann es zu starken Konflikten kommen kann, die schwer zu steuern sind.

Konfliktschlichtung zwischen Klasse und Lehrer

Es hat sich gezeigt, dass Konfliktschlichtungen zwischen LehrerInnen und ganzen Klassen ein bedeutsames Aktionsfeld für ModeratorInnen sind:
Immer wieder beschweren sich Klassen über einen bestimmten Lehrer vehement bei ModeratorInnen. Es ist ein besonders heißes Thema, denn für ModeratorInnen bedeutet es oft einen erheblichen Druck, mit LehrerInnen ein Konfliktgespräch zu führen, zumal wenn sie von diesen selbst noch unterrichtet und bewertet werden. Auch für LehrerInnen stellt sich die Situation unangenehm dar, weil sie den Verlust von Autorität und Akzeptanz befürchten. Zudem begegnen ihnen SchülerInnen in einer ungewohnten Funktion, die nicht unbedingt klar definiert ist: Mit SchlichterInnen oder VermittlerInnen haben sie meist noch keine Kommunikationserfahrung.

Um erfolgreich arbeiten zu können, sollten die ModeratorInnen abchecken, ...

1. ... ob die Beschwerden wirklich ernst gemeint sind. Häufig passiert es, dass einige SchülerInnen nur Dampf ablassen wollen, dass „die Beschwerde der ganzen Klasse" sich als Verärgerung Einzelner oder nur einer kleinen Gruppe herausstellt. Die ModeratorInnen sollten ihrer Patenklasse gegenüber kritisch bleiben. Gründliches Nachfragen ist nötig. Haltet auch Rücksprache mit der Gesamt-AG, bevor ihr aktiv werdet. Solch ein Konflikt ist nur nach dem Gewinner-Gewinner-Prinzip zu lösen (Lest die entsprechenden Ausführungen im Buch auf Seite 75 nach!)

2. ... ob sie sich die Schlichtung zutrauen. Wenn ihr vor einer bestimmten Lehrperson Angst haben solltet, wenn ihr euch unsicher seid, ob ihr die Klassenbeschwerde weiterleiten wollt, ob die Beschwerde sinnvoll oder gerechtfertigt ist, wenn ihr Angst habt, die Beschwerde weiterzuleiten – dann lehnt eine Vermittlung ab und gebt das Problem an den Klassenlehrer oder die AG und deren LeiterInnen weiter.

Nach den Vorüberlegungen

Macht der Klasse eure Entscheidung deutlich. Ob ihr euch nun für eine Schlichtung entscheidet, ob ihr die Beschwerde weiterleitet oder aus guten Gründen eben nicht: Wichtig für euren Rückhalt in der Klasse ist, dass sie euer Verhalten versteht – und das geht nur, wenn ihr der Klasse euer Handeln erklärt. Wer den Mut hat, beispielsweise Angst einzugestehen, gewinnt an Ansehen.
Haltet in jedem Fall Rücksprache mit der AG. Bei Fällen, die euch heikel erscheinen, sprecht vorher mit den die AG betreuenden LehrerInnen.
Haltet, bevor ihr das weitere Vorgehen mit der Klasse besprecht, Rücksprache mit der betreffenden Lehrperson. Fragt sie oder ihn – ohne in alle Details zu gehen –, ob er/ sie bereit ist, mit euch und einigen Schülern der Klasse ein Schlichtungsgespräch durchzuführen. Macht auf jeden Fall klar, dass es euch darum geht, einen Konflikt beizulegen und nicht etwa darum, ein „Tribunal" zu veranstalten. Sichert auch zu, dass es um eine sachliche Klärung geht. Vereinbart, wenn er/sie einverstanden ist, einen Termin für ein Treffen mit einigen VertreterInnen der Klasse. Als sinnvoll ist hat sich ein Zeitpunkt außerhalb der Unterrichtszeit herausgestellt. Da ist mehr Zeit, die Veranstaltung wird etwas Besonderes und auch durch Schulalltäglichkeiten nicht gestört.
Bereitet das Treffen gemeinsam mit der Klasse vor. Verdeutlicht, dass das Gespräch nur das Ziel haben kann, den Konflikt, bzw. den Streit oder das Problem zu lösen.

Die Klasse soll deshalb vier oder fünf SchülerInnen wählen, die sie für so kompetent hält, dass sie die Interessen der Klasse in diesem Gespräch vertreten können. Klärt sehr genau, worin die Klasse den Konflikt sieht. Achtet darauf, dass Verallgemeinerungen („Der macht immer ...") unterbleiben, dass niemand beschimpft wird, dass auch die Klasse überlegt, was von ihr aus getan werden kann, um den Konflikt beizulegen.

Schlichtungs-schritte

- Schreibt euch alles Wichtige auf.
- Konzentriert euch dann auf die Vorbereitung des Treffens selbst mit den von der Klasse ausgewählten SchülerInnen. Sprecht mit ihnen durch, was jedeR sagen will. (Das ist in höheren Klassen weniger wichtig.).
- Moderiert das Treffen. Lest euch vorher den Text über den Schlichtungsvertrag zwischen SchülerInnen durch (siehe Seite 187), ein regelrechter Vertrag hier jedoch meist nicht sinnvoll.
- Schafft eine gemütliche Atmosphäre. Plätzchen für alle und Kaffee/Tee für den Lehrer oder die Lehrerin können Wunder wirken.
- Achtet darauf, dass beide Seiten zu Wort kommen.
- Verhindert Unterstellungen und aggressive Umgangsformen.
- Versucht eine möglichst klare, gegenseitige Vereinbarung zu erreichen.
- Bedankt euch zu Gesprächsschluss bei allen Beteiligten, besonders beim Lehrer/bei der Lehrerin.

1. Mobbing – was ist das eigentlich?

 Für diese Stunde müsst ihr ungefähr 45 Minuten veranschlagen.
Sie ist für alle Klassenstufen geeignet. Allerdings solltet ihr den Jüngeren die Definitionen stärker erklären, sie evtl. mit Beispielen veranschaulichen.

 Um die Stunde zu gestalten, benötigt ihr die beiden Folien und einen Overheadprojektor.

 Da die Stunde „normalem" Unterricht sehr ähnelt, bietet es sich an, die gewohnte Sitzordnung beizubehalten.

 Obwohl diese Stunde sehr unterrichtsähnlich ist, läuft sie in der Regel wie von selbst. Wichtig ist, dass ihr am Anfang klar macht, dass es euch nicht darum geht, Mobbing zu dramatisieren, sondern erst einmal zu erklären, was sich hinter diesem Begriff verbirgt.
Achtet darauf, dass ihr den Text mit seinen Erläuterungen nicht einfach bloß vortragt, sondern immer wieder nachfragt, die Klasse eigene Erfahrungen nennen lasst und ins Gespräch mit den SchülerInnen kommt.

Ablauf Stellt am Anfang der Stunde dar, worin eure Ziele bestehen. Gebt der Klasse die Sicherheit, dass es nicht darum geht, Einzelne anzugreifen oder bloßzustellen, sondern darum, über Mobbing und Mobbingprozesse aufzuklären. Macht deutlich, dass ihr euch auf wissenschaftliche Kenntnisse bezieht und erläutert, dass ihr eine Folie präsentiert, um möglichst exakt und genau arbeiten zu können.
Legt nach dieser Ankündigung die Folie auf und erläutert sie unter Einbeziehung der Klasse Schritt für Schritt. Für eure Erläuterungen werden euch nach der Präsentation des Folientextes Punkt für Punkt Vorschläge gemacht.

Mobbing: Eine Definition

■ Mobben ist eine dauerhafte und grundlegende Form aggressiven Verhaltens, das von einem oder mehreren TäterInnen ausgeht und sich meist gegen eine angegriffene Person wendet. Es drückt sich in negativen Handlungen aus.

■ Mobbingprozesse wirken sich auf die gesamte Klasse aus, in der sie stattfinden – also auch auf scheinbar Unbeteiligte. Wenn in einer Klasse über Monate MitschülerInnen übel beschimpft werden, hält man Beschimpfungen für normal. Wer immer wieder sieht, wie jemand geschlagen wird, empört sich irgendwann nicht mehr darüber, sondern findet es normal. Mobbing ruft in Klassen aggressive Verhaltensweisen hervor und behindert dort die Lernmöglichkeiten. Mobbing schafft auch deshalb Angst, weil es jeden treffen kann: Gute und schlechte SchülerInnen, Beliebte und Zurückhaltende, Dicke und Dünne, Kleine und Große, Schöne und Hässliche.

■ Die angegriffene Person wird beeinträchtigt in ihren Möglichkeiten, sich zu entwickeln, zu lernen, zu spielen, zu arbeiten und Leistung zu erbringen, zu kommunizieren und sich zu informieren.

■ Langfristige Mobbingprozesse beeinflussen die körperliche und die geistige Gesundheit der Angegriffenen. Menschen verändern sich dadurch, dass sie immer wieder Demütigungen und Angriffen ausgesetzt werden. Wenn sie über einen längeren Zeitraum dauernde Anfeindungen erleben, entwickeln sie oft Verhaltensweisen, die von ängstlicher Selbstbeobachtung, von Selbstzweifel, Anpassung oder Abwehr und Misstrauen bestimmt sind.

■ Es gibt MobberInnen, die selbst Opfer ihres eigenen Verhaltens werden. Sie fürchten, dass andere genauso handeln könnten wie sie. Sie stehen unter dem Druck, sie immer Neues einfallen lassen zu müssen und sie ahnen, dass sie nicht geachtet, sondern nur gefürchtet werden. Sie verlieren Maßstäbe für den Umgang mit anderen.

■ Mobbing kann verdeckter ausgeübt werden als andere Gewaltformen und wird deshalb von LehrerInnen und Eltern nicht so gut wie andere Gewaltformen wahrgenommen, zumal die Angegriffenen häufig Schwierigkeiten haben, sich in ihrer Not selbst als Opfer erkennen oder sich gar anderen zu offenbaren. Unbeteiligte haben oft Angst, selbst Opfer zu werden. An LehrerInnen oder Eltern wenden sie sich nicht, weil sie Angst haben, deshalb aus der Klassengemeinschaft ausgestoßen zu werden.

Erläuterungsvorschläge zum Folientext „Mobbing – Was ist das eigentlich?"

Text

In unsere Beschreibung, was Mobbing eigentlich ist, gehen wir von unseren Erfahrungen aus und von umfangreichen Forschungsergebnissen.

Erläuterungsvorschlag

Merkwürdig ist, dass Mobbing einerseits etwas ist, über das nur wenige etwas wissen, andererseits aber auch etwas, was sehr genau erforscht wurde. Die Industrie hat viel Geld investiert, um festzustellen, was Mobbing bewirkt, weil sie durch Mobbing und die daraus folgende schlechtere Arbeitsleistung gemobbter MitarbeiterInnen Gewinneinbußen hatte und hat. MitarbeiterInnen, auf denen die ganze Abteilung herumhackt, leisten wenig(er).

Es gibt – auch bei „gebildeten" Eltern – den Aberglauben, dass Kinder, die „sich durchsetzen", die mobben, später einmal Karriere machen werden. Das ist falsch. In gut geführten Betrieben werden Mobber entlassen.

Text

Mobben ist eine dauerhafte und grundlegende Form aggressiven Verhaltens, das von einem oder mehreren TäterInnen ausgeht und sich meist gegen eine angegriffene Person wendet. Es drückt sich in negativen Handlungen aus.

Erläuterungsvorschlag

Von Mobbing kann nur gesprochen werden, wenn sich dieses Verhalten über einen längeren Zeitraum erstreckt. Eine einmalige Scheußlichkeit ist noch lange kein Mobbing.

Was sind eurer Meinung nach „negative Handlungen"? (z. B. Schlagen, verspotten, auslachen, ausschließen) Fragt bei jedem einzelnen Aspekt nach, ob etwas unklar geblieben ist.

Text

Mobbingprozesse wirken sich auf die gesamte Klasse aus, in der sie stattfinden, also auch auf scheinbar Unbeteiligte. Wenn in einer Klasse über Monate MitschülerInnen übel beschimpft werden, hält man Beschimpfungen für normal. Wer immer wieder sieht, wie jemand geschlagen wird, empört sich irgendwann nicht mehr darüber, sondern findet es normal. Mobbing ruft in Klassen aggressive Verhaltensweisen hervor und behindert dort die Lernmöglichkeiten. Mobbing schafft auch deshalb Angst, weil es jeden treffen kann: gute und schlechte SchülerInnen, Beliebte und Zurückhaltende, Dicke und Dünne, Kleine und Große, Schöne und Hässliche.

Erläuterungsvorschlag

Wenn bekannt ist, dass in der Klasse gemobbt wird oder wurde, fragt nach, wie sich das auf die Klasse ausgewirkt hat.

Oder: Fragt nach, wie es geschieht, dass durch Mobben Lernmöglichkeiten in der Klasse behindert werden oder dass sich aggressive Verhaltensweisen entwickeln.

Oder: Nennt Beispiele von Mobbingfolgen für das Verhalten;

z. B.: Wenn alle täglich hören, dass B. stinkt und ekelhaft ist, werden sie sich an die Angriffe gewöhnen oder es als normal empfinden, dass jemand immer wieder öffentlich gedemütigt wird.

z. B.: Wenn man Angst hat, der Nächste zu sein, wird man sich nicht melden mögen, wenn man unsicher ist.

z. B.: Wenn Mobber gute Schüler als Streber angreifen, die schleimen oder dem Lehrer in den Hintern kriechen, kann es dazu kommen, dass man Angst hat, Leistung zu bringen.

Wenn ihr selbst Beispiele aufgeführt habt, fragt im Anschluss nach, ob diese Aussagen mit den Erfahrungen der SchülerInnen übereinstimmen.

Text

Der Angegriffene wird beeinträchtigt in seinen Möglichkeiten, sich zu entwickeln, zu lernen, Leistungen zu erbringen, zu spielen, zu arbeiten, zu kommunizieren und sich zu informieren.

**Erläuterungs-
vorschlag**

Weist darauf hin, dass das, was sich auf die ganze Klasse auswirkt, denjenigen besonders heftig trifft, der das direkte Ziel dieser Angriffe ist. Ergänzt, dass Mobbing keinen Anlass braucht: Jemand wird gemobbt, weil er gut in der Schule, dick, groß, sanft ist …

Für die Angegriffenen ist es in der Regel unverständlich, weshalb sie angegriffen werden.

Fragt eventuell nach Beispielen, aber lasst niemanden bloßstellen.

Text

Langfristige Mobbingprozesse beeinflussen die körperliche und die geistige Gesundheit der Angegriffenen. Menschen verändern sich dadurch, dass sie immer wieder Demütigungen und Angriffen ausgesetzt werden. Wenn sie über einen längeren Zeitraum dauernde Anfeindungen erleben, entwickeln sie oft Verhaltensweisen, die von ängstlicher Selbstbeobachtung, von Selbstzweifel, Anpassung oder Abwehr und Misstrauen bestimmt sind.

**Erläuterungs-
vorschlag**

Stellt euch vor, ihr würdet in jeder Pause darauf hingewiesen, dass ihr stinkt und dumm seid, immer wieder. Ein Großteil der Klasse wendet sich von euch ab. Wenn es wirklich mal in der Klasse mieft, seid ihr der oder die Schuldige. Ihr werdet immer wieder ausgelacht – nicht einmal, sondern Tag für Tag. Wie würdet ihr euch verändern?

Ergänzt evtl. mit der folgenden Sachinformation: In seinen Untersuchungen über Mobbing stellte Leymann fest, dass Mobbing bei den Opfern immer wiederkehrende, typische Verhaltensweisen hervorrief:

1. Ungläubiges Staunen: „Was passiert mir da? Warum eigentlich ich?"
2. Verleugnung: „So schlimm ist das gar nicht, damit werde ich schon fertig."
3. Veränderung durch Anpassung: „Wenn ich wie die bin, die mich angreifen, dann tun die mir nichts."
4. Veränderung durch Misstrauen und Trotz: „Alle wollen mir etwas Böses, man kann keinem mehr trauen."
5. Krankheiten, Kopfschmerzen, Übelkeit, psychische Erkrankung, Arbeitsunfähigkeit, Depressionen.

Viele leiden selbst dann noch unter Mobbing, wenn es lange vorbei ist.
Aus diesen Gründen darf Mobbing nicht hingenommen werden:
Wer langes Mobbing duldet, duldet, dass Mitschüler tief verletzt werden.

Text

Es gibt MobberInnen, die selbst Opfer ihres eigenen Verhaltens werden.
Sie fürchten, dass andere genauso handeln könnten wie sie. Sie stehen unter dem Druck, sich immer etwas Neues einfallen lassen zu müssen und sie ahnen, dass sie nicht geachtet, sondern nur gefürchtet werden. Sie verlieren Maßstäbe für den Umgang mit anderen.

Erläuterungs-vorschlag

Dass aktive Mobber sich häufig neue Opfer suchen, macht auch deutlich, dass man die Schuld nicht bei den Opfer suchen darf.
Fragt, ob sich die SchülerInnen vorstellen können, wie Mobber Opfer des eigenen Verhaltens werden und ob sie so etwas schon selbst beobachtet haben.
Und wieder Vorsicht: Lasst keine Anklagen zu und ebenso nicht, dass jemand persönlich beleidigt oder angeprangert wird.

Text

Mobbing kann verdeckter ausgeübt werden als andere Gewaltformen und wird deshalb von LehrerInnen und Eltern nicht so gut wie andere Gewaltformen wahrgenommen, zumal die Angegriffenen häufig Schwierigkeiten haben, sich in ihrer Not selbst als Opfer erkennen oder sich gar anderen zu offenbaren. Unbeteiligte haben oft Angst, selbst Opfer zu werden. An LehrerInnen oder Eltern wenden sie sich nicht, weil sie Angst haben, deshalb aus der Klassengemeinschaft ausgestoßen zu werden.

Erläuterungs-vorschlag

Wir sind auf die enge Zusammenarbeit mit den Klassen angewiesen. Es geht uns nicht darum, dass jemand verpetzt wird, sondern dass Mobbing in der Klasse verhindert oder beendet wird.

Lasst im Anschluss an die Folientextvorstellung nachfragen und bemüht euch, unklar Gebliebenes zu verdeutlichen.
Wenn genügend Zeit bleibt, könnt ihr in der Klasse diskutieren lassen, ob es Mobbing in der Klasse gab oder gibt und wie dagegen vorgegangen werden kann. Zum Schluss sollte auf die ModeratorInnen-AG hingewiesen werden und darauf, dass sich jede und jeder an die ModeratorInnen oder die LeiterInnen der AG wenden kann.
Gebt konkret die Termine an, wann und wo diese zu erreichen sind.

Als vertrauensbildende Maßnahme kann dann noch folgender Folientext gezeigt werden:

Prinzipien der ModeratorInnenarbeit

- Wir halten uns an die Wünsche unserer MitschülerInnen.

- Wir garantieren ihnen Vertraulichkeit, wenn sie es wollen.

- Wir unternehmen nur etwas, wenn sie einverstanden sind.

- Wir halten uns zuverlässig an Absprachen.

- Wir können und wollen keinen Zwang ausüben.

- LehrerInnen werden nur informiert, wenn die Betroffen es wünschen.

- Die ModeratorInnen-AG kann und will nicht strafen.
  Sie ist daran interessiert, Lösungen zu erreichen.

- Lösungen sollen mithilfe der ModeratorInnen von den Beteiligten selbst entwickelt werden.

2. Alles nur Spaß! Alles nur Spaß?

Diese zweite Stunde zum Thema „Mobbing" ist für die Klassen 5–7 geeignet, jedoch kann mit den Texten auch mit älteren SchülerInnen gearbeitet werden.
Es sollten 45 Minuten veranschlagt werden.

Als Material benötigt ihr die im Folgenden aufgeführten Beispieltexte, die für alle SchülerInnen kopiert sein sollten, dazu Tafel und Kreide.

Wenn es möglich ist, bildet einen Stuhlkreis.

Verlauf   Die Stunde kann in zwei Varianten durchgeführt werden.
Variante 1 konzentriert sich auf ein Beispiel, Variante 2 bietet mehrere Beispiele zur Diskussion. Wählt die Variante aus, die euch ansprechender und überzeugender erscheint.
Ihr solltet die Stunde mit einer knappen Ankündigung beginnen, z. B.:
„Heute geht es um den Spaß in der Schule. Komisch am Spaß ist, dass er nicht immer und von allen als spaßig empfunden wird, besonders dann nicht, wenn es sich um Ärgereien handelt. Einen solchen ‚Spaß' wollen wir euch im folgenden Text näher bringen."

Anschließend teilt ihr den Text aus, für den ihr euch entschieden habt und lasst ihn laut vorlesen. (Siehe Seite 175 und 176)

Dann gebt den Gruppen folgende Arbeitsaufträge:
Nach dem Vorlesen sollten zunächst spontane Äußerungen zum Text möglich sein.
Bildet danach Zufallsgruppen durch Abzählen, höchstens fünf SchülerInnen pro Gruppe. Begründet die Zufallszusammensetzung damit, dass es gut für den Klassenzusammenhalt ist, wenn jeder bereit ist, mit jedem zu arbeiten.

- Weshalb quälen Bernd und Stefan Jochen?
- Was würdet ihr an Jochens Stelle tun?

Die erste Arbeitsfrage soll der Klasse helfen, die Motive von Mobbern zu durchschauen. In diesem Fall sind Neid und übersteigertes Konkurrenzverhalten im Spiel.
In der Auseinandersetzung mit der zweiten Frage zeigen sich viele SchülerInnen ratlos, denn Jochen steckt da in einer echten Zwickmühle. Aber die Ratlosigkeit hilft auch, dass sich die Klasse in die Situation von Jochen und damit von Mobbingopfern allgemein hineinversetzen kann.

Schreibt die wichtigsten Diskussionsergebnisse zu den beiden Arbeitsfragen an die Tafel und wertet sie besonders unter folgenden Fragestellungen aus:
- Welche Vorschläge können Jochen helfen – und welche nicht?
- Wie könnten Mitschüler Jochen unterstützen?

Alles nur Spaß – Variante 1

Arbeitstext   Jochen ist Schüler der Klasse 5. Er ist in vielen Bereichen ein auffälliges Kind. Zunächst einmal ist er klein – so klein, dass ihn mehrere in seiner Klasse um einen Kopf überragen. Das macht ihm jedoch wenig aus, denn er hat starkes Selbstbewusstsein und ist sprachlich so geschickt und so witzig, dass er mit Ärgereien wegen seiner Größe elegant und locker umgehen kann – sehr zum Ärger der Ärgerer. Wegen seiner sprachlichen Fähigkeiten ist Jochen auch ein guter Schüler. Und weil er sich für vieles interessiert, weiß Jochen auch viel – mehr als die meisten seiner Klasse. Ohne sich anzustrengen, hat er gute Noten und ist bei den meisten LehrerInnen und MitschülerInnen beliebt.

Und noch etwas zeichnet Jochen aus: Obwohl er klein ist und fast zerbrechlich wirkt, ist er ein ausgezeichneter Sportler. Beim Fußball umkurvt er Gegenspieler, die das Doppelte wiegen und nimmt ihnen locker den Ball weg. In der Klasse wird viel Tischtennis gespielt – und gute Spieler haben ein gutes Image. Jochen lernte schnell dazu, spielte immer lieber Tischtennis und trat einem Verein bei. Er entwickelte sich schnell weiter und bald wurde er auch hier zum besten Sportler der Klasse. Er schlug sogar Bernd und Stefan – beide schon seit längerer Zeit Vereinsspieler, die mächtig mit ihrem Können prahlten. Für Jochen schien die Welt in Ordnung.

In der letzten Zeit fiel jedoch seiner Mutter auf, dass er stiller wurde und keine Lust mehr hatte, zur Schule zu gehen. Was sich geändert habe, wollte sie wissen, erhielt aber keine Antwort – bis sie durch Zufall Jochen beim Anziehen störte und sah, dass er mehrere große blaue Flecken auf dem Oberschenkel hatte. „*Woher hast du das denn?*" Zu ihrer Überraschung fing Jochen an zu weinen. „*Von Bernd und Stefan. Aber das ist nur Spaß.*"

Die Mutter bekam heraus, dass Bernd und Stefan regelmäßig mit Jochen Spaß machten, und wenn er sich wehrte, wurden sie noch aggressiver, und wenn er sie bat, mit dem Treten oder Schlagen aufzuhören, hörte er Sprüche wie „*Der Kleine hält nichts aus!*" oder „*Verstehst du keinen Spaß?*"

„*Das musst du dem Klassenlehrer sagen*", fand Jochens Mutter. Aber Jochen war nicht einverstanden: „*Dann gelte ich als Petzer und als Schwächling. Dann ärgern die mich noch mehr.*"

Die Mutter schilderte dem Vertrauenslehrer Jochens Problem noch genauer: „*Er will, glaube ich, gar nicht wahrhaben, dass die ihn nicht mögen und er hat furchtbare Angst, plötzlich in der Klasse als Außenseiter zu gelten. Am liebsten möchte er gar nicht darüber sprechen. Ich glaube auch, dass er sogar die Freundschaft von Bernd und Stefan sucht.*"

„*Und wie reagiert die Klasse darauf?*"

„*Gar nicht, so weit ich weiß. Die Mitschüler haben auch nur wenig mitbekommen. Wie sollten sie auch? Jochen sagt ja nicht viel und die beiden machen ja nur Spaß. Aber Jochen hat inzwischen Angst, zur Schule zu gehen.*"

Alles nur Spaß – Variante 2

Arbeitstext

1. Anna kommt weinend nach Hause. *„Was ist los?" „Die sagen immer ‚Dicke'
zu mir." – „Wer ist die?" – „Die aus meiner Klasse."*
Mehr ist aus Anna nicht herauszubringen. Annas Mutter ist besorgt, denn Anna
hat beschlossen, um jeden Preis abzunehmen. Und Anna hungert – aber es nutzt
nichts: Sie wird immer noch „Dicke" genannt. Ihre Mutter entschließt sich, mit
dem Klassenlehrer zu sprechen. Und der spricht mit der Klasse. Was denn die ganze
Aufregung solle, wird er gefragt: *„Es ist doch alles nur Spaß."*

2. Auf dem Schulhof beobachtet Herr T., wie sich zwei Schüler der Klasse 6 prü-
geln.
Eigentlich prügelt nur einer – der andere wird mehr geprügelt.
Herr T. trennt die beiden und befreit den Kleineren aus dem Schwitzkasten.
„Spinnt ihr denn?", schnauzt er die beiden an.
„War doch nur Spaß", antwortet der Größere.
„Stimmt das?" Der Kleinere nickte stumm.

3. Jochen ist Schüler der Klasse 5. Er ist so klein, dass ihn mehrere in seiner Klas-
se um einen Kopf überragen. Das macht ihm jedoch wenig aus, denn Jochen ist
beliebt in der Klasse, ein guter Sportler und auch ein guter Schüler. Im Tischtennis
besiegte er sogar Bernd und Stefan, beides Vereinsspieler, die mächtig mit ihrem
Können prahlten. Durch Zufall entdeckt seine Mutter, dass er mehrere große blaue
Flecken auf dem Oberschenkel hat.
„Woher hast du das denn?" Zu ihrer Überraschung fängt Jochen an zu weinen.
„Von Bernd und Stefan. Aber das ist nur Spaß."
Die Mutter findet heraus, dass Bernd und Stefan regelmäßig mit Jochen „Spaß"
machen, und wenn er sich wehrt, werden sie noch aggressiver. Wenn er sie bittet,
mit dem Treten oder Schlagen aufzuhören, hört er: *„Der Kleine hält nichts aus!"*
oder *„Verstehst du keinen Spaß?"*
Jochens Mutter ist sich sicher: *„Das musst du dem Klassenlehrer sagen."*
Aber Jochen ist nicht einverstanden: *„Dann gelte ich als Petzer und als Schwächling. Dann ärgern die mich noch mehr."*

4. Julia hat mehrere Geschwister. Ihre Eltern können nicht viel Geld für Kleidung
ausgeben.
Als Julia mit den gebrauchten Jeans ihrer Schwester, die noch ein bisschen zu weit
sind, in die Klasse kommt, wird sie ausgelacht. Man gibt ihr den lustigen Spitzna-
men „Lumpensammler" und viele Mädchen in der Klasse haben großen Spaß.

5. Timm hat sich sehr verändert. Er ist reizbar, wacht morgens mit Kopfschmerzen
auf, will nicht zur Schule. Zu Hause zieht er sich mehr und mehr zurück. Schließlich sprechen ihn seine Eltern auf sein verändertes Verhalten an. Timm braucht
sehr lange, bis er unter Tränen gesteht: *„Die in meiner Klasse sagen, ich sei schwul.
Keiner will neben mir sitzen."*
Timm ist in der 6. Klasse. Die Eltern informieren den Klassenlehrer. Der hält alles
für einen Spaß.

Verteilt den Text mit den „Spaßbeispielen" in der Klasse und lasst ihn laut vorlesen, am besten jedes Beispiel von einem anderen Schüler und lasst die SchülerInnnen sich spontan dazu äußern.

 Bildet danach Zufallsgruppen durch Abzählen von 1–5, damit fünf Arbeitsgruppen entstehen (die 1er bearbeiten den ersten Text, die 2er den zweiten usw.)
Gebt dann folgenden Arbeitsauftrag in die Gruppen – was nur funktioniert, wenn die die Klasse einigermaßen diszipliniert ist:
„Bereitet ein kurzes Spiel vor, indem ihr euren Text so umformt, dass ihr ihn vorspielen könnt. Wenn ihr mit dem Umformen des Textes fertig seid, verteilt die Rollen in der Gruppe und übt schon mal ein bisschen für die Aufführung, die danach kommt. Jede Gruppe kommt dran."

 Lasst den Gruppen Zeit, den Text umzuarbeiten – 10 Minuten müssten eigentlich ausreichen. Achtet später darauf, dass keine Gruppe zu lange spielt. Verhindert auch Klamauk.

 Die Auswertung sollte erst dann erfolgen, wenn alle Gruppen gespielt haben. Die Auswertung kann mit folgenden Fragen geleitet werden:
- Was haben alle Beispiele gemeinsam?
- Habt ihr Ähnliches erlebt?
- Warum tun die „Spaßvögel" das?
- Was empfinden wohl die Opfer?

 Wenn noch Zeit übrig bleibt, schreibt folgende Fragen an die Tafel:
„Was ist Spaß? Was ist Quälen?"
Fordert anschließend die Klasse auf, möglichst genau die Unterscheidung zwischen beiden Begriffen zu treffen.

 Hier müsste deutlich werden, dass die Perspektive des Opfers entscheidend ist, nicht die des Täters – denn der wird seine Quälereien immer als Spaß definieren. Jemand, der wirklich nur Spaß machen will, wird sein Verhalten dann sofort ändern, wenn er merkt, dass der andere durch ihn leidet.

3. Den Klassenbesten mobben – Ein Rollenspiel

Für eine Schulstunde ist die Zeit ein bisschen knapp, weil die Vorbereitung des Spiels, seine Durchführung und die Auswertung nur dann in den Rahmen der 45 Minuten passen, wenn alles ohne größere Verzögerungen durchgeführt wird.

Das Rollenspiel ist geeignet für den Einsatz in den Klassen 5–10.

Die Sitzordnung kann beibehalten werden, es sollte in der Klasse aber genug Platz für Rollenspiele bleiben. Für die Bearbeitung der Rollenspielergebnisse sind Gruppentische nötig.

Als Material sind Rollenkarten, Flipchartbögen und Filzschreiber zur Verfügung zu stellen.

Achtet darauf, dass die Rolle des Klassenbesten nicht vom wirklichen Klassenbesten gespielt wird, weil dann leicht etwas von dem Spiel hängen bleiben kann.

Ablauf Macht die Klasse am Anfang dadurch neugierig, dass ihr, nach der üblichen Vorstellung, erzählt, dass sie gleich etwas Neues über den ganz typischen Schulalltag lernen kann.

Stellt danach der Klasse folgende Spielanweisung vor: „Das folgende Rollenspiel zeigt eine Schulszene, die sich vor einiger Zeit genau so ereignet hat. Dazu brauchen wir als Mitspielende:
- eine(n) Latein- oder MathematiklehrerIn,
- eine Klassenbeste oder einen Klassenbesten – aber nicht den, der in Wirklichkeit der Klassenbeste ist.
- drei bis fünf Ärgerer oder Mobber und
- den Rest der Klasse als stumme Klassenmitglieder."

Wenn sich viele für die Rollen melden, könnt ihr alternativ auch mehre Gruppen bilden, die hintereinander spielen. Die Auswertung kann nach jedem Durchgang durchgeführt werden oder zum Ende der Stunde. Achtet darauf, dass das Spiel jeder Gruppe besprochen wird.

Verteilt danach die Rollen, informiert die Spielenden aber erst später über den genauen Spielverlauf und gebt den Spielenden dann die Rollenkarten.

Ihr könnt die folgenden Rollenanweisungen kopieren und auseinander schneiden.

Die Hinweise für die Klasse lest am besten laut vor.

Das Spiel beginnt damit, dass eine Klassenarbeit zurückgegeben wird.

Rollenanweisung LehrerIn

Du gibst gerade eine Klassenarbeit zurück, die furchtbar ausgefallen ist, weil die Klasse deiner Meinung nach faul und unaufmerksam war. Du teufelst auf die Klasse ein, dass du so etwas von Dummheit, Faulheit und Inkompetenz noch nie in deiner langen Unterrichtskarriere hättest ertragen müssen. Du bist enttäuscht und zornig und zeigst das der Klasse.

Und wenn Y, der Klassenbeste, nicht eine so kluge Arbeit geschrieben hätte, dann wäre die Arbeit nicht gewertet worden. Du machst der Klasse deutlich, dass sie sich Y zum Vorbild nehmen möge. Nach dem Austeilen der Hefte, mit launigen Kommentaren gewürzt, ziehst du dich demonstrativ hinter das Pult zurück und beschäftigst dich mit dem Klassenbuch und deinem Notenheft. Du strafst die Klasse mit Verachtung und hast weder Ohr noch Auge für das, was dann geschieht. Du sagst der Klasse, sie möge sich allein mit ihrem Mist beschäftigen.

Rollenanweisung Klassenbeste(r)

Du bist ein fleißiger, schüchterner und gewissenhafter Schüler – bzw. eine solche Schülerin –, der oder die dem derben Treiben eher hilflos gegenüber steht. Deine gute Erziehung hindert dich daran, dich in körperliche Auseinandersetzungen einzulassen oder gar zu petzen.

Wenn das Mobben beginnt, bist du verzweifelt, weil du schon oft gequält worden bist und nicht weißt, wie du dich wehren sollst.

Rollenanweisung Ärgerer/Mobber

Ihr seid von dem Musterkind genervt. Außerdem seid ihr, ohne dass ihr es euch eingesteht, neidisch auf seine bzw. ihre Schulerfolge. Das schlechte Ergebnis der Lateinarbeit gefährdet zudem die Versetzung von einigen. Deshalb seid ihr sehr gereizt. Einige von euch haben zudem einfach Lust am Quälen – und bei dem Musterkind geht das ganz prima. Du und deine Freunde haben es schon öfter gequält und heute soll es eine besondere Strafe für seine gute Leistung erhalten.

Ihr seid also miserabler Stimmung und wollt dies durchaus an dem Musterkind auslassen. Ärgert es da, wo es ihn/sie am tiefsten kränkt, seid unsachlich, gemein, rücksichtslos.

Schlagen in der Klasse verbietet sich allerdings.

Rollenanweisung Klasse

Ihr beobachtet das Geschehen, ohne einzugreifen. Eventuell lacht ihr mit.
Ihr helft aber dem oder der Klassenbesten nicht.
Beobachtet dabei, welche Gefühle in euch ausgelöst werden.

Auswertung

Beginnt die Auswertung mit einem Gespräch, in dem zunächst nur die ersten Eindrücke gesammelt werden, die die Spielenden hatten. Achtet auf folgende Gesichtspunkte:

- Wie haben sich die Beteiligten gefühlt?
- Wie wirkte das Spiel auf die Klasse?
- War das Spiel realistisch?

Falls ihr noch genügend Zeit zur Verfügung habt, bildet 4er-Arbeitsgruppen – sonst arbeitet mit der ganzen Klasse. Wenn ihr eine Gruppenarbeit durchführt, verteilt an jeden Gruppentisch einen Flipchartbogen und einen Filzschreiber.
Wenn ihr mit der gesamten Klasse arbeitet, schreibt die Ergebnisse an die Tafel oder auf einen Flipchartbogen.

Die Aufgabenstellung für die Arbeitsgruppen oder die Gesamtklasse ist identisch:
Stellt euch vor, dass diese Quälerei sich in eurer Klasse in ähnlicher Form wiederholen würde, also mit demselben Opfer, denselben Tätern und Täterinnen und denselben eher stummen Zuschauenden. Welche Auswirkungen hätte das auf:
a) das Opfer,
b) die Täter und Täterinnen,
c) die Klasse und
d) die Beziehung zwischen Klasse und Lehrer?

Für die Gruppenarbeit:
Diskutiert die Frage und schreibt die Ergebnisse auf einen Flipchartbogen.

Für die Klassendiskussion:
Bitte überlegt einen Augenblick und macht euch eventuell Notizen.
Wir sammeln die Ergebnisse an der Tafel.

Die auf Flipchartbögen notierten Arbeitsergebnisse bleiben in der Klasse hängen.

4. Außenseiter in der Klasse

Diese Stunde ist besonders geeignet für die Klassen 5–7, kann aber auch mit älteren SchülerInnen durchgeführt werden. Behaltet möglichst die gewohnte Sitzordnung bei.

 Als Material werden die Tafel und Kreide oder Flipchartbögen und Filzschreiber benötigt.

 Nehmt euch genug Zeit für die Einzelarbeit, damit die 45 Minuten der Schulstunde auch ausgefüllt sind.

 Die ModeratorInnen schreiben das Thema „Außenseiter" an die Tafel oder auf den Flipchartbogen.

Sie sagen der Klasse, dass es heute darum ginge, ihre Erfahrungen und ihre Erlebnisse mit Außenseitern auszuwerten. Dann schreiben sie den Satz „Wie erleben Außenseiter den Schulalltag?" auf die Tafel oder den Flipchartbogen.

Danach sollen die Antworten aus der Klasse gesammelt werden – alles, was Sinn macht, wird aufgeschrieben, Albernheiten und besonders versteckte Diffamierungen der Außenseiter sollten freundlich, aber eindeutig zurückgewiesen werden.

 Achtet darauf, dass SchülerInnen der Klasse nicht namentlich genannt oder bloßgestellt werden. Macht also der Klasse deutlich, dass niemand öffentlich vorgeführt werden soll. Wenn doch jemand als Außenseiter diffamiert oder als jemand, der andere ausgrenzt, angegriffen werden sollte, müsst ihr eingreifen. Damit euch das gelingt, lenkt ihr am besten die Perspektive auf den Außenseiter selbst: Die Klasse soll aus dessen Warte wahrnehmen, denken und fühlen. Dabei hilft die Einstiegsfrage: „Wie erleben Außenseiter den Schulalltag?"

Das Einfühlen soll auch bewirken, dass sich die MitschülerInnen absonderliche Verhaltensweisen von Außenseitern erklären können und zukünftig bewusster und entschiedener gegen Ausgrenzungen vorgehen.

So könnte ein Tafelbild aussehen:

 Wie Außenseiter den Schulalltag erleben

Sie werden ausgelacht.
Niemand spielt mit ihnen.
Oft sitzen sie allein.
Sie werden geärgert.
Sie werden im Sport nicht gewählt.
Zu Hause besucht sie keiner.
Es wird über ihre Kleidung und ihre Sachen gelacht.
Ihre Sachen werden weggenommen und versteckt.
Im Unterricht hilft ihnen niemand.
Sie kriegen doofe Namen („Fetti").
Keiner wartet auf sie.
Sie werden nicht zu Feiern eingeladen.
Wer mit ihnen spricht, wird selbst ausgelacht.

Danach sind zwei Bearbeitungsvarianten der gesammelten Beiträge möglich.

Bearbeitungs-variante I

Besprecht mit den SchülerInnen, ob die gesammelten Feststellungen ihren allgemeinen praktischen Erfahrungen entsprechen und welche Aspekte sie für besonders wichtig halten. Stellt dann folgende Frage:

„Jede und jeder Einzelne von euch soll sich einmal vorstellen, er oder sie wäre der Außenseiter, bzw. die Außenseiterin. Jeden Tag würde dir das widerfahren, was an der Tafel/auf dem Flipchartbogen aufgelistet worden ist. Wie würden sich diese Erfahrungen auf dich, den Außenseiter, wohl auswirken?"

Hier kommt es darauf an, das manchmal zu Recht als komisch empfundene Verhalten von Außenseitern nachzuempfinden und zu erklären: Wer immer zurückgewiesen wird, verändert sich auch.

Macht in dem Gespräch mit der Klasse auch deutlich: Jeder Mensch hat das Recht, sonderbar zu sein, komische Klamotten zu tragen usw. Nicht der merkwürdige Mensch ist für eine Klasse bedrohlich, sondern der, der es nötig hat, über merkwürdige Mitschüler zu lästern.

Achtet darauf, dass sich die Klasse auf das Tafelbild bezieht und aus den dort gemachten Aussagen Folgerungen zieht. Kommentiert die einzelnen Aussagen möglichst nicht: Die Klasse ist der Boss.

Bearbeitungs-variante II

Leitet zur folgenden Einzelarbeit am besten so über:

„Wenn ihr euch in den Außenseiter versetzt habt, ist euch klar geworden, wie sehr der Außenseiter von seiner schlechten Stellung in der Klasse betroffen ist.

Jetzt wechseln wir die Sicht: Jetzt geht es um euch.

Überlegt, was es für jede und jeden von euch persönlich bedeutet, wenn es in der Klasse Außenseiter gibt.

Beantwortet deshalb die drei folgenden Fragen – möglichst jede und jeder für sich. Nehmt euch ungefähr zehn Minuten Zeit und notiert eure Antworten in Stichworten."

Schreibt folgende Fragen an die Tafel oder auf den Flipchartbogen:

- Was bedeutet es für dich, für dein Lernen und dein Verhalten, wenn in deiner Klasse MitschülerInnen zu Außenseitern gemacht worden sind?
- Was bedeutet es für deine Klasse insgesamt?
- Was bedeutet es für deine Beziehung zu den LehrerInnen und der Schule allgemein?

In der Regel wird deutlich, dass jede und jeder Einzelne davon betroffen ist, wenn Außenseiter in der eigenen Klasse sind und dass Angst da ist, selbst zum Außenseiter zu werden. Oft verschlechtert sich auch das Klassenklima und die Beziehungen zu den LehrerInnen leiden, wenn sie nicht eingreifen. Legt den SchülerInnen aber nichts in den Mund. Fragt höchstens nach, wenn euch etwas nicht klar wird.

Fragt die SchülerInnen schließlich, wie sie verhindern können, dass SchülerInnen in ihrer Klasse ausgegrenzt werden und welcher der Vorschläge als Nächster umgesetzt werden kann. Schreibt brauchbare Ideen auf die Tafel oder den Flipchartbogen.

5. Die Zuschauer auf die Bühne bringen

Die Stunde beruht auf der Erfahrung, dass Mobben auch deshalb stattfindet, weil es dem Mobber Spaß macht, andere zu quälen und dabei noch ein Publikum zu haben, das ihm applaudiert, ihn bewundert oder ihn gewähren lässt. Mobben in Klassen ist oft nur möglich, weil es von der schweigenden Mehrheit gebilligt wird. Mit dieser Stunde soll erreicht werden, die Klasse aus ihrer Passivität zu holen.
Sie ist für die Klassen 5–10 geeignet. Es ist darauf zu achten, die Jüngeren nicht zu überfordern.

 Um in einer Unterrichtsstunde sinnvoll zum Ende zu kommen, muss zügig gearbeitet werden.

 Als Material sind die Folie nötig, auf der Mobbing definiert wird, dazu Tafel und Kreide bzw. Flipchartbogen und Filzschreiber.

 Behaltet die Sitzordnung bei, achtet aber darauf, dass genug Platz für ein Rollenspiel bleibt.

Ablauf Der Klasse sollte zu Beginn als Ziel der Stunde genannt werden, sich gegen Mobbing aktiv einzusetzen. Dazu ist es notwendig, eine Definition von Mobbing vorauszuschicken. Benutzt am besten eine der beiden folgenden Definitionen, um Mobbing zu erklären.
Text 1 ist wahrscheinlich nur für höhere Klassen geeignet, Text 2 sagt in etwa dasselbe aus, nennt aber mehr Beispiele. Wählt den Text, den ihr für die jeweilige Klasse geeigneter findet.

Text für höhere Klassen:
Mobbing –
Eine Definition

Mobben ist eine dauerhafte Form gestörten Konfliktverhaltens zwischen einem Opfer und einem oder mehreren Tätern, das die Beziehung zwischen Täter und Opfer bestimmt.
Das Opfer wird beeinträchtigt in seinen Möglichkeiten sich zu entwickeln, zu lernen, zu spielen, zu arbeiten, zu kommunizieren und sich zu informieren. Meist wirken sich Mobbingprozesse auch negativ auf den privaten Bereich des Opfers und auf seine Gesundheit aus. Schließlich werden Menschen, die immer wieder Zurückweisungen und Angriffe erfahren, auch psychisch beeinträchtigt.

Text für die Anfangsklassen:
Mobbing –
Eine Definition

Mobben ist ein Streitverhalten, das sich über einen längeren Zeitraum erstreckt. Meistens gibt es ein Opfer und einen oder mehrere Täter.
Mobbingtäter greifen das Opfer auf verschiedene Weise an: verspotten, quälen, Sachen zerstören, auslachen, ausgrenzen und so weiter.
Das führt dazu, dass das Opfer Schwierigkeiten bekommt, gut zu lernen, es hat Schwierigkeiten, Freunde in der Klasse zu finden – es kann sogar krank werden und an sich selbst zweifeln, weil es immer wieder Ablehnung und Spott erlebt.
Einige Opfer von besonders lang andauerndem und bösartigem Mobbing können so stark geschädigt werden, dass die Folgen noch Jahre andauern.

Nach der Vorstellung der Definition sollte bei der Begriffs- und Verständnisklärung vor allem auf den Unterschied zwischen einem einmaligen Streit und dem Mobben hingewiesen werden.

Im Anschluss schreibt ihr folgendes Wirkungssystem an die Tafel:

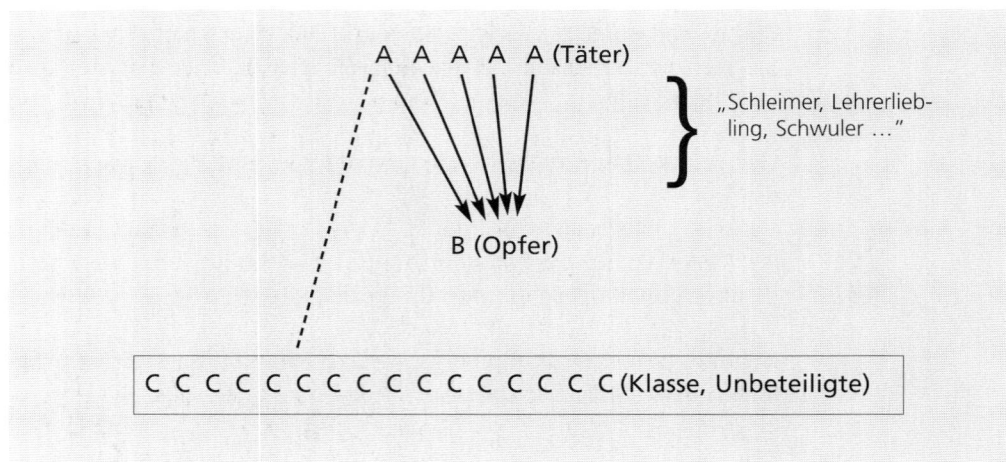

In der Besprechung des Tafelbildes solltet ihr deutlich machen, dass Mobber sich indirekt auch an die Klasse wenden: Sie benutzen sie als Publikum, bedrohen sie aber auch gleichzeitig, sodass jeder Angst hat, das nächste Opfer zu sein. Falls die Klasse von sich aus nicht zu diesem Ergebnis kommt, könnt ihr es mit der Frage „Wie ist die Beziehung zwischen Mobbern und Klasse?" erreichen.

Die Antworten sollten dazu führen, dass klar wird, dass die Klasse von den Mobbern gebraucht wird, damit ihnen ihre Aktionen Spaß bringen. Zugleich sieht sich jeder in der Klasse durch die Mobber bedroht. Auch wird das gesamte Klassenklima durch die Mobber beeinträchtigt.
Diese Erkenntnis kann noch durch die folgende Überlegung vertieft werden: „Was geschieht wohl, wenn die Mobber ihr Ziel erreicht haben und A die Klasse verlässt?" In der Regel wird dann deutlich werden, dass sich die Mobbergruppe auf ein neues Opfer konzentriert, das aus der Gruppe des bisherigen Publikums stammt. So werden auch die Ängste greifbar, die durch Mobbing ausgelöst werden.

Leitet danach zur nächsten Frage über:
„Wenn die ganze Klasse darunter leidet, dass Mobbing stattfindet, stellt sich die Frage: Wie kann die Klasse verhindern, dass Einzelne gemobbt und ausgegrenzt werden?" Schreibt diese Frage auch an die Tafel – so konzentriert ihr die Aufmerksamkeit der Klasse auf dieses Problem.

 Treibt die SchülerInnen nicht; lasst Zeit zum Überlegen. Die Klasse sollte die Antworten finden, ihr solltet sie nicht belehren. Es gibt verschiedene „richtige" Reaktionen auf Mobbing, nur sollte Mobben nie mit Mobben begegnet werden – sonst gibt es nämlich ein neues Mobbingproblem in der Klasse. Mobbern sollte ruhig und sachlich gegenübergetreten und die eigenen Interessen benannt werden. Die folgenden Beispiele von Mobbingreaktionen können diese Haltung verdeutlichen; ihr solltet sie jedoch nur verwenden, wenn von den SchülerInnen selbst keine Ideen kommen:

> „Ich werde sauer, wenn du so mit Johanna umgehst."

oder: „Hör bitte auf damit. Mich stört das, wenn in unserer Klasse eine miese Stimmung ist."

oder: „Möchtest du, dass wir mit dir so umgehen?"

 Schreibt alle Vorschläge, die eine Deeskalation des Streites ermöglichen können, an die Tafel oder auf den Flipchartbogen:

- Eigene Interessen nennen
- Den Mobber bitten, aufzuhören
- Das Opfer unterstützen
- Mit dem Opfer weggehen
- usw.

 Falls ihr noch genügend Zeit habt, bietet sich aufbauend auf die bisherige Arbeit ein Rollenspiel mit folgender Spielvorgabe an:

„Ein Mobber greift sein Opfer an, das sich nicht wehrt. Ein dritter Schüler – oder eine Schülerin – greift ein. Die Aufgabe der Eingreifenden besteht darin, das Mobbing zu unterbrechen, ohne dabei selbst die Verhaltensweisen des Mobbers zu übernehmen."
Findet Spieler für die Rollen des Opfers, des Mobbers, der Eingreifenden aus der Klasse und achtet bei der Durchführung darauf, dass kein Klamauk entsteht. Falls ihr genug Zeit und Mitspielende habt und das erste Spiel gut gelaufen ist, könnt ihr das Spiel mehrfach durchführen lassen.

 Für die Auswertung bieten sich die Fragen an:

- Wie haben sich die Beteiligten in ihren Rollen gefühlt?
- Haben die Eingreifenden das Spielziel – Mobbing zu verhindern, ohne selbst zu mobben – erreicht?
- Welche Verhaltensweisen waren dabei besonders gelungen, welche waren hinderlich?

Falls ihr noch Zeit zur Verfügung habt, könnt ihr mit der Klasse noch überlegen, wie die LehrerInnen ins Vorgehen gegen Mobbing einbezogen werden können. Auch hier solltet ihr die SchülerInnen eigenständig Reaktionen benennen lassen und daran denken, dass die Klasse meist besser als ihr wisst, was sie ihren LehrerInnen zutrauen kann und was nicht.

 Der Erfolg der Stunde hängt von der Mitarbeit der Klasse ab. Wenn sie gut läuft, wird der Klasse sehr deutlich, wie sie selbst vom Mobbing betroffen ist. Das Rollenspiel stellt eine Form von Verhaltenstraining dar; es macht zugleich Mut, sich gegen Mobbingprozesse zu stellen. Weil in erster Linie mit den Erfahrungen der Klasse gearbeitet wird, entsteht hier auch die Gefahr, dass Schüler oder Schülerinnen zu Bösewichtern gemacht werden, was ihr zu verhindern suchen solltet.

6. Eingreifen bei einem bekannten Mobbingfall

Wenn ModeratorInnen von MitschülerInnen über einen Mobbingfall informiert werden, ist er in der Regeln mehreren SchülerInnen und Schülern in der Klasse bekannt. Geht dann in zwei Schritten vor:

1. Informiert die AG und überlegt gemeinsam, wie ein Gespräch mit dem Opfer aussehen könnte.
2. In einem Gespräch mit dem Opfer sollte abgesprochen werden, was die ModeratorInnen unternehmen und was nicht. Nur wenn das Opfer mit dem Vorgehen einverstanden ist, sollte so gehandelt werden wie im Folgenden vorgeschlagen. Informiert das Opfer also sehr genau über das, was ihr vorhabt. Möchte das Opfer beispielsweise nicht öffentlich genannt werden, dürft ihr diese Stunde so nicht durchführen. Stattdessen könnt ihr auf andere Stundenvorschläge zurückgreifen, die anonym das Thema Mobbing aufgreifen. Fragt das Opfer auch, ob es bereit ist, eigene Verhaltensweisen in der Klasse zu ändern.

Die Stunde ist für alle Klassen geeignet, die ehrlich genug sind, um einzugestehen, dass bei ihnen Mobbing stattfindet.

 Wenn das Opfer seinen Fall knapp darstellt und die Klasse nicht intensiv nachfragt, braucht ihr nur 30 Minuten.

 Bildet möglichst einen Stuhlkreis.

 Als Material benötigt ihr Tafel und Kreide oder Flipchartbogen und Filzschreiber sowie einen vorbereiteten Vertrag (siehe unten)

Ablauf Gebt der Klasse als erstes „innere Sicherheit", indem ihr sie über eure konkreten Ziele mit dieser Stunde informiert. Ein möglicher Einstieg könnte so aussehen:
„Wahrscheinlich wissen alle, dass in dieser Klasse eine Schülerin/ein Schüler gemobbt wird. Wir wollen jetzt nicht nur Ursachen suchen oder gar die Schuldigen nennen. Das bringt in der Regel nämlich nichts, weil jede(r) verschiedene Ursachen für so ein Verhalten sieht. Und die Täter lieben es, für ihr Verhalten das Opfer verantwortlich zu machen. Täter will zudem niemand sein – zumindest wird das selten zugegeben. Wir wollen erreichen, dass das Mobben aufhört und dass sich diejenige/derjenige in der Klasse wieder wohlfühlt."
Sprecht danach zunächst das Opfer an – wir werden diejenige/denjenigen im Folgenden Peter nennen. Fragt also Peter noch einmal, ob er einverstanden ist, dass jetzt über seine Schwierigkeiten in der Klasse gesprochen wird. Brecht die Stunde auf jeden Fall ab, falls er jetzt „nein" sagt, auch, wenn er vorher zugestimmt hat. Wenn Peter jedoch wie besprochen zustimmt, fragt ihn, welche Handlungen ihm besonders viel ausmachen. Bittet ihn aber nachdrücklich, niemanden persönlich anzuklagen, sondern allgemein zu bleiben, beispielsweise: „Ganz schlimm finde ich es, wenn mir beim Sport die Hose runtergerissen wird."

Gerade wenn das Opfer unter bestimmten SchülerInnen sehr gelitten hat, kann es geschehen, dass es eine Abrechnung herbeiführen möchte. Als ModeratorInnen tragt ihr jedoch Verantwortung für die ganze Klasse. Achtet also bitte darauf, dass niemand persönlich beschimpft wird, und darauf, dass das Opfer nicht zu dramatisch wird. Überzogene Darstellungen erreichen nichts. Nötigenfalls müsst ihr eingreifen und das Opfer unterbrechen.

Lasst auch die Klasse zu Wort kommen, wie sie die Übergriffe wahrgenommen hat. Achtet aber hier darauf, dass nicht Vorwürfe hin und her gehen, nach dem Muster: „Der Peter hat doch auch, der ist immer so komisch ..." Wenn ihr den Eindruck habt, dass auch auf der Seite des Opfers ein gravierendes Fehlverhalten vorliegt, solltet ihr versuchen, zu einem späteren Termin mit dem Opfern und denen, gegen die sich sein Fehlverhalten gerichtet hat, eine Schlichtung durchzuführen.

Wendet euch dann an die Klasse und fragt, wer mit dafür sorgen möchte, dass die genannten Quälereien aufhören. Die Helfenden sollen sich nicht verpflichtet fühlen, Peters beste Freunde zu werden, sondern nur versprechen einzugreifen, wenn sich die Aktionen gegen Peter wiederholen. Sie sollen Peter auch nicht bedauern, sondern nur helfen, weiteres Mobbing zu verhindern. Lasst die freiwilligen Helfer dazu einen Vertrag unterschreiben.

Der Vertrag könnte etwa so aussehen:

Wir verpflichten uns einzugreifen, wenn Peter angegriffen, beschimpft oder geärgert wird.

Unterschriften

Zum Schluss sollen die HelferInnen überlegen und vereinbaren, wie sie eingreifen könnten. Schreibt alle vernünftigen Vorschläge auf einen Flipchartbogen und weist alle aggressiven Strategien zurück. Das könnte ungefähr so aussehen:

- Ruhig den Täter bitten, aufzuhören
- Bei Schlägen sich vor Peter stellen
- Wenn jemand nicht aufhören will, mit dem Klassenlehrer reden
  (Hier solltet ihr verdeutlichen, dass man auf keinen Fall von Petzen reden kann, denn es geht ja in diesem Fall nicht darum, sich einen persönlichen Vorteil zu verschaffen oder jemanden anzuschwärzen, sondern einem Mitschüler zu helfen.)
- Klar machen, dass du selbst durch die Schikanen genervt bist
- Den Täter bitten, sich in die Lage des Angegriffenen zu versetzen
- ...

Nur wenn die Stunde gut gelaufen ist und in der Klasse ohne Aggressionen diskutiert und gearbeitet werden konnte, könnt ihr – nachdem ihr vorher das Einverständnis des Opfers eingeholt habt – Wünsche an das Verhalten des Opfers entgegennehmen. Unverschämtheiten und Gemeinheiten müsst ihr zurückweisen; nehmt nur ernsthafte und ehrliche Bitten an. Gelingt dieser Prozess, hat das den positiven Aspekt, dass das Opfer aus seiner Leidensrolle geholt wird und selbst aktiv werden kann. Wenn das gelingt, ist es auch unwahrscheinlicher, dass sich alte Mobbingstrukturen wiederholen.

7. Wie kann ich eingreifen, wenn ich Mobbing wahrnehme?

Diese Stunde ist für die Klassen 5–10 geeignet.

Wenn es nur darum geht, den SchülerInnen Grundlegendes zum Thema „Eingreif-strategien" zu vermitteln, benötigt ihr nur 20 Minuten. Wenn ihr nachher mit der Klasse Verhaltensweisen einüben wollt, sollten 45 Minuten veranschlagt werden.

Als Material benötigt ihr die folgende Folie zum Thema „Eingreifen".

Wenn es möglich ist, bildet einen Stuhlkreis.

Diese Stunde sollte sich in der Regel auf den Wunsch von SchülerInnen beziehen, kompetent mit Mobbingsituationen umzugehen. Sie könnte so eingeleitet werden:

„Wenn wir über Mobbing arbeiten, werden uns regelmäßig zwei Fragen gestellt:
- ‚Wie kann ich vernünftig eingreifen?' und
- ‚Wie verhindere ich, dass ich dabei selbst zum Opfer werde?'"

Ein Patentrezept gibt es nie für solche Fragen, aber klären lässt sich hier einiges …"

Ihr könnt diesen Stundenvorschlag auch mit anderen zum Thema „Mobbing" kombinieren.

Eingreifen

Hohes Risiko　⟵⟶　Geringes Risiko

Verbündete suchen:
MitschülerInnen, Eltern,
LehrerInnen, Paten,

Alleine handeln

Offen auftreten

Nicht genannt werden

Allgemein gilt

- Ruhig und sachlich auftreten
- Nicht schimpfen oder meckern
- Keine allgemeinen Vorwürfe wie: „Du mobbst immer!" oder: „Er ist so aggressiv!"
- Konkret beschreiben, worum es geht: „X wirft immer wieder die Pausenbrote von Y in den Müll."
- Eigene Wahrnehmungen nennen: „Ich habe gehört, dass …"
- Eigene Bedürfnisse und Betroffenheit nennen: „Ich fühle mich unwohl in einer Klasse, in der ..." oder „Ich habe Angst, dass ich selbst angegriffen werde …"

Greifst du alleine in einer Mobbingsituation ein:

- Brüll nicht von weitem, sondern nähere dich dem Mobbenden ruhig und langsam. Sprich ihn oder sie erst an, wenn du so nahe bist, dass mit ihm oder ihr ein normales Gespräch möglich ist.
- Wenn es möglich ist, stell dich zwischen Mobber und Opfer.
- Nehme keine drohende Körperhaltung ein – also balle nicht die Fäuste o. ä. –, sondern versuche möglichst entspannt zu wirken und zu sein.
- Verurteile den Mobbenden nicht („Du bist gemein!"), sondern mache ihm deinen Standpunkt deutlich: „Mich stört, dass du die Brote von X wegwirfst. So fühle ich mich nicht wohl in der Klasse."
- Wenn es dir möglich ist, versuche dich in die Mobber zu versetzen – um sie zu verstehen, nicht, um ihr Verhalten billigen zukönnen.
- Wenn die Situation es ermöglicht, bitte die Mobber, sich in die Rolle des Opfers zu versetzen. Wie würden sie sich an seiner Stelle fühlen?

Ihr könnt diese Folie folgendermaßen erläutern:

„Eingreifen in Mobbingsituationen kann unterschiedlich großes Risiko bergen. Wenn man sich beispielsweise an Autoritäten (LehrerInnen) wendet und sie darum bittet, nicht persönlich genannt zu werden, ist das persönliche Risiko, dass sich die Mobbenden gegen einen wenden, gering. Größer ist es dagegen, wenn man als Einzelner unmittelbar in eine Mobbingsituation eingreift, denn hier bietet man sich leichter als Ziel von Aggressionen an."

Hier solltet ihr auch klären, dass die Suche nach Verbündeten, auch wenn es LehrerInnen sind, keinesfalls mit Petzen gleichzusetzen ist. Wenn in der Klasse noch Zweifel darüber bestehen sollten, könntet ihr verdeutlichen, dass mit Petzen unmittelbar ein eigener Vorteil auf Kosten eines anderen erreicht werden soll. Hier aber soll ein Dritter geschützt werden.

Die anderen Aussagen der Folie müssten eigentlich ohne ausführliche Erläuterungen zu verstehen sein. Erkundigt euch aber trotzdem, ob in der Klasse noch Fragen bestehen.

Auf dieser Grundlage könntet ihr jetzt mit der Klasse Eingreifstrategien einüben. Stellt zunächst folgende Aufgabe:

„Arbeitet ungefähr fünf Minuten zu zweit: Jemand spielt die Lehrerin bzw. den Lehrer, der oder die andere eine Schülerin bzw. einen Schüler. Stellt euch folgende Situation vor: Der Schüler beschwert sich bei der Lehrerin, dass ihre MitschülerInnen X regelmäßig als schwul beschimpfen. Er möchte aber nicht genannt werden, weil er Angst hat, ebenfalls als schwul zu gelten. Entwickelt beide einen Plan, wie X geholfen werden kann."

Auswertung   Anschließend könnt ihr fragen, wer der Meinung ist, eine besonders gelungene Lösung gefunden zu haben und sie für alle vorspielen möchte.

- Sind die gefundenen Lösungen realistisch und durchführbar?
- Kann man aus dem Spiel für Probleme der Klasse profitieren?

Eine zweite Übung bezieht sich auf eine Situation, in der ein Einzelner versucht, Mobbing zu unterbinden.

Gebt Folgendes vor:

„Bildet Gruppen zu je fünf Personen. Drei spielen die Mobber, eine vierte Person das Opfer, eine fünfte greift ein. Stellt euch folgende Situation vor: Die Mobber greifen das Opfer an, werfen ihm vor, schwul zu sein. Der/Die Eingreifende kommt hinzu und versucht das Mobbing zu beenden. Der/Die Eingreifende soll sich so verhalten, wie es auf der Folie vorgeschlagen wird. Die Gruppen sollen fünf Minuten spielen."

Auswertung
- Gelang es, die Vorgaben umzusetzen?
- Weshalb war das Eingreifen erfolgreich? Weshalb scheiterte es?

Abschließend können Musterlösungen vorgespielt und ebenso ausgewertet werden.

1. „Stille Post" oder: „Über die Unmöglichkeit, richtig zu kommunizieren." – Ein Gruppenspiel

Dieser Stundenvorschlag baut auf dem alten, fast allen bekannten Spiel „Stille Post" auf.

Meist geht es dabei fröhlich, laut und turbulent zu. Schwierig ist es lediglich, vom Spielerischen zu einer ernsthaften Auswertung überzugehen.

Das Spiel macht anschaulich, wie schwer wir alle uns dabei tun, Gehörtes so weiterzugeben, wie es gesagt wurde, weil wir oft nicht richtig zuhören, unsere eigenen Wünsche und Vorstellungen in das Gehörte einbringen, weil wir schnell vergessen, was wir erst gerade gehört haben oder weil wir nicht in der Lage sind, uns klar genug auszudrücken.

Das Spiel ist für alle Klassen geeignet, allerdings haben gerade jüngere SchülerInnen Probleme, sich auf den folgenden Text so zu konzentrieren, dass sie ihn wiedergeben können; wählt einen anderen, wenn ihr ihn angemessener findet und sorgt bei der Textwahl dafür, dass ihr die jeweilige Klasse weder über- noch unterfordert.

Bittet vorher alle, genau aufzupassen.

Je nach Gedächtnisleistung der Mitspielenden kann die Übung sehr schnell zu Ende sein. Mit der Auswertung zusammen dauert das Ganze dann vielleicht nur 20 Minuten.

Bildet nach Möglichkeit einen Stuhlkreis und achtet darauf, dass der Teil der Klasse, der im Spielverlauf kurz den Raum verlassen muss, dort nicht so laut wird, dass andere Klassen gestört werden.

Material ist nicht erforderlich. Ihr benötigt lediglich die im Folgenden angegebenen Spielanweisungen.

Verlauf   Lasst zunächst einen Stuhlkreis bilden; in der Kreismitte stehen sich zwei Stühle gegenüber. Erklärt der Klasse, dass es um ein Spiel geht, das wahrscheinlich allen Spaß macht und bei dem niemand bloßgestellt wird. Fragt, wer nur beobachten will – es sollten zwischen sechs und acht Personen sein. Bis auf diese BeobachterInnengruppe verlassen alle anderen den Raum. Eventuell kann einer der ModeratorInnen mit nach draußen gehen, um Mogeln durch Horchen an der Tür zu verhindern. Wenn die SpielerInnen den Raum verlassen, erklärt ihr den BeobachterInnen knapp, dass es hier um eine Art „Stille Post" geht – es kommt besonders auf genaues Hinhören und Weitergeben an. Die BeobachterInnen werden angewiesen, die späteren Aussagen der einzelnen Spielenden exakt zu notieren und besonders auf Fehler und Auslassungen zu achten.

Dann wird der erste Teilnehmer herein gerufen. Er soll sich auf einen der Stühle in der Mitte setzen. Der Spielleiter sitzt ihm gegenüber und liest ihm einen vorbereiteten Text vor.

Zum Text gehört eine eindeutige Spielanweisung, die dem Textlesen vorausgeht. Es werden zwei unterschiedliche Texte und Spielanweisungen vorgeschlagen. Die erste Variante ist für die Klassen 5–8 oder 9, die zweite ist für jüngere Spieler zu kompliziert.

Die Abschlussfeier – Variante 1

Bitte höre genau zu. Du sollst alles, was du jetzt hörst, weitererzählen – und zwar sowohl die Spielanleitung selbst als auch die dann folgende kurze Geschichte.

Also hier zuerst die Spielanleitung:

Alles, was du hörst, sollst du dem Nächsten, der in die Klasse kommt, so genau wie möglich erzählen. Du hörst die Geschichte nur einmal und darfst nicht nachfragen. Auch dem Nächsten erzählst du die Geschichte nur einmal und auch der Nächste darf nicht nachfragen.

Nun kommt die Geschichte:

Am Ende des Schuljahres wird unsere Klasse zusammen mit der Klassenlehrerin/ dem Klassenlehrer X ein großes Abschlussfest feiern. Alle Schülerinnen und Schüler sollen daran teilnehmen. Der Klassenbeste erhält einen Buchpreis. Damit das Fest gelingt, findet vier Wochen vorher ein Vorbereitungstreffen bei eurer Klassenlehrerin/eurem Klassenlehrer X in der Wohnung statt. Weil aber Schülerinnen und Schüler so viel Dreck machen, sind nur acht eingeladen – vier Schülerinnen und vier Schüler. Diese acht werden zusammen mit Frau X oder Herrn X ein gemeinsames Lied einüben. Dieses Lied werden die neun gemeinsam singen, wenn dem Klassenbesten der Buchpreis überreicht wird. Allein deshalb wird es bestimmt eine schöne Feier werden. Zur Feier selbst werden auch eure Eltern und der Direktor/die Direktorin erscheinen. Er/Sie wird einen grünen Jagdanzug und eine Feder im Haar tragen. Eure Eltern werden einen Volkstanz aufführen.

Die Abschlussfeier – Variante 2

Bitte höre genau zu. Du sollst alles, was du jetzt hörst, weitererzählen – und zwar sowohl die Spielanleitung selbst als auch die dann folgende kurze Geschichte.

Also hier zuerst die Spielanleitung:

Alles, was du hörst, sollst du dem Nächsten, der in die Klasse kommt, so genau wie möglich erzählen. Du hörst die Geschichte nur einmal und darfst nicht nachfragen. Auch dem Nächsten erzählst du die Geschichte nur einmal und auch der Nächste darf nicht nachfragen.

Nun kommt die Geschichte:

Im Sommer 2005 findet zum ersten Mal eine neuartige Abschlussfeier zum Ende des Schuljahres statt. Dieses mutmaßlich großartige Ereignis möchte eure KlassenlehrerIn zum Anlass nehmen, die besten SchülerInnen öffentlich auszuzeichnen und besonders schöne Arbeitsergebnisse aus dem Kunstunterricht euren Eltern vorzustellen. Deshalb sind alle Schülerinnen und Schüler der Klasse aufgefordert, für die Abschlussfeier Ideen zu entwickeln, die interessant und unterhaltsam sind. Über diese Ideen wird die Klasse zusammen mit ihrer Klassenlehrerin am 25. April beratschlagen, sodass noch genügend Vorbereitungszeit für die genaue Planung und Vorbereitung bleibt. Bei diesem Treffen werdet ihr die Gäste eurer Klassenlehrerin sein, die alle Getränke bezahlen wird. Ihr dürft trinken, so viel ihr wollt und was ihr wollt.

Das Fest selbst wird der Höhepunkt des Schulhalbjahres sein. Viele Gäste werden an der Feier teilnehmen. Auf diese Weise können alle Schülerinnen und Schüler der Klasse einen Beitrag zur Verbesserung des Klassenklimas und zur Verbesserung des Ansehens der Klasse gegenüber den Eltern leisten. Mit großer Spannung und voller Erwartung sehen eure Klassenlehrerin und die Schulleiterin diesem freudigen Ereignis entgegen.

Diese Übung wurde schon oft eingesetzt und immer machte sie den Mitspielenden Spaß.

Schon nach kurzer Zeit wurden die Informationen verfälscht und stark verkürzt. Es ist komisch, zu erleben, wie schnell und gründlich die Ursprungstexte vergessen, verändert und verstümmelt werden. Der typische Spielverlauf sieht meistens so aus, dass schon bei der dritten Weitergabe die Nachricht kurz und teilweise unsinnig geworden ist. Die Spielanleitung geht oft völlig verloren. Das Spiel endet oft in ratlosem Schweigen.

Auswertung Nach dem Spiel solltet ihr mit der Klasse erarbeiten:
- Was ist aus diesem Spiel zu lernen?

Habt ihr die Klärung erreicht, dass Missverstehen nicht auf bösem Willem beruht, sondern zwangsläufig entstehen, könnt ihr mit folgenden Fragen fortfahren:
- Weshalb machen wir eigentlich so viel Fehler beim Zuhören, Verstehen und Weitergeben?
- Wie können wir verhindern, dass wir andere missverstehen?

Ergebnisse könnten sein, die eigene Wahrnehmung zu trainieren und möglichst klare, eindeutige Nachrichten zu geben, damit wir nicht missverstanden werden. Das Spiel zeigt anschaulich, wie unsicher und ungenau mündliche Kommunikation ist – also die Form der Mitteilung, die unseren Alltag am meisten bestimmt. Das Spiel erklärt nicht nur das System der Entstehung von Gerüchten, sondern verdeutlicht auch, dass Missverstehen quasi naturgegeben ist. Wenn man also falsch verstanden wird, wenn plötzlich Begebenheiten, die für uns eindeutig sind, anders weitererzählt werden, kann dies mit eigenen Fehlleistungen oder denen unserer GesprächspartnerInnen zusammenhängen. Nur in den seltensten Fälle ist das geschehen, was wir jedoch am häufigsten vermuten: eine bewusste Verfälschung.

2. Zum Umgang mit LehrerInnen

Diese Stunde entstand aufgrund einer Frage aus einer 5. Klasse, in der die Schülerinnen und Schüler von unseren ModeratorInnen wissen wollten, wie man mit LehrerInnen umgehen sollte, denn sie befürchteten, zum Streber zu werden, wenn man zu freundlich zu LehrerInnen wäre oder ob es nicht umgekehrt gefährlich für die eigene Note sein könnte, wenn man zu kritisch sei und gegenüber den LehrerInnen zu sehr auf den eigenen Ansichten beharrte.

Die gewünschten Verhaltenspatentvorschriften liefert diese Stunde nicht, sie soll aber dabei helfen, die LehrerInnen in ihrer Rolle zu verstehen. Ebenfalls soll die Stunde die SchülerInnen dazu bringen, über ihr eigenes Verhalten nachzudenken. Dazu sollen sie sich in verschiedene Perspektiven versetzen.

Die Stunde ist für die Klassen 5–7 geeignet.

 Sie dauert ungefähr 45 Minuten.

 Da die Stunde unterrichtsähnlich ist, bietet es sich an, die gewohnte Sitzordnung beizubehalten. Im Verlauf der Stunde werden Gruppentische benötigt.

 Ansonsten braucht ihr an Material mehrere Flipchartbögen und Filzschreiber.

Ihr könnt die Stunde folgendermaßen einleiten:

Ablauf　„Heute geht es darum, wie man sich gegenüber Lehrern am besten zu verhalten hat. Damit euch der Umgang mit Lehrern besser gelingt, sollt ihr euch nun einmal ernsthaft vorstellen, ihr wärt selbst Lehrer in dieser Klasse: Ihr stündet jetzt hinter dem Pult und würdet euch von dort die Klasse anschauen. Stellt euch das so genau und gut wie möglich vor. Ihr seid dafür verantwortlich, dass die Schülerinnen und Schüler etwas lernen, dass sie ihre Hausaufgaben gründlich machen, Mitschüler und Mitschülerinnen nicht ärgern, im Unterricht aufpassen und nicht zu viel Unruhe machen. Ihr müsst Hefte korrigieren und Noten geben. Und vieles mehr. Denkt bitte genau nach, wie ihr euch als Lehrer oder Lehrerin in dieser Klasse fühlen würdet. Vielleicht macht ihr euch ein paar Notizen: Was macht euch in dieser Klasse Spaß? Was ärgert euch?"

 Gebt den SchülerInnen fünf Minuten Zeit, lasst sie dann die gestellten Fragen beantworten und schreibt die Antworten an die Tafel oder auf einen Flipchartbogen. Das könnte z. B. so aussehen:

 Mir gefällt an der Klasse …
… dass sie so lustig ist
… dass alle zusammenhalten
… dass sich alle für viele Sachen interessieren
Mich ärgert...
… dass viele sehr unruhig sind
… dass sich die Schüler zu oft beschimpfen
… dass einige mir gegenüber unhöflich sind

Bittet die SchülerInnen danach, sich weiterhin vorzustellen, Lehrer oder Lehrerin in dieser Klasse zu sein und was sie – als Lehrer oder Lehrerin – über sich als Schüler/Schülerin denken würden und drei Sätze aufzuschreiben, die – wenn sie LehrerIn wären – sie sich selbst – als SchülerIn – sagen würden; das kann Lob oder Tadel sein.

Gebt ihnen für diese Aufgabe fünf Minuten Zeit und bittet sie dann z. B.:
„Wer will, kann jetzt einen Satz vorlesen, den er oder sie als Lehrer sich selbst – als Schüler – sagen würde; keine Blödeleien, nur Sätze, die ein Lehrer euch wirklich sagen würde. Sätze, die euch peinlich sein könnten, müsst ihr natürlich nicht vorlesen."

Bildet im Anschluss Arbeitsgruppen zu fünf Personen, die die Aufgabe haben, sich weiter vorzustellen, als Lehrer und Lehrerinnen im Lehrerzimmer zu sitzen und über die Klasse zu sprechen. Es geht um Verhaltensweisen. Die zehnminütige Arbeitsaufgabe ist:
„Welches Verhalten würdet ihr euch, wenn ihr eurer Klasse unterrichten würdet, von dieser Klasse wünschen? Schreibt maximal vier solcher Wünsche auf."

Lasst die „Wunschbögen" anschließend aufhängen und sie so auswerten:
- Jede Gruppe erläutert ihren Bogen, sodass deutlich wird, warum sie die von ihr aufgeschriebenen Verhaltensweisen wichtig fand.
- Was ist bei allen Gruppen ähnlich? Welcher Wunsch fällt aus der Reihe?

In der anschließenden Klassendiskussion sollen die SchülerInnen wieder sie selbst sein, sich überlegen, auf welche LehrerInnenwünsche sie eingehen wollen, auf welche nicht und ihre Entscheidungen begründen.

Durch Streichen und Zusammenfügen könnte ein fiktiver Wunschkatalog an das eigene Verhalten entstehen, der als Anregung zum Nachdenken in der Klasse hängen bleiben könnte.

3. Zum Umgang mit gemeinen Sprüchen

Als sich SchülerInnen einer 9. Klasse über das schlechte Klima und schlechte Umgangsformen in ihrer Klasse beklagten, schilderten sie folgende Situation:
Die letzte Stunde vor einer Mathematikarbeit – der Fachlehrer wiederholt noch einmal alles Wichtige und fordert die SchülerInnen und Schüler auf, Probleme zu benennen und Unklares zu erfragen. Eine Schülerin hat Schwierigkeiten, eine bestimmte Gleichung aufzulösen. Kaum hat sie ihre Frage gestellt, da ruft ein Mitschüler laut in die Klasse:
„Wenn du nicht einmal das verstehst, gehörst du auf die Hauptschule."
Zwei Jungen kichern hämisch.

Es wurde daraufhin in der ModeratorInnen-AG entschieden, beim nächsten Klassenbesuch diesen Vorfall aufzunehmen und das Verhalten des Jungen zu problematisieren – auch auf die Gefahr einer Konfrontation hin.

Es ist möglich, die konkrete Situation beispielhaft zu besprechen; ihr könnt aber nach demselben Muster auch einen anderen problematischen Ausspruch analysieren, der in der von euch betreuten Klasse eine Rolle gespielt hat.

Diese Stunde ist frühestens ab der 8. Klasse durchzuführen.

 Es sollten mindestens 30 Minuten veranschlagt werden.

 Die Sitzordnung kann beibehalten werden.

 Als Material werden Folien, Folienstifte und der Overheadprojektor benötigt.

 Besonders zu Beginn der Stunde seid ihr zu klarer Leitung herausgefordert; beachtet die Gefahr, dadurch in eine Lehrerrolle hinein zu rutschen.

Verlauf Vielleicht könnt ihr die Stunde so einleiten:
„Heute wollen wir mit euch erarbeiten, wie man mit Gemeinheiten und üblen Sprüchen umgehen und erkennen kann, was hinter ihnen steckt. Als die letzte Mathearbeit vorbereitet werden sollte und jemand etwas nachfragte, was sie nicht verstand, fiel in der Klasse der Satz: ‚Wenn du nicht einmal das verstehst, gehörst du auf die Hauptschule.'"

Zeigt diesen Satz – oder einen anderen vergleichbaren – als oberen Teil eines Folientext, der in der Mitte das Kommunikationsquadrat abbildet und darunter den Modellsatz „Deine Nase läuft schon wieder" wiedergibt.

„Wenn du nicht einmal das verstehst, gehörst du auf die Hauptschule."

Selbstoffenbarung

Beziehungsaussage   Appell

Sachaussage

„Deine Nase läuft schon wieder."

Lasst die Folie bei eurem folgenden kleinen Vortrag eingeblendet und erläutert sie ungefähr folgendermaßen:

„Wir beziehen uns hier auf den Kommunikationswissenschaftler Schulz von Thun. Der hat dargestellt, dass in jeder Aussage, in jedem Satz diese vier Aspekte – Sachaussage, Beziehungsaussage, Appell und Selbstoffenbarung – eine Rolle spielen. Am Beispiel des Satzes ‚Deine Nase läuft schon wieder.' bedeutet das:

- Die Sachaussage ist die Beschreibung eines bestimmten Zustands der Nase des Hörers, der sich durch den Austritt von Körperflüssigkeit darstellt.
- In der Beziehungsaussage drückt sich das Verhältnis von Sprecher und Hörer aus. In diesem Fall der laufenden Nase zeigt sich etwa, dass Sprecher und Hörer vertraut sind, denn einem Fremden würde man das nicht ohne weiteres sagen. Das ‚schon wieder' zeigt auch, dass sich beide länger kennen und dass der Sprecher offensichtlich genervt von der dauernd laufenden Nase ist.
- Mit dem Begriff Appell wird ausgedrückt, welches Verhalten der Sprecher – also der, der den Satz von der laufenden Nase gebraucht – bei dem Hörer – also dem, dem hier die Nase läuft – erreichen will. Der Appell besteht in diesem Fall wohl darin, dass sich der Hörer die Nase putzen möge.
- In der Selbstoffenbarung gibt der Sprecher etwas von seiner eigenen Persönlichkeit preis – ob er will oder nicht. Hier zeigt er zum Beispiel, dass er sich verantwortlich zeigt für den anderen, dass er sich berechtigt fühlt, einen anderen zu rüffeln und vielleicht, dass ihm die Einhaltung der Norm von nicht laufenden, zumindest regelmäßig geputzten Nasen im Bereich der Öffentlichkeit wichtig ist. Vielleicht ist er auch nur hilfsbereit."

Erst wenn die SchülerInnen verstanden haben, worin die vier Seiten einer Nachricht bestehen, kann der nächsten Schritt getan werden:

Lasst die Klasse Arbeitsgruppen von höchstens sechs SchülerInnen pro Gruppe bilden, teilt dann leere Folien aus und bittet die SchülerInnen, sich jetzt auf den Satz zu beziehen, der zum Hauptschulbesuch auffordert. Bittet die Gruppen, jeweils auf die Folie zu schreiben, wie sich hier Appell, Sachaussage, Beziehungsbotschaft und die Selbstoffenbarung darstellen.

Für diese Aufgabe haben die Gruppen 15 Minuten Zeit.
Lasst sie dann ihre Ergebnisse vortragen und erläutern.

Bei der Darstellung der Ergebnisse wird wahrscheinlich deutlich, wie schwer es ist, gesicherte Aussagen zu treffen, ohne den genauen Tonfall gehört zu haben und die Situation zu kennen.
Als Hilfe zur Ergebnisbesprechung kann die folgende Musterlösung dienen:

Die Sachaussage lautet ungefähr: Die Aufgabe ist leicht, deshalb ist deine Frage überflüssig. Vielleicht hat dieser Satz auch keine wirkliche Sachaussage.

Die Beziehungsaussage ist wohl auch einigermaßen eindeutig: Der Sprecher behandelt die Hörerin von oben herab, drückt ihr gegenüber öffentlich seine Verachtung aus. Er nimmt sich auch das Recht heraus, sie öffentlich anzugehen.

Der Appell kann sich einmal nur auf den Hörer selbst beziehen und lautete dann: Ich will nicht, dass du nachfragst, um deine Wissenslücken zu schließen. Bezieht sich der Appell auf die gesamte Klasse – die ja den Sprecher gehört hat –, könnte er lauten: Bewundert mich bitte, wie klug und cool ich bin, dass ich meiner Mitschülerin solche Sprüche schicken kann.

Die Selbstoffenbarung zeigt ein hohes Maß an Standesdünkel: Hier stellt sich ein Gymnasiast in peinlicher Selbstüberschätzung über seine Mitschülerin und über alle Hauptschüler. Er scheint nicht nur sehr von sich selbst überzeugt zu sein, sondern hat es offensichtlich nötig, sich so zu präsentieren. Vermutlich schätzt er auch seine Mitschüler so ein, dass sie ihn für seine Unverschämtheit bewundern. Man kann auch folgern, dass das Klassenleben nicht besonders gut ist, wenn jemand meint, solche Sätze öffentlich loswerden zu können, ohne geächtet zu werden."

Nach der Darstellung und dem Vergleich der Ergebnisse kann eine abschließende Diskussion mit der Frage eingeleitet werden:
„Hilft mir dieses Modell wirklich für den Umgang mit Beschimpfungen?"

1. Brainstorming für ein besseres Klassenleben

Wenn die Klasse den Wunsch hat, das Klassenklima zu verbessern und die Schüler-Innen ernsthaft zu arbeiten vermögen, empfiehlt sich ein Brainstorming, das auch von wenig geübten ModeratorInnen geleitet werden kann. Ernsthaftigkeit der Beteiligten ist allerdings eine unverzichtbare Voraussetzung, da das Assoziieren von Möglichkeiten schnell in Blödeleien abrutschen kann. Reißt das ein, haben ModeratorInnen keine Chance mehr zur Kurskorrektur. Klärt dieses Problem vorher mit der Klasse ab.

Brainstorming ist aus vielen Gründen eine sinnvolle Methode: Die Aufgabenstellung – z. B.: „Überlegt euch, wie wir das Klassenklima verbessern können!" – verhindert in aller Regel schon von selbst Schuldzuweisungen. So gibt es auch wenig Angst in den Klassen und kaum Widerstände gegen diese Methode. Weil sich alle äußern können, fühlen sich auch alle ernst genommen. Dadurch, dass Kritik in der Anfangsphase verhindert wird, wird niemand ausgeschlossen oder zurückgewiesen. So können sich auch alle an der Gestaltung des Klassenklimas beteiligen. Oft werden erstaunlich viele brauchbare Vorschläge in kurzer Zeit entwickelt. Andererseits ist ein Brainstorming nur die Basis für eine Veränderung in der Klasse. Entscheidend ist schließlich die Umsetzung: Trefft klare Verabredungen, wer für was verantwortlich ist, wann, was, wo, wie gemacht wird.

Wenn direkt nach dem Brainstorming die Auswertung erfolgt, benötigt ihr 45 Minuten.
Das Brainstorming allein dauert zusammen mit der Vorbereitung rund 30 Minuten.

Für die Regeln des Brainstormings gibt es einen Folientext, der im Folgenden abgedruckt ist. Darüber hinaus benötigt ihr nur normale Schreibmaterialien.

Mit allen SchülerInnen einer Klasse kann nicht gleichzeitig ein Brainstorming durchgeführt werden. Sichert für eure Arbeit deshalb schon im Vorfeld Räume, auf die sich die Gruppen aufteilen können. Keine Gruppe sollte mehr als zehn Personen stark sein. Die Gruppenmitglieder sollten einen Stuhlkreis bilden. Nur die zwei ProtokollantInnen brauchen eine Schreibunterlage.

Verlauf   Ein Brainstorming kann nur eingesetzt werden, wenn die Klasse vorher einen Veränderungswunsch geäußert hat – beispielsweise, die Klassengemeinschaft zu verbessern. Knüpft also an den Wunsch an und erläutert, dass mithilfe des Brainstormings Ideen entstehen und gesammelt werden können, mit denen sich die Klassengemeinschaft verbessern lässt. Damit dies gelingt, müssen Regeln beachtet werden, die ihr mittels Folientext einblenden oder an die Tafel schreiben könnt.

Der Folientext kann der Klasse auch vorgelesen werden, wobei ihr ihn möglichst eingeblendet lassen solltet.

Bei einem Brainstorming sollten die folgenden Regeln beachtet werden:

- Wir werden gleich so viele Einfälle wie möglich dafür sammeln, was wir tun können, um das Klima in dieser Klasse zu verbessern. Jede und jeder soll vorschlagen, was ihr oder ihm dazu einfällt.

- Jeder Vorschlag ist wichtig. Deshalb brauchen wir für die Gruppen, die wir gleich bilden werden, jeweils zwei ProtokollantInnen, die jeden Vorschlag notieren. Die ProtokollantInnen sollten abwechselnd jeweils einen Vorschlag notieren.

- Wir brauchen für jede Gruppe einen Diskussionsleiter bzw. eine Diskussionsleiterin.

- Er oder sie hat besonders auf die Durchsetzung folgender Regeln zu achten: Ausreden lassen, Kritikverbot, Ernsthaftigkeit.

- Wir bilden Gruppen zu höchstens zehn Personen einschließlich der ProtokollantInnen.

- Die Gruppen setzen sich um Tische oder im Stuhlkreis.

- Kritik an anderen Vorschlägen ist verboten. Auch in verrückten Ideen kann Vernünftiges stecken. Seid aber bitte nicht albern. Wer nur Blödsinn machen will, kann verhindern, dass für die Klasse Vernünftiges herauskommt.

- Nehmt die Ideen der anderen auf, verändert sie, entwickelt sie weiter – aber kritisiert sie nicht.

- Lasst die anderen aussprechen, unterbrecht niemanden, macht keine Zwischenrufe.

- Alle haben dasselbe Recht, etwas vorzuschlagen.

Achtet nun darauf, dass möglichst schnell Gruppen gebildet werden und sie zu arbeiten beginnen. Die Wortbeiträge in den Gruppen sollen möglichst spontan kommen. Also: Kein Melden! Die Diskussionsleitenden in den Gruppen achten darauf, dass niemand unterbrochen wird. Wenn wenig Einfälle genannt werden, sollen die ProtokollantInnen vorlesen, was sie bisher aufgeschrieben haben.

Wenn keine Einfälle mehr kommen – das kann unterschiedlich lange dauern –, müssen die Vorschläge ausgewertet werden. Das kann, je nach Situation und Zeit, mit einer kleinen Gruppe nachmittags oder mit der ganzen Klasse in derselben oder in einer der folgenden Stunden passieren.

Auswertung   Für die Auswertung empfiehlt sich folgende Systematik:

1. Die Protokolle für alle kopieren oder auf Flipchartbögen schreiben lassen, sodass sie jede und jeder lesen kann.
2. Doppelte Aussagen streichen.
3. Ähnliche Aussagen untereinander schreiben, eventuell zusammenfassen.
4. Gemeinsam überlegen, was gestrichen werden kann – eventuell durch Abstimmung.
5. Abstimmen lassen, welche Vorschläge aufgenommen werden sollen – das geht nur mit der gesamten Klasse.

6. Mit möglichst klaren Aufgabenverteilungen festlegen, wer sich wann darum kümmert, dass die Vorschläge umgesetzt werden. (Beispiel: Andrea und Bernd organisieren die Klassenfete. Uwe besorgt den Raum, die Fete soll am 23.5. um 20.00 Uhr anfangen.)

2. Sich verantwortlich machen oder:
„Der hat doch ..., deshalb musste ich ..."

Durch diese Stunde sollen sich die SchülerInnen klar machen, dass sie verantwortlich für ihr eigenes Verhalten sind. Das Thema ist ein bisschen heikel, weil viele Schülerinnen und Schüler sich dagegen wehren, eine beliebte Ausrede aufgeben zu müssen, denn: Schuld ist auf einmal nicht immer der andere. Deshalb müsst ihr mit Widerständen rechnen. Wenn ihr nicht sehr vertraut mit der Klasse und nicht sicher seid, wie ihr mit Widerständen umgehen könnt, spielt eure Stunde noch einmal in der ModeratorInnen-AG durch.

Besonders geeignet ist diese Methode für die Klassen 5–7. Für höhere Klassen sollte die Stunde umgebaut und dann eher die theoretischen Aspekte (Zur Selbstverantwortlichkeit) hervorgehoben werden.

Es bietet sich an, einen Stuhlkreis zu bilden, der allerdings den Blick auf die Tafel oder einen Flipchartbogen erlauben soll.

Ohne das Rollenspiel braucht ihr höchstens 20–30 Minuten Zeit.

Material: Tafel und Kreide oder Flipcharts und Filzschreiber sowie Folienstifte.

Verlauf   Gerade in Patenklassen, wo die Schülerinnen und Schüler ein vertrautes und offenes Verhältnis zu den ModeratorInnen haben, bietet sich folgender Einstieg an:
„Was meint ihr, ist die typische Antwort, wenn jemand gefragt wird, weshalb er oder sie jemanden gehauen, geschubst oder geärgert hat?"
Sammelt Antworten auf die Frage, schreibt sie auf und lest sie abschließend noch einmal laut vor. Die meisten Antworten gehen in die Richtung von „Der hat angefangen ..." oder „Die hat doch auch ..." oder „Wenn der immer so blöd ist ...".

Auswertung   Fragt in der Auswertung der Antworten dann, was alle „Begründungen" gemeinsam haben oder sagt es selbst: „Schuld ist immer die oder der andere. Das bedeutet: Wir machen unser Verhalten von der oder dem anderen abhängig."

Arbeitet dann mit einem Beispiel:
„Was ist für euch ein Schimpfwort, auf das ihr ganz besonders sauer reagiert?"
Genannt werden oft „Hurensohn" oder „Fotze"; wenn die SchülerInnen etwas anderes nennen, verwendet es anstelle des Beispielschimpfworts, lasst sie dann ihre Reaktionen nennen, wenn sie selbst so beschimpft würden und schreibt alles, was glaubwürdig ist, an die Tafel oder auf den Flipchartbogen:

Jemand sagt zu dir:	Deine Reaktion:
„Hurensohn"	Ich haue ihm eine rein
	Ich reagiere gar nicht.
	Ich schweige und ärgere mich.
	Ich hole meinen Freund.
	Ich beschwere mich beim Lehrer.
	Ich frage nach, was los ist.
	Ich überlege, weshalb der oder die sauer ist.

Möglich ist, im Anschluss ein kurzes Paarrollenspiel durchzuführen, wobei gespielt wird, wie sich der Streit nach den unterschiedlichen Reaktionen wohl entwickeln könnte.
Achtet darauf, dass die einzelnen Spielsequenzen kurz bleiben.

Die Arbeitsanweisung zu diesem Rollenspiel könnte so sein:
„Ihr könnt jetzt einmal vorspielen, wie sich mit den unterschiedlichen Reaktionen der Streit zwischen dir und dem, der dich beleidigt hat, wohl weiterentwickelt. Übertreibt die Szene nicht und prügelt euch nicht wirklich. Stellt euch im ersten Beispiel vor, wie es wohl nach der Prügelei weitergeht."

Auswertung

Die Rollenspielauswertung kann mit folgenden Fragen geschehen:
- Wie haben sich die Streitenden jeweils gefühlt?
- Welche Reaktion ist wohl die, die in unserer Klasse auf so eine Beleidigung am häufigsten passieren würde?
- Welche Reaktion ist – die Ergebnisse des Rollenspiels beachtend – die sinnvollste?

Moralisiert bei der letzten Frage nicht. Überlegt lediglich, was für das Zusammenleben in der Klasse am günstigsten ist.

Wenn ihr kein Rollenspiel durchführen wollt, sollte die Auswertung der notierten Beschimpfungsreaktionen etwas anders geschehen:
- Was haltet ihr nun von der Begründung, dass der andere ja schuld ist, wenn ich ihn ...?
- Wie schafft man es auf Dauer, dass man nicht nur auf andere reagiert, sondern selbstständig handelt?

Auch hier solltet ihr die jeweils brauchbaren Vorschläge aufschreiben.
Als Auswertungsalternative könnten Kleingruppen gebildet werden, die anstelle der Arbeit in der gesamten Klasse die Aufgabenstellungen allein bearbeiten und ihre Ergebnisse auf Pappe, Folie usw. schreiben.

Die Ergebnisse werden dann für alle vorgestellt und besprochen. Das Ganze dauert dann deutlich länger.

Alternative für höhere Klassen

Bei älteren SchülerInnen hat sich die Besprechung von Reaktionsalternativen zu langweiligem Unterricht bewährt, die z. B. lautet:
„Da muss man ja einfach schlafen. Da kann man ja nicht aufpassen."
Mögliche Verhaltensalternativen zu dieser Bemerkung wären z. B.:
- Sich zum Aufpassen zwingen
- Alles Wichtige mitschreiben
- Den Lehrer oder die Lehrerin bitten, den Unterricht zu verändern
- Sich so gründlich vorbereiten, dass man selbst den Unterricht gestalten kann usw.

3. „Was hat der denn für Klamotten an?" oder: Machen Kleider Leute?

Dieser Stundenvorschlag bietet sich besonders für Klassen an, die sehr vom Mode-teufel beherrscht werden. In einigen Klassen müssen unbedingt bestimmte Marken-klamotten getragen werden, um Akzeptanz zu erfahren. Entgegen vielen Vorurteilen sind es keineswegs nur Mädchen, die Modeterror ausüben. Auch Jungen werten Mit-schüler ab, die ihrer Beurteilung nach uncoole Kleidung tragen.

Der Stundenvorschlag ähnelt dem vorhergehenden „Sich verantwortlich machen ...", das Beispiel geht aber in eine andere Richtung. Hier geht es darum, wie zu reagieren ist, wenn in einer Klasse ein bestimmter Lästerton herrscht.

 Ohne das Rollenspiel braucht ihr höchstens 20–30 Minuten Zeit.

Die Stunde ist besonders geeignet für die Klassen 5–8.

 In höheren Klassen sollte die Stunde so umgebaut werden, dass die Reflexion zu den Verhaltensweisen viel Platz bekommt und die theoretischen Aspekte zu Empathie und Selbstverantwortung (siehe Seite 111) hervorgehoben werden.

 Es bietet sich an, einen Stuhlkreis zu bilden, der allerdings den Blick auf die Tafel oder einen Flipchartbogen erlauben soll.

 Als Material werden Tafel und Kreide oder Flipchartbögen, Filzschreiber und Folien-stifte benötigt.

Ablauf Wenn ihr die Klasse gut kennt und die SchülerInnen sich im Großen und Ganzen diszipliniert verhalten, können die ModeratorInnen mit einem kleinen Spiel begin-nen, das sie ehrlicherweise auch so ankündigen sollten. Sie ziehen also über die Klei-dung von jemandem her, der nicht im Raum ist, um ausgehend von den Klamotten dann auch über dessen Geschmack und Geistesgaben herzuziehen. Eine schöne Spiel-variante ist es, sich vorher mit jemandem aus der Klasse – der aber auf keinen Fall ein Außenseiter sein darf – abzusprechen und diesen wegen seiner Kleidung vor der Klasse anzugreifen. Fragt die SchülerInnen danach, ob sie ähnliche Verhaltenswei-sen kennen.

 Irgendwann müsst ihr die Beispielaufzählung bremsen, denn gerade jüngere Schüle-rInnen lieben es, schlimme Beispiele aneinander zu reihen. Achtet bitte wieder da-rauf, dass niemand aus der Klasse angegriffen oder bloßgestellt wird. Auch aggressive SchülerInnen und Schüler haben das Recht, heil und unbeschadet aus Stunden zu kommen, in denen zum Klassenklima gearbeitet wird.

Fast immer drücken die Beispiele, die MitschülerInnen anführen, Ärger und Empö-rung über die Lästerer aus. Diesen Ärger sollten die ModeratorInnen noch einmal aufnehmen, um dann zum nächsten Schritt überzuleiten. Sie könnten etwa Folgen-des sagen:
„Eure Beispiele haben gezeigt, dass es wohl häufiger vorkommt, dass jemand wegen

seiner bzw. ihrer Kleidung angegriffen oder lächerlich gemacht wird. Deutlich wurde auch, dass die meisten Schülerinnen und Schüler das gemein finden. Aber wenn man etwas gemein findet, heißt das noch lange nicht, dass man etwas dagegen unternimmt. Ihr sollst jetzt überlegen, wie ihr selbst reagiert, wenn ihr in so eine Lästersituation hineingeratet.
Die Frage lautet: Wie reagierst du, wenn zu dir jemand aus deiner Klasse kommt und über die Klamotten einer Mitschülerin oder eines Mitschülers lästert?

Zum Beispiel so:
Anton oder Antonia sagen zu dir: ‚Hast du gesehen, was die Claudia – oder der Clemens – für billige Klamotten trägt? So was von billig! Die sind bestimmt von der Rotkreuz-Kleidersammlung. Ich würde mich schämen, so rumzulaufen.'
Welche Möglichkeiten hast du, um zu reagieren?

Lasst Reaktionsvorschläge nennen, die ihr aufschreibt, was dann vielleicht so aussieht:

Anton(ia) lästert über Cs Kleidung	Deine Reaktion:
	Mitlästern
	Schweigen
	A fragen, was das soll
	C verteidigen
	A für blöd erklären
	Angst haben, weil man selbst nicht gut angezogen ist

Bildet danach Gruppen und gebt ihnen folgenden Arbeitsauftrag:
„Wir haben jetzt unterschiedliche Reaktionen – eure möglichen Reaktionen – aufgelistet.
Nun überlegt, welche unterschiedlichen Folgen die einzelnen Reaktionen an der Tafel wohl jeweils haben können."

Falls die Klasse den Arbeitsauftrag nicht versteht, könnt ihr das eventuell mithilfe des folgenden Beispiels klären:
„Wenn ich beispielsweise über Cs Kleidung mitlästere, könnte ich mich später in Gegenwart von A gezwungen fühlen, C abweisend und spöttisch zu begegnen. Oder ich lästere von selbst über andere. Überlegt euch, welche weiteren Folgen ‚Mitlästern' haben könnte, wie sich Schweigen auf eure Beziehung zu A auswirken könnte und so weiter."

Wenn die Klasse bis jetzt engagiert und interessiert mitgearbeitet hat, könntet ihr ein knappes Rollenspiel einsetzen: Jede Gruppe soll sich auf eine mögliche Reaktion und deren Folgen konzentrieren und dies in einem kurzen(!) Rollenspiel darstellen.

Auswertung   Die folgende Auswertung muss sich danach richten, welche Alternative ihr gewählt habt. Beginnt sie mit folgenden Fragen und sammelt die Antworten an der Tafel oder auf einem Flipchartbogen:

- (nur beim Rollenspiel): Wie haben sich die Spielerinnen und Spieler jeweils gefühlt?
- Welches Verhalten war weshalb und für wen besonders schwierig?
- Welche Reaktion ist in unserer Klasse wohl die häufigste?
- Welche Reaktion ist die sinnvollste? (Bemerkung: Moralisiert nicht, überlegt lediglich, was für das Zusammenleben in der Klasse am günstigsten ist.)
- Wie kann man als unbeteiligte Person am besten auf solche Lästereien reagieren?

Danach sollten noch zwei vertiefende Fragen gestellt werden:

1. Was haben einige Schüler davon, wenn sie über die Kleidung oder das Aussehen anderer lästern?
2. Was bedeutet diese Lästerei für unser Klassenleben?

Auch die Antworten zu diesen beiden Fragen sollten für alle sichtbar notiert werden.

4. „Meine Klasse ist so blöd!" oder: Die Klasse bist auch du

Auch dieses Stundenkonzept beruht auf dem Konzept empathischen Handelns. Es bietet sich besonders für Klassen an, die innerlich zerstritten sind. Hier geht es darum, dass alle einmal über sich selbst, die eigenen Verhaltensweisen und über die Verantwortung für ihr Verhalten nachdenken. Diese Stunde bietet wenig Aktionen. Nur wenn die Klasse bereit ist, konzentriert und ernsthaft mitzuarbeiten, funktioniert der Vorschlag. Klärt das deshalb vorher mit der Klasse.

Es werden 45 Minuten Zeit benötigt, davon viel Zeit zum Nachdenken, denn das ist der Zweck dieser Stunde: Jede und jeder soll die eigene Rolle in der Klasse bedenken.

Die Stunde ist für alle Klassen geeignet, in denen die SchülerInnen dazu bereit sind.

Behaltet am Anfang die Sitzordnung bei. Später sollen sich die Schülerinnen und Schüler paarweise, dann in 4er-Gruppen zusammensetzen.

Alle brauchen Schreibpapier.
Zusätzlich sind nur Tafel und Kreide oder Flipchartbogen und Filzschreiber nötig.

Verlauf   Beginnt die Stunde mit einer Geschichte: Erzählt von einer Autofahrt mit einer Sportmannschaft. Ihr müsst pünktlich ein Ziel erreichen, um rechtzeitig zum Spielbeginn da zu sein. Die Zeit ist knapp und plötzlich steht ihr im Stau. Es geht nichts mehr, die Zeit verrinnt und plötzlich fängt jemand im Auto an, heftig über den Stau zu meckern: „So ein Mist! Immer, wenn man es eilig hat! Ich hasse Staus! Nichts ist bescheuerter als ein Stau! usw." bis endlich ein anderer sagt: „Du bist selbst der Stau."

Schreibt diesen Satz an die Tafel und lasst die Klasse dann überlegen, was dieser Satz mit ihr zu tun hat. Falls keiner draufkommt: Wer über die schlechte Klassengemeinschaft schimpft, schimpft immer auch über sich selbst. Wischt den „Stausatz" dann aus und schreibt stattdessen den Satz auf: „Die Klasse bist auch du."
Wartet danach zunächst spontane Äußerungen der Klasse ab. Falls wenig Meldungen kommen, erklärt noch einmal, dass dieser Satz bedeutet, dass jede und jeder das Klassenklima mitgestaltet und alle mitverantwortlich für das sind, was in der Klasse geschieht.

Bittet die Schülerinnen und Schüler zur Verdeutlichung dieses Sachverhalts, dass jede und jeder für sich alleine die folgenden zwei Fragen so ehrlich wie möglich beantworten und sich dazu ein paar Notizen machen möge, die nur sie bzw. ihn allein etwas angehen.
Weist darauf hin, dass es bei der Beantwortung der folgenden Fragen nicht nur um die Veränderung vergangenen individuellen Verhaltens geht – „Weniger lästern", „Ehrlich sein" –, sondern auch um Ideen und Vorschläge für die Zukunft („Ich würde gerne mit anderen zusammen eine Klassenzeitung erstellen."). Die Notizen sollen nur als persönliche Gedächtnisstütze dienen und werden nicht veröffentlicht. Die Fragen lauten:

1. Was habe ich bisher für die Gemeinschaft in meiner Klasse getan?
2. Was kann ich tun, damit sich unsere Klassengemeinschaft bessert?

Lasst genug Zeit für die Einzelarbeit und bittet darum, falls Unruhe entsteht, still auf die zu warten, die noch nachdenken. Wenn den Schülerinnen und Schülern nach acht bis zehn Minuten nichts mehr einfällt, bittet sie um Folgendes:
„Was ihr zu der ersten Frage geschrieben habt, geht nur euch allein etwas an, denn es ging nur darum, dass jede und jeder über sich nachdenkt. Jetzt geht es um eure Vorschläge, wie die Klassengemeinschaft zu verbessern ist. Setzt euch dazu mit jeman-

dem zusammen, tauscht die Vorschläge aus und überlegt, auf welche vier gemeinsamen Vorschläge ihr euch einigen könnt. Schreibt sie in Stichpunkten auf. Dafür habt ihr fünf Minuten Zeit."

Im Folgenden bilden sich Schritt für Schritt immer größere Gruppen. Bittet die SchülerInnen, dass das möglichst ruhig geschehen möge.
Wenn die Paararbeit beendet ist, lasst je zwei Paare zusammenkommen, die innerhalb von fünf Minuten ihre Vorschläge austauschen und sich auf fünf gemeinsame Vorschläge einigen sollen. Lasst danach, wenn es gut geht, die 4er- zu 8er-Gruppen mit demselben Arbeitsauftrag zusammenkommen.

Wenn auch diese Gruppen fertig sind – das geht manchmal schnell, weil sich in den einzelnen Gruppen Ähnliches getan hat –, sammelt die Vorschläge an der Tafel oder auf Flipchartbogen, wobei Wiederholungen vermieden und Ähnliches zusammengefasst werden soll.

Fragt dann, welche Ideen die SchülerInnen für sinnvoll und machbar halten. Da Vorschläge alleine noch nichts verändern, sollte nun mit der Klasse konkret überlegt werden, welche Vorschläge realisiert werden könnten.
Wenn die Klasse beispielsweise wünscht, das sich der Umgangston ändert, indem Beschimpfungen ausbleiben, schreibt diejenigen auf, die bis zum nächsten Termin, an dem ihr wieder in die Klasse kommt, einen Vorschlag ausarbeiten, wie das umgesetzt werden könnte. Bietet dazu eventuell eure Hilfe an.
Wenn ein Klassenfest oder ein privates Treffen geplant werden soll, schreibt auf, wer es organisieren will; wenn die Klasse verschönert werden soll, gründet eine Arbeitsgruppe, die das bis zu einem festgesetzten Termin organisiert usw.

5. Wir stellen unsere Klassenregeln selbst auf

Der folgende Vorschlag bezieht sich besonders auf die Eingangsklassen. Sprecht euch vorher mit der Klassenlehrerin ab, denn häufig führt sie ähnliche Vorhaben durch. Doppelte Regelwerke sind unsinnig – genauso wie Regeln, an die sich keiner halten kann oder will. Achtet also bei allen Vorschlägen darauf, ob die Regeln realistisch sind. Eventuell stellt ihr der Klassenlehrerin vorher dieses Konzept vor und führt die Stunde gemeinsam durch. Damit werden die Regeln von allen SchülerInnen als verbindlich(er) angenommen.

Besonders, wenn viele unterschiedliche Vorstellungen in der Klasse zu finden sind, kann es passieren, dass ihr unter Zeitdruck geratet. Ihr solltet dann nicht die Diskussionen abbrechen, um die Regeln am Stundenende präsentieren zu können, sondern den aktuellen Stand notieren und so bald wie möglich das Vorhaben abschließen.

Der Materialbedarf für diese Stunde ist umfangreich: Ihr benötigt mehrere Flipchartbögen oder Tapetenrollen, Filzschreiber, Tesakrepp, pro SchülerIn mindestens zwei Karteikarten und viele Klebepunkte.

Die Sitzordnung in der Stunde verändert sich entsprechend den Arbeitsformen. Anfangs arbeitet jede und jeder für sich allein, dann bildet ihr 2er-, 4er- und 8er-Gruppen. Zum Schluss sollten alle wieder wie üblich sitzen.

Nur wenn die Klasse selbst Interesse daran hat, macht es einen Sinn, Klassenregeln aufzustellen. Fragt also vorher gründlich nach, ob die Klasse überhaupt Regeln aufstellen will.
Für die Stunde selbst ist Folgendes zu bedenken: Denkt daran, dass das Umsetzen und die wachsenden Gruppengrößen Unruhe hervorrufen können. Wenn ihr die Klasse vorher auf das Problem hinweist und die Notwendigkeit von ruhigem Arbeiten betont, entsteht es in der Regel während der Stunde nicht mehr.

Verlauf   Erwähnt anfangs, dass der Wunsch genannt wurde, Klassenregeln aufzustellen und dass das nur gemeinsam geht, mit Beteiligung von allen und nicht nur von denjenigen, die immer was zu sagen haben. Der Arbeitsauftrag könnte dann so formuliert werden:

„Wir teilen jetzt die Karteikarten aus – für jede Person eine. Zunächst soll jede und jeder für sich überlegen, welche vier Klassenregeln ihr oder ihm persönlich besonders wichtig sind. Denkt in aller Ruhe nach – ihr habt dazu fünf Minuten Zeit – und daran, dass die Klassenregeln auch machbar sein sollen – zum Beispiel funktioniert die Regel nicht, dass alle immer höflich und freundlich sein sollen. Schreibt diese vier Regeln auf die Karteikarte – für jede Regel nur einen Satz."
Wartet die fünf Minuten ab und gebt den SchülerInnen, wenn viele dann immer noch nicht fertig sind, ruhig noch etwas Zeit.

Im nächsten Schritt sollen Paare gebildet werden – am besten so, dass die Klasse gut durchmischt wird –, zum Beispiel immer die beiden im Alphabet Folgenden; falls die Klasse eine ungerade Zahl von SchülerInnen hat, bildet zum Schluss eine 3er-Gruppe. Gebt den Paaren folgenden Arbeitsauftrag:

Im Paar sollen zunächst die Regelsätze gegenseitig vorgelesen und Fragen dazu geklärt werden. Jede/Jeder soll der anderen/dem anderen erläutern, weshalb er seine vier Regeln für besonders wichtig hält. Anschließend sollen sich beide möglichst auf vier gemeinsame Regeln einigen. Eventuell können sie die Regeln auch so umformulieren, dass sich beide in den neuen Regeln wiederfinden. Falls eine Einigung auf nur vier Regeln nicht gelingt, dürfen zur Not auch fünf oder sechs Regeln aufgestellt werden. Diese Regeln werden wiederum aufgeschrieben. Dafür gebt ihr jedem Paar eine neue Karteikarte.

Versucht darauf hinzuwirken, dass die Paare einen Zeitrahmen von fünf bis acht Minuten einhalten. Erst danach solltet ihr die Gruppen vergrößern.

Jetzt werden aus den Paaren jeweils Gruppen mit vier Teilnehmenden gebildet; wenn das nicht möglich ist, rundet auf oder ab. Die Paare bleiben zusammen und arbeiten mit einem anderen Paar – am besten mit einem, das in der Nähe sitzt, um zu große Unruhe zu vermeiden. Es wird dann wieder vorgegangen wie zuvor: Zuerst werden die Regeln vorgestellt, die zuvor die Paare erarbeitet hatten, dann werden sie erläutert. Die Gruppe diskutiert und beschließt, welche vier Regeln ihr am wichtigsten sind. Teilt wieder für jede Gruppe eine Karteikarte aus.

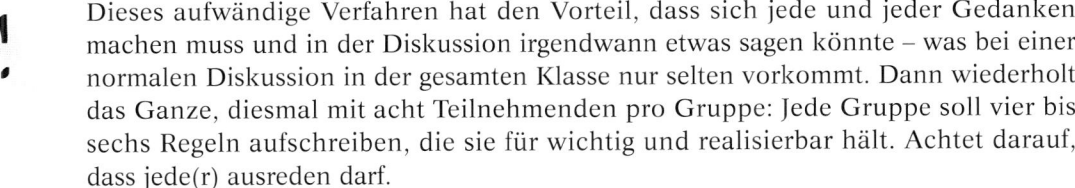

Dieses aufwändige Verfahren hat den Vorteil, dass sich jede und jeder Gedanken machen muss und in der Diskussion irgendwann etwas sagen könnte – was bei einer normalen Diskussion in der gesamten Klasse nur selten vorkommt. Dann wiederholt das Ganze, diesmal mit acht Teilnehmenden pro Gruppe: Jede Gruppe soll vier bis sechs Regeln aufschreiben, die sie für wichtig und realisierbar hält. Achtet darauf, dass jede(r) ausreden darf.

Teilt den Gruppen nun Flipchartbögen oder Tapetenrollen zu, auf die sie nun ihre Regeln – maximal sechs – besonders leserlich schreiben sollen. Die beschriebenen Flipchartbögen oder Tapetenrollen werden dann mit Tesakrepp an der Wand oder der Tafel festgemacht.

Jede Gruppe erläutert knapp, weshalb sie sich auf diese Regeln geeinigt hat.

Moderiert so, dass ihr Wiederholungen möglichst vermeidet und fasst Ähnliches zusammen. Anschließend solltet ihr die Vorschläge noch einmal kurz diskutieren lassen, bevor die Abstimmung beginnt.

Haltet euch als ModeratorInnen so gut es geht zurück, achtet aber darauf, dass die Regeln konkret formuliert werden, damit jede(r) genau weiß, worum es geht. Achtet ebenfalls darauf, dass sie einhaltbar sind. Unfug ist beispielsweise die Regel „Wir vertragen uns immer gut."

 Jede Schülerin und jeder Schüler erhält nun vier Klebepunkte, die sie den Regeln vergeben, die sie als besonders wichtig bewerten. Es ist auch möglich, alle vier Punkte einer einzigen Regel zuzuordnen.

 Die sechs Regeln (oder mehr – darüber muss man sich in der Klasse einigen) mit den meisten Punkten bilden die gültigen Klassenregeln. Achtet darauf, Überschneidungen zu vermeiden.

Lasst die ausgewählten Regeln nun so ordentlich wie möglich auf einen Flipchartbogen schreiben – das kann auch jemand zu Hause erledigen. Es empfiehlt sich, unter den Regeln noch den Zusatz „Ich verpflichte mich, unsere Klassenregeln einzuhalten." zu schreiben. Diesen Zusatz soll dann jede Schülerin und jeder Schüler der Klasse unterschreiben. Falls noch Zeit verbleibt, könnt ihr die Klasse überlegen lassen, wie auf Regelverstöße reagiert werden soll.

 Hütet euch vor drastischen Strafen und vor Vorgehensweisen, die unrealistisch sind – eine Klasse hat sehr begrenzte Möglichkeiten, gegen den Widerstand eines Betroffenen Sanktionen durchzusetzen.

6. Geheime Normen in meiner Klasse

Besonders in den Klassen 7–10 entwickeln sich oft sehr merkwürdige, unausgesprochene Normen und Verhaltensweisen, denen man folgen muss, wenn man von den MitschülerInnen akzeptiert werden will. Für Einzelne kann das bedeuten, dass sie sich erheblich verbiegen müssen, um nicht zu Außenseitern zu werden. Diese „geheimen Normen" können von Klasse zu Klasse erheblich variieren. So können sie darin bestehen, dass man bestimmte Kleidungsstücke tragen muss. (Markenprodukte, die sich wegen der meist hohen Kosten Kinder weniger Reicher nicht leisten können, wodurch sie sich fast automatisch an den Rand gedrängt sehen.) Oder man muss bestimmte Spielwaren, bzw. bei Älteren Konsumgüter, besitzen, um cool und angesagt zu sein. Ebenso können bestimmte Verhaltensweisen die Eintrittskarte zu Cliquen in der Klasse sein: Um dazu zu gehören, muss man dann z. B. möglichst früh rauchen oder saufen. Wer dann auf Feten keinen Alkohol trinkt, wird schnell als Langweiler eingeordnet, und wer sich nicht auf die intensive Suche nach sexuellen Erfahrungen begibt, ist eine verklemmte Schlaftablette. Es gibt Cliquen, in denen willkürlich und schnell wechselnd festgelegt wird, was die anderen zu tun haben, um sich so die Herrschaft über die Klasse zu sichern. Alle Versuche, über Anpassung von der Clique aufgenommen zu werden, werden jedoch hämisch abgewehrt. Auch auf das schulische Engagement bezogen gibt es solche geheimen – und manchmal auch sehr offenen – Normen: Gute SchülerInnen haben es in der Regel schwerer, gut gelitten zu sein und wer sich für ein Fach interessiert, die Hausaufgaben regelmäßig und gründlich macht, wer zu LehrerInnen höflich ist und bei Arbeiten nicht mogelt, gilt schnell als Streberleiche, die vom sozialen Leben der Klasse auszuschließen ist – es sei denn, man benötigt ihre Dienste.

 Da dies ein sehr heikles Thema ist, in dem viele Ängste und Verletzungen verborgen sind, ist es wichtig, dass die ModeratorInnen den Schülerinnen und Schülern eine gewisse Anonymität garantieren können. Die Klasse muss ein hohes Maß an Sicherheit empfinden, um sich an so ein schwieriges Thema zu wagen. Erklärt der Klasse deshalb vorher den ungefähren Stundenverlauf und macht deutlich, dass niemand angeklagt oder bloßgestellt werden soll.

 Behaltet die Sitzordnung bei.

 Ihr braucht je nach Mitarbeit der SchülerInnen zwischen 35 und 45 Minuten für diese Stunde.

Sie ist eher für die älteren Klassen geeignet – bei sicheren ModeratorInnen auch ab Klasse 5.

 Ihr benötigt als Material zwei Karteikarten pro Person, Tafel und Kreide oder Flipchartbögen und Filzschreiber.

Verlauf   Nachdem ihr das möglichst vorher abgesprochene Thema vorgestellt habt, könnt ihr auf den erläuternden Text zu Beginn dieses Stundenvorschlags zurückgreifen oder eigene Erfahrungen mit Klassennormen darstellen. Erläutert dann, wie ihr euch den Grobverlauf der Stunde vorstellt: einzelnes Kartenausfüllen, anonymes Vorstellen, Auswertung, Nachdenken über Veränderungsmöglichkeiten.

 Teilt zunächst an jeden Schüler und jede Schülerin eine Karteikartei aus und fordert sie auf, die folgenden Fragen in Stichpunkten und jede(r) für sich zu beantworten.

 Schreibt zusätzlich die folgenden Fragen an die Tafel:
- Was wird von mir erwartet, um in meiner Klasse „in" zu sein?
- Was will ich eigentlich gar nicht, wobei empfinde ich Zwänge, wo muss ich mich verstellen?
- Welche Regeln und Normen in meiner Klasse sind für mich besonders wichtig und gut?

Wenn die Fragen unklar sind, solltet ihr sie mit Beispielen erläutern:
- In einigen Klassen ist man nur in und cool, wenn man über Unterricht und Lehrer lästert. Man darf an der Schule und am Unterricht nichts interessant finden.
- Vielleicht findest du beispielsweise Religion interessant, hast aber Angst, deine Interessen zu zeigen.
- Gut ist in unserer Klasse, dass wir zusammenhalten und dass keiner verpetzt wird.

 Die dritte Frage ist notwendig, damit die Klasse nicht in dumpfes Klagen versinkt, sondern sich auch auf die eigenen Stärken besinnt.

Lasst ungefähr zehn Minuten Zeit zur Beantwortung der Fragen. Bittet die SchülerInnen, gründlich nachzudenken. Weist noch einmal darauf hin, dass in den Karten niemand bloßgestellt werden soll und keine Namen genannt werden sollten.

Anschließend werden die ausgefüllten Karten von den ModeratorInnen vorgelesen.

Die Zwänge (2. Frage) werden an die Tafel geschrieben.

Ebenfalls werden die besonderen Stärken der Klasse notiert.

Auswertung   Im nächsten Schritt geht es darum, die Zwänge zu systematisieren. Mehrfachnennungen weisen darauf hin, was von der Klasse als besonders wichtig gesehen wird, bzw. welche Anforderungen in der Klasse als besonders bedrückend empfunden werden. Haltet euch aber zurück und lasst die Klasse selbst auswerten, was für sie wichtig ist. Fragt also:

 „Wenn ihr die Nennungen auf der Tafel anseht, was ist hier besonders wichtig?"
Wenn sich die Klasse auf drei oder vier Aspekte geeinigt hat, sollte überlegt werden, was getan werden kann, um die ungewollten Zwänge zu bekämpfen.
Die Vorschläge, die als brauchbar empfunden werden, können auf einen Flipchartbogen geschrieben werden, der in der Klasse bleibt. Häufig bieten die vorher genannten Stärken der Klasse einen Hinweis, wie Lösungen für alle zu erreichen sind.

Zum Autor:

Wolfgang Kindler, Jahrgang 48,
lebt mit seiner Frau und vier Kindern in Ruhrgebiet,
unterrichtet die Fächer Deutsch, Sozialwissenschaften
und Pädagogik,
leidet unter den Abstiegen des VFL Bochum und seiner eher zögerlich erwiderten Liebe zum Fußball,
leitet seit über 10 Jahren eine Anti-Gewalt-AG, die sich
zur Moderatoren-AG entwickelt hat,
arbeitet seit zehn Jahren als Gewalt-Moderator im
Landesinstitut Soest und jetzt beim RP Münster,
schrieb das Drehbuch für den Lehrfilm „Sandra wird
fertig gemacht" (focus film)
bildet LehrerInnen in der Gewaltprävention aus,
trainiert SchülerInnen- und LehrerInnen-Gruppen.